**2025** 최신 G-TELP KOREA 공식 기출 문제

# 지텔프 G-TELP
# 공식
# 기출독해 LEVEL 2

G-TELP KOREA 문제 제공 | 시원스쿨어학연구소, 서민지 지음

시원스쿨 **LAB**

5일 단기공략 ✯

# 지텔프
# 공식 기출독해

**개정 1쇄 발행** 2025년 1월 3일

**지은이** 시원스쿨어학연구소, 서민지
**펴낸곳** (주)에스제이더블유인터내셔널
**펴낸이** 양홍걸 이시원

**홈페이지** www.siwonschool.com
**주소** 서울시 영등포구 영신로 166 시원스쿨
**교재 구입 문의** 02)2014-8151
**고객센터** 02)6409-0878

ISBN 979-11-6150-931-0 13740
Number 1-110404-18182600-06

# 머리말

G-TELP KOREA 제공 최신 공식 기출문제 7회분 완벽 분석 활용
시원스쿨어학연구소가 제작한 기출유형 독해 연습문제와 실전문제 6회분 수록

## G-TELP 독해 및 어휘 영역 목표 점수 달성은
## 시원스쿨랩 『5일 단기공략 지텔프 공식 기출독해』로!

지텔프 독해 및 어휘 영역은 지텔프 Level 2 시험에서 50점~65점을 목표로 하는 수험생분들에게 크나큰 고민거리일 것입니다. 독해에서 최소 40점에서 최대 70점 이상 확보해야 안정적으로 목표 점수를 달성할 수 있기 때문입니다. 그래서 문법에서 고득점을 달성한 지텔프 수험생의 다음 학습 순서는 바로 독해 영역일 것입니다. 몇 차례 시험을 쳤으나 독해 점수가 뒷받침되지 않아 아쉽게 목표 점수를 달성하지 못한 수험생의 사례를 지켜보고 나서, 독해는 아무래도 어휘력과 해석 능력이라는 기초적이지만 향상시키기에 많은 시간과 노력이 필요한 요소가 있기 때문에 많은 수험생분들이 독해를 어려워한다는 것을 알 수 있었습니다.

여러분이 지텔프 독해의 높은 장벽을 쉽게 넘을 수 있도록 도움을 드리고자, G-TELP KOREA 공식 기출 문제와 지텔프 출제 경향을 완벽히 반영한 기출 문제 및 기출 유형 문제가 담긴 『5일 단기공략 지텔프 공식 기출독해』를 출간하였습니다. 지텔프 독해공부가 필요한 학생들이 가장 효율적인 방법으로 최단기 목표점수를 달성할 수 있는 전략과 독해 필수 기초 문법, 독해 유형별 접근법, 패러프레이징 연습, 실전 문제 및 기출문제가 담겨있어 지텔프 50~65점을 목표로 하는 수험생에게 최적화된 지텔프 독해의 바이블입니다.

앞서 말씀드린대로, 독해 및 어휘 영역은 해석 능력과 어휘력이 부족하면 문제 유형과 문제풀이 스킬을 공부한다 하더라도 단기간 목표달성이 절대 쉽지 않습니다. 따라서 독해 영역에서 안정적으로 고득점을 얻기 위해서 어휘 암기와 해석 능력은 필수적입니다. 이에 대비하여 『5일 단기공략 지텔프 공식 기출독해』 부록에는 지텔프 독해의 지문에서 등장할 수 있는 주제별로 어휘를 나눈 <주제별 어휘> 리스트와 지텔프 독해에서 매회 8문항이 출제되는 <동의어 50제>가 수록되어 있어 어휘 문제풀이 능력을 기르는데 큰 도움이 될 것입니다. 그리고 해석 능력 향상을 위해 독해에 필요한 기초 문법을 CHAPTER 1에 배치하여, 문장 분석을 통한 바른 해석으로 패러프레이징에 대비하면서 동시에 매력적인 오답을 효과적으로 소거할 수 있도록 하였습니다. 독해 점수 향상을 위한 마지막 단계는 바로 독해 지문과 문제의 유형을 파악하고 문제의 풀이 요령을 익히는 것입니다. 이를 위해서 우선 독해에서 출제되는 파트별 지문의 유형과 문제의 유형을 파악하고, 유형에 맞는 문제 풀이 방법을 따라야 하는데, 대부분 문제의 키워드와 지문의 키워드를 확인하고 지문 내에 언급된 정답의 단서에 해당하는 부분과 일치하는 것을 보기 (a)~(d) 중에서 고르는 것이 핵심입니다. 거의 모든 문제의 정답은 지문의 내용과 동일하지만 다르게 표현하는 패러프레이징이 적용되어 있어 어휘력과 해석 능력이 필수적으로 필요한 것입니다. 이를 기반으로 각 파트별로 연습문제, 실전문제, 기출문제를 풀어보면서 문제 풀이 요령을 익힘으로써 독해의 목표 점수 달성이 가능할 것입니다.

시원스쿨어학연구소와 함께 이러한 지텔프 독해의 가장 효과적인 공부법을 수년간 연구하여 출간한 『5일 단기공략 지텔프 공식 기출독해』가 수험생 여러분의 빠른 지텔프 목표 점수 달성에 도움이 되어, 여러분의 최종 목표도 꼭 실현되기를 기원합니다.

시원스쿨어학연구소 드림

# 목차

# 이 책의 구성과 특징

**CHAPTER 1** **CHAPTER 1** 독해 필수 기초 문법

독해 지문 문맥 파악 및 오답 소거에 필수적인 영어 문장 해석을 위한 기초 문법을 학습할 수 있습니다. 품사 분류와 각 품사의 문장 성분 역할, 그리고 문장 형식까지, 독해를 위한 기초적인 문법 학습으로 독해 학습을 시작해보세요.

**CHAPTER 1** 독해 질문 유형별 분석

지텔프 Level 2 독해 및 어휘 영역에서 출제되는 28문항을 5개 유형으로 나누어, 각 유형의 특징과 문제 풀이 공략법, 예제 풀이를 제공해드립니다.

**CHAPTER 2** 파트별 특징 및 문제 유형

지텔프 Level 2 독해 및 어휘 영역에서 출제되는 4개의 파트(지문)를 나누어 각각의 특징과 유형, 문제 풀이 공략법, 필수 어휘, 필수 문장 패턴, 기출문제를 활용한 공략법을 제공해드립니다.

**CHAPTER 2** PARAPHRASING PRACTICE

독해 문제 풀이에서 정답을 고를 때 가장 중요한 요소인, 패러프레이징된 구문을 읽고 지문의 내용과 비교하는 법을 연습할 수 있습니다. 실제 기출문제를 기반으로 만들어진 지문으로 패러프레이징 원리와 예시를 동시에 학습할 수 있습니다.

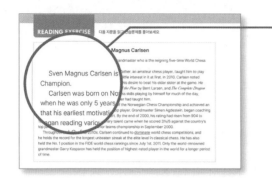

## CHAPTER 2  READING EXERCISE

문제를 풀기 전에, 앞서 배운 문제 유형과 패러프레이징 연습을 적용시키는 단계의 문제 풀이입니다. 실제 지문의 절반 분량의 지문이 2개 제시됩니다. 각 지문마다 독해 문제 3문제와 동의어 2문제가 출제되었습니다.

## CHAPTER 2  ACTUAL READING

시원스쿨어학연구소가 기출문제를 토대로 제작한 기출유형 독해 문제입니다. 실제 지문과 유사한 주제와 분량으로 총3개의 지문이 제시됩니다. 각 지문마다 독해 문제 5문제와 동의어 2문제가 출제되었습니다.

## 부록  주제별 어휘 / 동의어 50제

지텔프 Level 2 독해 및 어휘 영역에서 출제되는 어휘를 주제별로 정리하여 품사와 의미를 암기할 수 있도록 하였습니다. 이와 더불어 정기시험에서 매회 8문제씩 출제되는 동의어 유형 50문제를 제작하여 실전에 대비할 수 있도록 제공해드립니다..

# G-TELP, 접수부터 성적 확인까지

## G-TELP를 선택해야 하는 이유

● **빠른 성적 확인**: 시험일 기준 5일 이내 성적 확인 가능
● **절대평가**: 전체 응시자의 수준에 상관없이 본인의 점수로만 평가
● **세 영역(문법, 청취, 독해)의 평균 점수**: 각 영역별 과락 없이 세 영역의 평균 점수가 최종 점수
  ex) 문법 100점 + 청취 28점 + 독해 67점 = 총점 195점 → 평균 65점
  　 문법 92점 + 청취 32점 + 독해 71점 = 총점 195점 → 평균 65점
● **타 시험 대비 쉬운 문법**: 7개의 고정적인 출제 유형, 총 26문제 출제, 문제 속 단서로 정답 찾기
● **타 시험 대비 적은 분량의 독해**: 지문 4개, 총 28문제 출제
● **청취(Listening)에 취약한 사람들도 통과 점수 획득 가능**: 세 개의 영역의 평균 점수가 최종 점수이므로 청취에서 상대적으로 낮은 점수를 받아도 문법과 독해 및 어휘로 목표 점수 달성 가능

## G-TELP 소개

G-TELP(General Tests of English Language Proficiency)는 국제 테스트 연구원(ITSC, International Testing Services Center)에서 주관하는 국제적으로 시행하는 국제 공인 영어 테스트입니다. 또한 단순히 배운 내용을 평가하는 시험이 아닌, 영어 능력을 종합적으로 평가하는 시험으로, 다음과 같은 구성으로 이루어져 있습니다.

● 시험 구성

| 구분 | 구성 및 시간 | 평가기준 | 합격자의<br>영어구사능력 | 응시자격 |
|---|---|---|---|---|
| LEVEL 1 | · 청취 30문항 (약 30분)<br>· 독해 60문항 (70분)<br>· 전체 90문항 (약 100분) | 원어민에 준하는 영어 능력:<br>상담 토론 가능 | 일상생활<br>상담, 토론<br>국제회의 통역 | 2등급<br>Mastery를<br>취득한 자 |
| LEVEL 2 | · 문법 26문항 (20분)<br>· 청취 26문항 (약 30분)<br>· 독해 28문항 (40분)<br>· 전체 80문항 (약 90분) | 다양한 상황에서 대화 가능<br>업무 상담 및 해외 연수 가능한 수준 | 일상생활<br>업무 상담<br>회의 세미나, 해외 연수 | 제한 없음 |
| LEVEL 3 | · 문법 22문항 (20분)<br>· 청취 24문항 (약 20분)<br>· 독해 24문항 (40분)<br>· 전체 70문항 (약 80분) | 간단한 의사소통과 단순 대화 가능 | 간단한 의사소통<br>단순 대화<br>해외 여행, 단순 출장 | 제한 없음 |
| LEVEL 4 | · 문법 20문항 (20분)<br>· 청취 20문항 (약 15분)<br>· 독해 20문항 (25분)<br>· 전체 60문항 (약 60분) | 기본적인 문장을 통해 최소한의<br>의사소통 가능 | 기본적인 어휘 구사<br>짧은 문장 의사소통<br>반복 부연 설명 필요 | 제한 없음 |
| LEVEL 5 | · 문법 16문항 (15분)<br>· 청취 16문항 (약 15분)<br>· 독해 18문항 (25분)<br>· 전체 50문항 (약 55분) | 극히 초보적인 수준의 의사소통 가능 | 영어 초보자<br>일상 인사,<br>소개 듣기<br>자기 표현 불가 | 제한 없음 |

● 시험 시간

시험 문제지는 한 권의 책으로 이루어져 있으며 각각의 영역이 분권으로 나뉘어져 있지 않고 시험이 시작되는 오후 3시부터 시험이 종료되는 오후 4시 30분~35분까지 자신이 원하는 영역을 풀 수 있습니다. 단, 청취 음원은 3시 20분에 재생됩니다. 그래도 대략적으로 각 영역의 시험 시간을 나누자면, 청취 음원이 재생되는 3시 20분 이전을 문법 시험, 그리고 청취 음원이 끝나고 시험 종료까지를 독해 시험으로 나누어 말하기도 합니다.

    오후 3시: 시험 시작

    오후 3시 20분: 청취 시험 시작

    오후 3시 45~47분: 청취 시험 종료·및 독해 시험 시작

    오후 4시 30분~35분: 시험 종료


● 시험 시 유의사항

1. 신분증과 컴퓨터용 사인펜 필수 지참

    지텔프 고사장으로 출발 전, 신분증과 컴퓨터용 사인펜은 꼭 가지고 가세요. 이 두 가지만 있어도 시험은 칠 수 있습니다. 신분증은 주민등록증, 운전면허증, 여권 등이 인정되며, 학생증이나 사원증은 해당되지 않습니다. 또한 컴퓨터용 사인펜은 타인에게 빌리거나 빌려줄 수 없으니 반드시 본인이 챙기시기 바랍니다.

2. 2시 30분부터 답안지 작성 오리엔테이션 시작

    2시 20분까지 입실 시간이며, 2시 30분에 감독관이 답안지만 먼저 배부하면, 중앙 방송으로 답안지 작성 오리엔테이션이 시작됩니다. 이름, 수험번호(고유번호), 응시코드 등 답안지 기입 항목에 대한 설명이 이루어집니다. 오리엔테이션이 끝나면 휴식 시간을 가지고 신분증 확인이 실시됩니다. 고사장 입실은 2시 50분까지 가능하지만, 지텔프를 처음 응시하는 수험자라면 늦어도 2시 20분까지는 입실하시는 것이 좋습니다.

3. 답안지에는 컴퓨터용 사인펜과 수정테이프만 사용 가능

    답안지에 기입하는 모든 정답은 컴퓨터용 사인펜으로 작성되어야 합니다. 기입한 정답을 수정할 경우 수정테이프만 사용 가능하며, 액체 형태의 수정액은 사용할 수 없습니다. 수정테이프 사용 시 1회 수정만 가능하고, 같은 자리에 2~3회 여러 겹으로 중복 사용시 정답이 인식되지 않을 수 있습니다. 문제지에 샤프나 볼펜으로 메모할 수 있지만 다른 수험자가 볼 수 없도록 작은 글자로 메모하시기 바랍니다.

4. 영역별 시험 시간 구분 없이 풀이 가능

    문제지가 배부되고 모든 준비가 완료되면 오후 3시에 시험이 시작됩니다. 문제지는 문법, 청취, 독해 및 어휘 영역 순서로 제작되어 있지만 풀이 순서는 본인의 선택에 따라 정할 수 있습니다. 단, 청취는 음원을 들어야 풀이가 가능하므로 3시 20분에 시작되는 청취 음원에 맞춰 풀이하시기 바랍니다.

5. 소음 유발 금지

    시험 중에는 소음이 발생하는 행위를 금지하고 있습니다. 문제를 따라 읽는다거나, 펜으로 문제지에 밑줄을 그으면서 소음을 발생시키는 등 다른 수험자에게 방해가 될 수 있는 행위를 삼가시기 바랍니다. 특히, 청취 음원이 재생되는 동안 청취 영역을 풀지 않고 다른 영역을 풀이할 경우, 문제지 페이지를 넘기면서 큰 소리가 나지 않도록 주의해야 합니다.

6. 시험 종료 후 답안지 마킹 금지

    청취 음원의 재생 시간에 따라 차이가 있을 수 있지만 대부분의 경우 4시 30분~4시 35분 사이에 시험이 종료됩니다. 시험 종료 시간은 청취 시간이 끝나고 중앙 방송으로 공지되며, 시험 종료 5분 전에도 공지됩니다. 시험 종료 알림이 방송되면 즉시 펜을 놓고 문제지 사이에 답안지를 넣은 다음 문제지를 덮고 대기합니다.

## 2025년 G-TELP 정기시험 일정

| 회차 | 시험일자 | 접수기간 | 추가 접수기간<br>(~자정까지) | 성적공지일<br>(오후 3:00) |
|---|---|---|---|---|
| 제546회 | 2025-01-05(일) 15:00 | 2024-12-06 ~ 2024-12-20 | ~2024-12-25 | 2025-01-10(금) 15:00 |
| 제547회 | 2025-01-19(일) 15:00 | 2024-12-27 ~ 2025-01-03 | ~2025-01-08 | 2025-01-24(금) 15:00 |
| 제548회 | 2025-02-02(일) 15:00 | 2025-01-10 ~ 2025-01-17 | ~2025-01-22 | 2025-02-07(금) 15:00 |
| 제549회 | 2025-02-16(일) 15:00 | 2025-01-24 ~ 2025-01-31 | ~2025-02-05 | 2025-02-21(금) 15:00 |
| 제550회 | 2025-03-02(일) 15:00 | 2025-02-07 ~ 2025-02-14 | ~2025-02-19 | 2025-03-07(금) 15:00 |
| 제551회 | 2025-03-16(일) 15:00 | 2025-02-21 ~ 2025-02-28 | ~2025-03-05 | 2025-03-21(금) 15:00 |
| 제552회 | 2025-03-30(일) 15:00 | 2025-03-07 ~ 2025-03-14 | ~2025-03-19 | 2025-04-04(금) 15:00 |
| 제553회 | 2025-04-13(일) 15:00 | 2025-03-21 ~ 2025-03-28 | ~2025-04-02 | 2025-04-18(금) 15:00 |
| 제554회 | 2025-04-27(일) 15:00 | 2025-04-04 ~ 2025-04-11 | ~2025-04-16 | 2025-05-02(금) 15:00 |
| 제555회 | 2025-05-11(일) 15:00 | 2025-04-18 ~ 2025-04-25 | ~2025-04-30 | 2025-05-16(금) 15:00 |
| 제556회 | 2025-05-25(일) 15:00 | 2025-05-02 ~ 2025-05-09 | ~2025-05-14 | 2025-05-30(금) 15:00 |
| 제557회 | 2025-06-08(일) 15:00 | 2025-05-16 ~ 2025-05-23 | ~2025-05-28 | 2025-06-13(금) 15:00 |
| 제558회 | 2025-06-22(일) 15:00 | 2025-05-30 ~ 2025-06-06 | ~2025-06-11 | 2025-06-27(금) 15:00 |
| 제559회 | 2025-07-06(일) 15:00 | 2025-06-13 ~ 2025-06-20 | ~2025-06-25 | 2025-07-11(금) 15:00 |
| 제560회 | 2025-07-20(일) 15:00 | 2025-06-27 ~ 2025-07-04 | ~2025-07-09 | 2025-07-25(금) 15:00 |
| 제561회 | 2025-08-03(일) 15:00 | 2025-07-11 ~ 2025-07-18 | ~2025-07-23 | 2025-08-08(금) 15:00 |
| 제562회 | 2025-08-17(일) 15:00 | 2025-07-25 ~ 2025-08-01 | ~2025-08-06 | 2025-08-22(금) 15:00 |
| 제563회 | 2025-08-31(일) 15:00 | 2025-08-08 ~ 2025-08-15 | ~2025-08-20 | 2025-09-05(금) 15:00 |

| | | | | |
|---|---|---|---|---|
| 제564회 | 2025-09-14(일) 15:00 | 2025-08-22 ~ 2025-08-29 | ~2025-09-03 | 2025-09-19(금) 15:00 |
| 제565회 | 2025-09-28(일) 15:00 | 2025-09-05 ~ 2025-09-12 | ~2025-09-17 | 2025-10-03(금) 15:00 |
| 제566회 | 2025-10-19(일) 15:00 | 2025-09-19 ~ 2025-10-03 | ~2025-10-08 | 2025-10-24(금) 15:00 |
| 제567회 | 2025-10-26(일) 15:00 | 2025-10-03 ~ 2025-10-10 | ~2025-10-15 | 2025-10-31(금) 15:00 |
| 제568회 | 2025-11-09(일) 15:00 | 2025-10-17 ~ 2025-10-24 | ~2025-10-29 | 2025-11-14(금) 15:00 |
| 제569회 | 2025-11-23(일) 15:00 | 2025-10-31 ~ 2025-11-07 | ~2025-11-12 | 2025-11-28(금) 15:00 |
| 제570회 | 2025-12-07(일) 15:00 | 2025-11-14 ~ 2025-11-21 | ~2025-11-26 | 2025-12-12(금) 15:00 |
| 제571회 | 2025-12-21(일) 15:00 | 2025-11-28 ~ 2025-12-05 | ~2025-12-10 | 2025-12-26(금) 15:00 |

● 시험 접수 방법

정기 시험 접수 기간에 G-TELP KOREA 공식 홈페이지 www.g-telp.co.kr 접속 후 로그인, [시험접수] - [정기 시험 접수] 클릭

● 시험 응시료

정기시험 66,300원 (졸업 인증 45,700원, 군인 33,200원) / 추가 접수 71,100원 (졸업 인증 50,600원, 군인 38,000원)

● 시험 준비물

① 신분증: 주민등록증(임시 발급 포함), 운전면허증, 여권, 공무원증 중 택1
② 컴퓨터용 사인펜: 연필, 샤프, 볼펜은 문제 풀이 시 필요에 따라 사용 가능, OMR 답안지에는 연필, 샤프, 볼펜으로 기재 불가
③ 수정 테이프: 컴퓨터용 사인펜으로 기재한 답을 수정할 경우 수정액이 아닌 수정 테이프만 사용 가능

● 시험장 입실

시험 시작 40분 전인 오후 2시 20분부터 입실, 2시 50분부터 입실 불가

● OMR 카드 작성

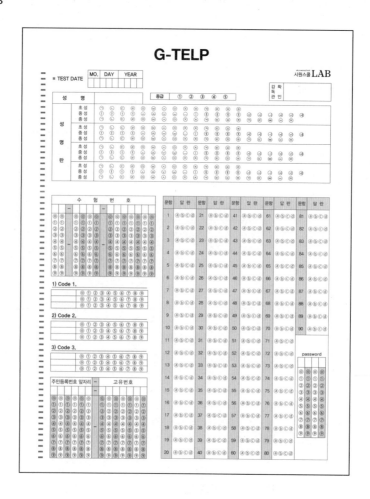

<설명>
○ 날짜, 성명을 쓰고 등급은 ②에 마킹합니다.
○ 이름을 초성, 중성, 종성으로 나누어 마킹합니다.
○ 수험 번호는 자신의 책상에 비치된 수험표에 기재되어 있습니다.
○ Code 1, Code 2는 OMR 카드 뒷면에서 해당되는 코드를 찾아 세 자리 번호를 마킹합니다. (대학생이 아닌 일반인의 경우 Code 1은 098, Code 2는 090)
○ Code 3은 수험 번호의 마지막 7자리 숫자 중 앞 3자리 숫자를 마킹합니다.
○ 주민등록번호는 앞자리만 마킹하고 뒷자리는 개인 정보 보호를 위해 지텔프에서 임시로 부여한 고유 번호로 마킹해야합니다. (수험표에서 확인)
○ 답안지에는 90번까지 있지만 Level 2 시험의 문제는 80번까지이므로 80번까지만 마킹합니다.
○ OMR 카드 오른쪽 아래에 있는 비밀번호(password) 4자리는 성적표 출력 시 필요한 비밀번호로, 응시자가 직접 비밀번호를 설정하여 숫자 4개를 마킹합니다.
○ 시험 시간에는 답안지 작성(OMR 카드 마킹) 시간이 별도로 주어지지 않습니다.

● 성적 발표

시험일 5일 이내 G-TELP KOREA 공식 홈페이지 www.g-telp.co.kr 접속 후 로그인, [성적 확인] - [성적 확인] 클릭 / 우편 발송은 성적 발표 후 차주 화요일에 실시

● 성적 유효 기간

시험일로부터 2년

● 성적표 양식

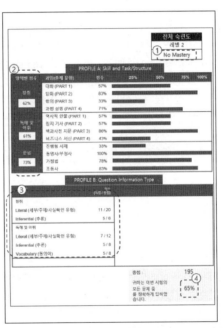

* 편의를 위해 우리말로 번역하였습니다.

① No Mastery: 응시자가 75% 이상의 점수를 획득할 경우 Mastery, 그렇지 못할 경우 No Mastery로 표기되며, 32점이나 65점, 77점 등 점수대별 목표 점수를 가진 응시자에게 아무런 영향이 없습니다.

② 영역별 점수: 각 영역별 점수를 가리키는 수치입니다. 이를 모두 취합하면 총점(Total Score)이 되며, 이를 3으로 나눈 평균값이 ④에 나오는 최종 점수입니다.

③ 청취와 독해 및 어휘 영역의 출제 유형별 득점: 청취와 독해 및 어휘 영역의 Literal은 세부사항, 주제 및 목적, 사실 확인 유형의 문제를 말하며, 이 유형들은 지문의 내용에 문제의 정답이 직접적으로 언급되어 있는 유형입니다. Inferential은 추론 문제를 말하며, 이 유형은 지문에 문제의 정답이 직접적으로 언급되어 있지 않지만 지문에 나온 정보를 토대로 추론을 통해 알 수 있는 사실을 보기 중에서 고르는 문제입니다. 이 유형의 경우, 정답 보기가 패러프레이징(paraphrasing: 같은 의미를 다른 단어로 바꾸어 말하기)이 되어 있어 다소 난이도가 높은 편입니다. 청취와 독해 및 어휘 영역에서는 문제가 각각 5~8문제씩 출제됩니다. 마지막으로 Vocabulary는 각 PART의 지문에 밑줄이 그어진 2개의 단어에 맞는 동의어를 찾는 문제입니다. 총 네 개의 PART에서 각각 2문제씩 나오므로 항상 8문제가 출제됩니다.

# 목표 점수별 공략법

## 지텔프 Level 2. 32점

### 1. 총점 96점이 목표

지텔프 시험은 문법 26문제, 청취 26문제, 독해 28문제로 구성되어 있으며 각 영역이 100점 만점, 총 80문제입니다. 여기서 평균 32점을 얻기 위해서는 세 영역 합산 총점이 96점이 되어야 합니다.

### 2. 문법 84점만 받으면 된다

각 영역별로 난이도는 "청취 > 독해 > 문법" 순으로, 청취가 가장 어렵고 문법이 가장 쉽습니다. 문법 영역은 총 26문제 중 시제 6문제, 가정법 6문제, 당위성 표현 2문제, 부정사/동명사 6문제, 조동사 2문제, 접속사/전치사 2문제, 관계대명사절 2문제로 출제됩니다. 같은 유형의 문제가 반복되어 나오고, 그 유형은 총 7개 유형이므로 이 7개 유형만 학습하면 문법 영역에서 최대 84점의 고득점이 가능합니다.

따라서 1주일에서 2주일 동안 7개 유형의 각각의 특징과 단서를 파악하는데 주력하여 학습한다면, 문제 해석이 필요한 조동사와 접속사 문제를 제외하고, 나머지 22문제를 맞추어 약 84점이 확보됩니다. (한 문제당 약 4점으로 계산) 여기서 청취와 독해에서 3문제 이상 더 맞추면 총점 96점이 훌쩍 넘어 목표 점수 32점을 쉽게 달성할 수 있습니다.

## 지텔프 Level 2. 65점

### 1. 총점 195점이 목표

평균 65점은 세 영역에서 총점 195점이 되어야 하는 점수이므로, 문법에서 92점, 청취에서 30~40점, 독해에서 63~73점을 목표 점수로 권장합니다. 지텔프 시험의 가장 큰 장점은 문법의 난이도가 낮다는 것과 독해의 문제수가 적다는 것입니다. 앞서 32점 목표 공략법에서 설명하였듯이 문법은 총 7개 유형이 반복적으로 출제되어 총 26문제가 구성되어 있으므로 해당 유형의 이론을 공부하고 실전 문제만 충분히 풀이한다면 기본적으로 84점 이상은 얻을 수 있습니다. 여기서 조동사와 접속사 유형을 풀이하기 위해 출제되는 여러 조동사와 접속사를 공부하고 문장 해석을 통한 문맥 파악에 노력을 기울인다면 최대 96점(26문제 중 25문제 정답)은 충분히 달성할 수 있습니다.

### 2. 65점 목표의 난관: 독해와 어휘

독해는 토익에 비하여 분량이 적을 뿐 난이도가 토익보다 쉬운 것은 아닙니다. 한 지문은 약 500개 단어로 구성되어 있으며, 이는 토익 PART 7의 이중 지문과 비슷한 분량입니다. 이러한 지문이 총 4개, 각 지문당 7개의 문제가 출제되어 있으며, 그 7문제에는 세부정보, 추론, 사실확인, 동의어 찾기 유형이 섞여서 출제됩니다. 특히 동의어 찾기 문제는 한 지문당 2문제가 고정적으로 출제되어 독해 영역 전체에서 동의어 문제는 총 8문제가 출제됩니다. 그 외의 세부정보, 사실확인, 추론 유형의 문제는 반드시 해당 지문을 꼼꼼하게 읽으면서 정답을 찾아야 합니다.

동의어 문제를 제외한 한 지문에 나오는 독해 문제 5문제는 독해 지문의 단락 순서대로 출제됩니다. 예를 들어, 첫번째 단락에서 첫번째 문제의 정답 단서가 있으며, 두번째 단락에 두번째 문제의 정답 단서가 있는 식입니다. 하지만 이것이 항상 규칙적이지는 않은데, 가령 첫번째 단락에 첫번째 문제의 정답 단서가 없으면 두번째 단락에 첫번째 문제의 정답 단서가 있기도 합니다. 그래서 문제를 풀 때는 첫번째 문제를 먼저 읽고, 문제의 키워드를 파악한 다음, 첫번째 단락을 읽으면서 해당 키워드를 찾는 식으로 문제를 풀이합니다. 여기서 가장 중요한 것은 문장의 내용을 제대로 이해할 수 있는 해석 능력입니다. 영어 문장 해석 능력은 기초적인 영문법과 어휘 실력으로 완성됩니다.

따라서 지텔프 독해에서 요구되는 수준의 어휘 실력을 갖추기 위해 기초 영단어 포함 최소 2,000단어 이상 암기해야 하며, 영어 문장을 올바르게 해석하기 위해 기초 영문법을 학습해야 합니다. 여기서 기초 영문법이란 중/고등학교 영어 수준의 영문법을 말하며, 품사의 구분부터 문장성분 분석, 각 문장의 형식에 따른 문장 해석 방법, 부정사, 동명사, 분사(구문), 관용 구문까지 아울러 포괄적으로 일컫는 말입니다. 어휘와 해석 능력만 갖춰진다면 60점까지 무리없이 도달할 수 있으며, 거기서 추가적으로 패러프레징(paraphrasing) 된 오답을 피하는 요령, 세부 정보 및 추론 문제에서 정답 보기를 찾는 요령 등 독해 스킬에 해당하는 것을 추가적으로 학습하면 70점에 도달할 수 있습니다.

## 3. 청취 영역을 포기하지 말 것

청취는 총 4개 지문, 각 지문당 6~7문제가 출제되는데, 난이도가 그 어떤 다른 영어 시험보다 어려운 수준이기에 많은 수험생들이 청취 영역을 포기하는 경우가 많습니다. 청취 영역이 어려운 이유는 첫째, 문제가 시험지에 인쇄되어 있지 않습니다. 즉 듣기 음원에서 문제를 2회 들려주는데, 이 때 빠르게 시험에 메모하여 문제를 파악해야 합니다. 둘째, 한 지문이 6분 이상 재생되기 때문에, 들으면서 즉각적으로 6~7문제를 풀어야 하는 수험생에게 아주 긴 집중력을 필요로 합니다. 셋째, 문제의 난이도가 독해 영역의 문제만큼이나 어렵습니다. 듣기 문제에서 세부정보, 사실 확인, 추론 유형의 문제를 풀이해야 하는데, 이 때 성우가 말하는 단서 중 한 단어만 놓쳐도 해당 문제에서 오답을 고를 확률이 매우 높아집니다. 그렇기 때문에 약 25분 정도 소요되는 청취 영역 시간 동안 문법이나 독해 문제를 푸는 수험생이 많고, 청취는 하나의 보기로 통일하여 답안지에 기재하는 등 포기하는 경우가 많습니다.

문법과 녹해에서 고득점을 받는다면 청취에서 하나의 보기로 답안지를 작성하여도 20점~25점의 점수를 얻어 총점 195점을 받을 수 있지만, 항상 변수에 대비해야 합니다. 여기서 변수는 독해 영역에서 지나치게 어려운 주제의 지문이 출제되는 경우입니다. 특히 독해 PART 2 잡지 기사문과 PART 3 백과사전 지문에서 의학, 과학, 윤리/철학 등 이해하기 어려운 개념에 대한 지문이 등장하면 어휘부터 어렵기 때문에 많은 수험생들이 제실력을 발휘하지 못하고 목표한 점수를 얻지 못하는 경우가 발생합니다. 이러한 경우를 대비하여, 청취 영역시간에는 청취 영역을 적극적으로 풀이할 것을 권장합니다. 물론 지문이 길고 문제도 적혀 있지 않기 때문에 어렵겠지만, 한 지문에서 첫 3문제는 지문의 앞부분에서 키워드만 듣게 되면 바로 정답을 찾을 수 있을 정도로 비교적 난이도가 낮습니다. 따라서 문제를 읽어줄 때 문제를 메모하는 연습을 하여 각 지문당 3문제씩이라도 집중해서 제대로 푼다면 적어도 30점 이상은 얻을 수 있습니다. 청취 영역에서 30점 보다 더 높은 점수를 받을 경우, 그만큼 독해에서 고난도의 문제를 틀리더라도 총점 195점을 달성하는데 많은 도움이 될 것입니다.

목표 점수가 65점 이상이라면 65점 목표 공략법과 거의 동일합니다. 여기서 문법은 96점 이상, 청취 50점 이상, 독해 70점 이상이면 충분히 달성 가능합니다. 따라서 청취와 독해 고득점 공략법을 소개해드리겠습니다.

## 1. 청취 문제 풀이 과정

청취는 지문과 문제가 듣기 음원으로 제공된다는 점만 다를 뿐 한 지문당 여러 문제가 출제된다는 점, 총 네 개의 파트로 이루어진 점 등 분량이나 출제 유형의 측면에서 독해 및 어휘 영역과 거의 흡사합니다. 즉 청취 영역에도 세부사항, 사실 확인, 주제 및 목적, 추론 유형이 출제됩니다. 하지만 문제를 듣기 전까지 문제 유형을 알 수 없으므로 시험지에 있는 보기를 먼저 읽고 해석하여 핵심 포인트에 밑줄을 긋거나 각 보기의 옆에 우리말로 적어 둡니다. 이 예비 동작은 PART 1은 청취 음원이 시작되기 전, 안내문과 샘플문제를 설명할 때, PART 2, 3, 4는 이전 PART의 지문이 끝나고 문제를 다시 읽어줄 때 실시합니다.

질문의 키워드를 찾는 것이 독해 문제를 풀 때 반드시 체크해야 하는 사항인 것처럼, 청취 영역을 풀 때의 첫 단계도 질문의 키워드를 찾는 것입니다. 청취 문제는 문제지에 적혀 있지 않으므로 수험생이 직접 듣고 적어야 하는데, 이때 문제 전체를 적는 것이 아니라 키워드만 빠르게 적는 것이 핵심 포인트입니다. 문제는 항상 의문사(what, how, which, where, when 등)로 시작되므로 의문사를 적는데, 이때 what 대신 '무엇/뭐'라고 쓰거나, 주어가 사람일 경우 첫 글자만 씁니다. 그리고 가장 중요한 키워드인 <동사 + 목적어/보어>는 가장 자세히 적어야 합니다. 예를 들어, "What will Jason do in the conference?"라는 질문을 듣는다면 "무엇 / J / 하는지 / 컨퍼런스"라고 메모하는 하는 식입니다. "컨퍼런스"와 같이 3글자 이상의 단어는 영어로 "conf."라고 줄임말을 쓰거나 "컨퍼"라고 쓰는 등으로 빠르게 메모 할 수 있는 방법도 있습니다. 참고로 청취에도 추론 유형이 출제되는데, "most likely", "probably"라는 단어가 문제에서 들린다면 "most likely / probably"라고 모두 적지 말고 "추론"이라고만 메모하는 것이 좋습니다.

문제를 다 듣고 지문을 들을 때는 키워드가 언급되는 부분을 반드시 짚어 내야 합니다. 지문의 내용이 전개되는 순서는 문제의 순서와 동일하므로 1번의 키워드를 듣고 정답을 체크하고나면, 2번의 키워드가 언급되는 부분을 듣기 위해 귀를 열어 놓고 있어야 합니다. 만약 2번의 키워드를 듣지 못했는데 3번의 키워드를 듣게 되었다면, 2번의 정답을 찾을 수 있는 방법이 거의 없다고 보셔야 합니다. 현재 청취 목표 점수는 50점 이상이므로 모든 문제를 맞출 필요는 없습니다. 듣지 못한 문제는 과감히 포기하고 다음 문제의 키워드가 나오는 것을 대비해야 합니다. 또한 키워드가 들린다고 곧장 정답을 찾으려 하지 말고, 해당 문장을 끝까지 읽고 반전의 내용이 이어지지 않는지 확인 후 보기에서 정답을 골라야 합니다. 예를 들어, 저렴하지만 품질보증이 되지 않는 물건을 살 것인지, 비싸지만 오랜 기간 품질보증이 되는 물건을 살 것인지 설명하는 지문(PART 3)에서 "남자는 대화 후 무엇을 할 것인가?"와 같은 질문에 대한 키워드로 여자가 "So, what are you going to do?"라고 말한 뒤 남자가 "I don't want to spend much money(나는 많은 돈을 쓰고 싶지 않아)."라고 말한다고 해서 '저렴한 물건을 살 것이다'라는 보기를 정답으로 고르면 안됩니다. 남자가 바로 뒤이어 "But I'd prefer the product with a full two-year warranty(하지만 나는 만 2년의 품질 보증이 있는 상품을 좋아해)."라고 말한다면 정답은 바뀔 수 있기 때문입니다.

## 2. 독해 고득점 공략법

독해의 고득점 공략법은 바로 독해 스킬입니다. 어휘 수준과 해석 실력이 뒷받침된 상태에서, 문제에서 원하는 정보가 무엇인지를 찾아야 합니다. 문제에서 원하는 정보는 바로 문제의 "키워드"입니다. 예를 들어, 문제가 '지문에서 설명하는 법안에 의한 영향이 아닌 것은?'이라면 여기서 키워드는 '지문에서 설명하는 법안'과 '영향'입니다. 그럼 '그 법안'이 언급된 부분에서 법안에 의한 인과관계가 명확한 사건들을 지문에서 찾아서 보기의 내용과 대조해야 합니다. 하지만 해당 단락에서 '그 법안'에 대한 설명에 뒤이어 다른 사건이 서술되어 있다면, 그 다른 사건이 '지문에서 설명하는 법안에 의한 영향이 아닌 것'일 가능성이 매우 큽니다. 그런데 문제에서는 '영향을 받지 않는 사건'을 정답으로 고르라고 했는데, 대부분 응시자들은 단순히 지문에서 영향을 받은 사건 뒤에 위치하였다고 해서 이 사건도 '그 법안'의 영향을 받았다고 착각을 일으킵니다. 이를 '상상 독해'라고 하며, 지문에 언급되지 않은 내용으로 지문의 내용을 오독(misreading)하는 것입니다. 특히, 문제에 most likely, probably, can be said가 포함되어 있는 추론 유형의 문제에서 이러한 상상 독해로 오답을 고르는 경우가 많으니 주의하여야 합니다.

독해 고득점을 위해서 어휘의 중요성은 너무나 당연한 것입니다. 특히 여러가지 의미를 가지고 있는 다의어는 독해 문제의 단서가 되거나 동의어 찾기 문제가 되는 경우가 많습니다. 예를 들어 address라는 단어는 명사로 '주소', '연설'이라는 의미를 나타내고 있으며, 동사로 쓰이면 '연설하다'라는 의미로만 알고 있을 것입니다. 하지만 지텔프에서 address는 '(문제를) 해결하다, 다루다'라는 의미로 출제된 적이 있습니다. 기존에 알고 있던 의미와 전혀 다른 의미이기 때문에 모르면 해석이 불가하거나 문제를 풀지 못하는 경우가 발생합니다. 따라서 독해 고득점을 위해서 어휘를 학습할 경우에는 한 단어가 여러 가지 의미를 가지고 있다면 모든 의미를 파악해 놓는 것이 좋습니다. 특히 그 중의 하나의 의미가 특정 명사, 전치사구, 부사와 함께 쓰인다면 함께 쓰이는 단어까지 함께 연어(collocation)로 외우는 것이 좋습니다.

# 지텔프 LEVEL 2 성적 활용표

● 주요 정부 부처 및 국가 자격증

| 활용처(시험) | 지텔프 Level 2 점수 | 토익 점수 |
|---|---|---|
| 군무원 9급 | 32점 | 470점 |
| 군무원 7급 | 47점 | 570점 |
| 경찰공무원(순경) | 48점 (가산점 2점)<br>75점 (가산점 4점)<br>89점 (가산점 5점) | 600점 (가산점 2점)<br>800점 (가산점 4점)<br>900점 (가산점 5점) |
| 소방간부 후보생 | 50점 | 625점 |
| 경찰간부 후보생 | 50점 | 625점 |
| 경찰공무원<br>(경사, 경장, 순경) | 43점 | 550점 |
| 호텔서비스사 | 39점 | 490점 |
| 박물관 및 미술관 준학예사 | 50점 | 625점 |
| 군무원 5급 | 65점 | 700점 |
| 국가공무원 5급 | 65점 | 700점 |
| 국가공무원 7급 | 65점 | 700점 |
| 입법고시(국회) | 65점 | 700점 |
| 법원 행정고시(법원) | 65점 | 700점 |
| 세무사 | 65점 | 700점 |
| 공인노무사 | 65점 | 700점 |
| 공인회계사 | 65점 | 700점 |
| 감정평가사 | 65점 | 700점 |
| 호텔관리사 | 66점 | 700점 |
| 카투사 | 73점 | 780점 |
| 국가공무원 7급<br>(외무영사직렬) | 77점 | 790점 |

* 출처: G-TELP 공식 사이트(www.g-telp.co.kr)

# 5일 단기 공략 학습플랜

■ 다음의 학습 진도를 참조하여 매일 학습합니다.

■ 매일의 학습 진도에서 모르는 어휘는 반드시 정리하여 암기합니다.

■ 교재/강의를 끝까지 보고 나면 부록으로 제공되는 <주제별 어휘>와 <동의어 50제>를 학습하시기 바랍니다.

| 1일 | 2일 | 3일 | 4일 | 5일 |
|---|---|---|---|---|
| CHAPTER 1 UNIT 1, 2 | CHAPTER 2 PART 1 | CHAPTER 2 PART 2 | CHAPTER 2 PART 3 | CHAPTER 2 PART 4 |

## 65점 이상 목표 공략

꾸준하고 반복적인 어휘 암기를 기반으로 영어 문장을 올바르게 해석할 수 있어야 합니다. CHAPTER 1의 독해 문법을 기반으로 문맥을 파악하고 패러프레이징에 유연하게 대처할 수 있는 수준이 필요합니다. 질문의 키워드를 해당 문단에서 찾아서 정답 단서를 파악하는 문제 풀이 노하우를 숙달하여 매력적인 오답에 빠지지 않도록 유의하면서 문제를 풀이합니다. 특히 패러프레이징된 오답, 부분적인 오류로 오답을 유도하는 선택지를 조심하면 70점 이상 도달할 수 있습니다.

## 43~50점 목표 공략

독해는 PART 1과 PART 4가 상대적으로 지문의 내용을 이해하기가 쉬우므로 정답의 단서를 쉽게 찾을 수 있는 문제를 위주로 풉니다. 특히 PART 1의 첫 문제는 지문에 설명되는 인물이 유명한 이유를 묻는 문제이며, 대부분 첫 문단에 정답의 단서가 언급되어 있으므로 정답을 고르기가 쉽습니다. PART 4는 비즈니스 서신에 관한 내용이며, 첫 문제가 항상 편지를 쓰는 목적에 해당됩니다. 이 문제 또한 첫 문단에서 정답의 단서를 쉽게 찾을 수 있어 푸는 데 크게 어렵지 않은 문제입니다 .그리고 독해는 각 PART별로 2문제의 동의어 문제가 출제되어 총 8문제가 출제됩니다. 8문제 중 3~4문제는 사전적 동의어로 출제되어 기본적인 어휘 실력만 뒷받침된다면 무난하게 풀 수 있습니다. 이를 통해 큰 어려움 없이 청취와 독해에서 안정적인 점수를 확보하여 문법에서 92점 이하로 받더라도 목표 점수를 달성할 수 있습니다.

CHAPTER

1

# CHAPTER
# 1

# 지텔프 독해
# 오리엔테이션

G-TELP
READING

# 독해 필수 기초 문법

## 품사와 문장의 주요 성분

**1  품사란?**

영어 단어를 쓰임새에 따라 분류한 것으로 8가지(명사, 대명사, 동사, 형용사, 부사, 전치사, 접속사, 감탄사)로 나뉜다. 이 중 독해를 위해 필수적으로 이해하고 알아야하는 품사는 명사, 대명사, 동사, 형용사, 부사이다.

**2  필수 품사**

❶ **명사**  사람, 사물, 개념, 감정 등을 가리키는 이름을 가리키며, 셀 수 있는 명사(가산명사), 셀 수 없는 명사(불가산명사)로 나뉜다. 셀 수 있는 명사는 단수명사와 복수명사로 구분된다. 명사는 문장에서 주어, 목적어, 보어 자리에 위치할 수 있다.

　　❹ Jenny(사람 이름), English(영어), desk(책상), book(책), teacher(선생님), puppy(강아지), dream(꿈), speech(연설), happiness(행복), order(질서) 등

❷ **대명사**  명사를 대신해서 사용할 수 있는 단어이며, 앞서 언급되는 명사를 대신하거나, 명사가 반복될 때 해당 명사를 언급할 때, 가리키는 대상을 언급하는 이름이 없는 경우 대명사를 사용한다. 대명사 또한 단수와 복수를 구분하여 사용하며, 문장에서 주어, 목적어, 보어 자리에 위치할 수 있지만, 각각의 자리에 맞는 형태로 주격, 목적격 등으로 사용된다.

　　❹ I(나), you(너, 당신), he(그), she(그녀), it(그것), we(우리), they(그들, 그것들), this(이것), that(저것), these(이것들), those(저것들, 그들) 등

❸ **동사**  주어의 동작이나 상태를 나타내는 단어로, 대부분 '~하다'라는 의미로 해석된다.

　　❹ work(일하다), study(공부하다), help(돕다), teach(가르치다), want(원하다), give(주다), speak(말하다) 등

• **동사의 위치**: 평서문의 경우, 동사는 주어 뒤에 위치하며, 의문문에서는 조동사 또는 be동사 뒤에 위치한다.

• **동사의 종류**

be 동사  '~이다', '~가 있다'라는 의미를 나타내는 동사

　　❹ [현재시제] am, are, is, [과거시제] was, were, [미래시제] will be

일반동사  be동사, 조동사 제외한 모든 동사를 말하며, 목적어의 유무에 따라 타동사와 자동사로 나뉜다.

조동사  동사의 의미를 보조하여 시제, 의무, 능력, 허락, 추측의 의미를 나타내는 동사를 말하며, 조동사 뒤에는 항상 동사원형을 써야 하는 규칙이 있다.

　　❹ will(~할 것이다), can(~할 수 있다), may(~해도 좋다 / ~일 것이다), should(~해야 한다), must(~해야 한다), might(~일 지도 모른다) 등

**❹ 형용사**  '~한', '~적인'이라는 의미를 가지며 명사를 수식할 수 있는 단어이다. be동사나 자동사 뒤에 쓰여 보어의 역할을 하면 '~하다', '~적이다'라는 서술적 형태로 쓰여 주어의 모습이나 상태를 나타낼 수 있다. 목적격보어를 취하는 동사가 쓰이면 목적어 뒤에 목적격보어 자리에 위치할 수 있으며, 이때는 목적어의 모습이나 상태를 나타낸다.

**예** happy(행복한), lovely(외로운), helpful(도움이 되는), beautiful(아름다운), traditional(전통적인) 등

**❺ 부사**  영어 품사 중 대표적인 수식어에 해당하며, 동사, 형용사, 부사, 문장 전체를 수식할 수 있는 단어이다. 대부분의 부사는 '~하게', '~적으로'라는 의미로 동사가 나타내는 동작의 정도, 방식, 빈도 등과 형용사가 나타내는 형태, 모습 등의 정도를 나타낸다. 참고로, 부사는 전치사구(전치사+명사)와 함께 수식어구로 분류되어 문장의 형식을 분류할 때 문장을 구성하는 필수성분으로 취급되지 않는다.

**예** always(항상), hard(열심히), beautifully(아름답게), happily(행복하게), traditionally(전통적으로), quickly(빠르게) 등

## 3  문장의 필수 성분  영어 문장을 만들 수 있는 요소들

| | |
|---|---|
| **주어** | Jenny teaches English. 제니는 영어를 가르친다.<br>주어: 문장에서 동작을 나타내는 주체이며 '-은,-는,-이,-가'로 해석된다. |
| **동사** | Jenny teaches English. 제니는 영어를 가르친다.<br>동사: 주어의 동작이나 상태를 나타낸다. |
| **목적어** | Jenny teaches English. 제니는 영어를 가르친다.<br>목적어: '-을, -를'로 해석되며 동사의 대상 혹은 목적이 된다. |
| **보어** | Jenny is a teacher. 제니는 선생님이다.<br>주격보어: 주어의 성질이나 상태를 보충 설명한다.<br><br>Jenny always makes people happy. 제니는 항상 사람들을 행복하게 만든다.<br>목적격보어: 목적어의 성질이나 상태를 보충 설명한다. |
| **수식어** | Jenny works hard. 제니는 열심히 일한다.<br>부사: 동사, 형용사, 또다른 부사, 문장 전체를 수식<br><br>Jenny watched an interesting movie yesterday. 제니는 어제 재미있는 영화를 한 편 보았다.<br>형용사: 명사 수식 |

# 문장의 형식 및 구성과 동사의 종류

영어 문장은 동사의 종류에 따라 그 문장의 형식이 결정된다. 동사의 종류는 크게 자동사와 타동사로 나뉘는데, 자동사는 목적어를 가지지 않는 동사이며, 타동사는 목적어가 반드시 필요한 동사이다. 자동사는 목적어는 필요하지 않지만 보어는 반드시 필요한 불완전자동사와, 목적어와 보어 모두 필요로 하지 않는 완전자동사로 나뉜다. 타동사는 하나의 목적어만 가지는 완전타동사와, 두 개의 목적어를 가지는 수여동사, 그리고 목적어와 목적격보어를 필요로 하는 불완전타동사로 나뉜다. 각각의 동사는 필요로 하는 문장 성분이 다르기 때문에 동사에 따라 문장 구성이 달라지고, 그로 인해 문장의 형식이 결정된다.

| 문장의 형식 및 구성 | 동사의 종류 |
|---|---|
| **1형식:** 주어 + <u>완전자동사</u><br>　　　　　목적어, 보어가 필요 없는 동사<br><br>I <u>go</u>. 나는 간다.<br>I <u>go</u> to school. 나는 학교에 간다.<br>　　　수식어구(전치사구)<br>I <u>go</u> to school early. 나는 학교에 일찍 간다.<br>　　　수식어구(전치사구 + 부사)<br>There/Here + be동사 + 주어: ~가 (여기) 있다.<br><br>완전자동사 뒤에는 목적어나 보어가 위치할 수 없고, 수식어구인 부사 또는 전치사구가 위치할 수 있다. There이나 Here과 같은 유도부사가 문장 맨 앞에 위치하면 주어와 동사의 위치가 바뀌는데, 이때 동사는 1형식 동사 중 be동사가 쓰여 '~있다'라는 의미를 나타낸다. | **1형식 동사 (완전자동사)**<br>go(가다), come(오다), arrive(도착하다), depart(떠나다), leave(떠나다), sleep(자다), happen(발생하다), occur(발생하다), live(살다), lie(눕다), sit(앉다), be동사(~가 있다) 등 |
| **2형식:** 주어 + <u>불완전자동사</u> + <u>주격보어</u><br>　　　　　　　　　보어가 필요한 동사 명사/형용사<br><br>I <u>am</u> a student. 나는 학생이다.<br>The sandwich on the table <u>went</u> bad. 식탁 위에 있는 샌드위치가 상했다.<br>She <u>became</u> hungry after the class. 그녀는 수업 후에 배가 고파졌다.<br>I <u>feel</u> happy. 나는 행복하다.<br>He <u>seems</u> nice. 그는 친절해 보인다.<br><br>불완전자동사는 주격보어를 반드시 가져야 하는 자동사이다. 보어 자리에는 명사, 형용사가 위치할 수 있으며, 주격 보어는 주어와 동격의 관계를 이루어 주어가 무엇인지 밝히거나 주어의 형태, 모습 등을 설명한다. 불완전자동사 중에는 타동사로도 쓰이는 동사가 있는데, 타동사로 쓰일 때는 의미가 달라지는 점에 유의한다. | **2형식 동사 (불완전자동사)**<br>be동사(~이다), find(~하다고 생각하다)<br>상태변화동사<br>become(~되다), go(~하게 되다), grow(~하게 되다), turn(~하게 변하다)<br>상태유지동사<br>remain(~한 상태로 남다), keep(~한 상태를 유지하다), stay(~한 상태로 있다)<br>지각동사<br>feel(~하게 느끼다), smell(~한 냄새가 나다), taste(~한 맛이 나다), look(~하게 보이다), seem(~하게 보이다), appear(~하게 보이다) |

**3형식:** 주어 + <u>완전타동사</u> + <u>목적어</u>
　　　　목적어가 필요한 동사　명사/대명사/부정사/동명사/명사절

Jenny <u>likes</u> <u>cars</u>. 제니는 자동차를 좋아한다.
　　　　　　목적어 = 명사
Jenny <u>wants</u> <u>to buy a car</u>. 제니는 자동차를 사는 것을 원한다.
　　　　　　　목적어 = to부정사
Jenny <u>said</u> <u>that she wanted to buy a car</u>. 제니는 자동차를 사는 것을
　　　　　목적어 = that명사절　　　　　　원한다고 말했다.

완전타동사 뒤에는 목적어가 위치하며, 목적어는 타동사가 나타내는 행위의 대상을 지칭한다. 그래서 완전타동사는 '~을 ~하다'라는 의미로 해석하는 것이 자연스럽다. 목적어 자리에는 명사, 대명사, to부정사, 동명사, 명사구, 명사절과 같이 명사 역할을 하는 모든 것이 위치할 수 있다.

**3형식 동사 (완전타동사)**
see(보다), have(먹다, 가지다), meet(만나다), think(생각하다), consider(고려하다), provide(제공하다), suggest(제안하다), increase(증가시키다), answer(~에 답하다), read(읽다), like(좋아하다), want(원하다), say(말하다), move(옮기다), find(찾다), enter(들어가다), discuss(논의하다) 등

대부분의 타동사는 완전타동사로 쓰인다.

---

**4형식:** 주어 + <u>수여동사</u> + <u>간접목적어</u> + <u>직접목적어</u>
　　　　　　　　 [어순 중요] ~에게　　~을/를

Jenny <u>wrote</u> <u>me</u> <u>a letter</u>. 제니는 나에게 편지를 써주었다.
　　　　　　간접목적어 직접목적어

Ray <u>bought</u> <u>his wife</u> <u>beautiful flowers</u>. 레이는 그의 아내에게 아름다운 꽃
　　　　　　간접목적어　　　직접목적어　　을 사주었다.

수여동사는 간접목적어와 직접목적어에 해당되는 2개의 목적어를 필요로 하며, 간접목적어는 '~에게'라는 의미를 나타내어 전달받는 상대방이 쓰이며, 직접목적어는 '~을/를'이라는 의미로 전달되는 대상이 쓰인다. 두 목적어는 항상 「간접목적어 + 직접목적어」의 어순으로 쓰여야 하는 것에 유의한다.

**4형식 동사 (수여동사)**
tell(말해주다), show(보여주다), teach(가르쳐주다), send(보내주다), ask(물어보다), bring(갖다 주다, 가져오다), offer(제공하다), make(만들어주다), buy(사주다), write(써주다) 등

---

**5형식:** 주어 + <u>불완전타동사</u> + <u>목적어</u> + <u>목적격보어</u>
　　　　　　　　　　　　　　　　명사, 형용사, 부정사

I <u>named</u> <u>my dog</u> Rose. 나는 나의 개를 로즈라고 이름 지었다.
　　　　목적어　목적격보어

I <u>found</u> <u>it</u> difficult. 나는 그것이 어렵다고 생각했다.
　　　목적어 목적격보어

I <u>asked</u> <u>him</u> to help me. 나는 그에게 나를 도와 달라고 요청했다.
　　　목적어 목적격보어

불완전타동사는 목적어를 가지면서, 동시에 목적어를 동격으로 나타내거나 목적어를 서술하는 목적격보어를 가져야 하는 동사이다. 목적격보어 자리에는 명사, 형용사, to부정사가 위치할 수 있으며, 동사의 의미에 따라 목적격보어 자리에 위치하는 것이 달라진다.

**5형식 동사 (불완전타동사)**
명사/형용사를 목적격보어로 취하는 동사:
call(~라고 부르다), name(~라고 이름 짓다), keep(~한 상태로 유지하다), make(~로 만들다, ~한 상태로 만들다), leave(~한 상태로 두다), find(~하다고 생각하다), consider(~하다고 여기다)

to부정사를 목적격보어로 취하는 동사:
want(~하기를 원하다), expect(~하기로 예상하다), allow(~하는 것을 허락하다/가능하게 하다), encourage(~하는 것을 장려하다). ask(~하는 것을 요청하다)

# 독해를 위해 꼭 알아야할 준동사

## 1 준동사

동사의 형태가 변화하여 명사, 형용사, 부사와 같은 다른 품사의 기능을 할 수 있는 단어를 말한다.

| 준동사 | 형태 | 역할 | 의미 |
|---|---|---|---|
| to부정사 | to+동사원형 | 명사 | ~하는 것 |
| | | 형용사 | ~할 |
| | | 부사 | ~하기 위해서, ~해서, ~하기에 등 |
| 동명사 | 동사+ing | 명사 | ~하는 것 |
| 분사 | 동사+ing (현재분사) | 형용사 | ~하는, ~하고 있는 |
| | 동사+ed (과거분사) | 형용사 | ~된, ~되어진 |

## 2 to부정사 (명사, 형용사, 부사의 역할)

to부정사는 동사원형 앞에 to를 붙인 형태로, 명사, 형용사, 부사의 역할을 할 수 있다.

### ❶ 명사적 용법

to부정사가 주어, 목적어, 보어 자리에 쓰이면 '~하는 것' 또는 '~하기'라고 해석되어 명사의 역할을 한다.

The company **decided** **to move its head office**. 그 회사는 본사를 옮기기로 결정했다.
　　　　　　　　타동사　　　　　decided의 목적어(~하기)

### ❷ 형용사적 용법

to부정사가 명사 뒤에 위치하여 형용사와 같은 기능으로 명사를 수식할 경우, '~할', '~하는'이라는 의미로 해석된다.

I took **the opportunity** **to attend the workshop**. 나는 그 워크숍에 참가할 기회를 잡았다.
　　　　　　명사　　　　　　　the opportunity 수식 (~할)

### ❸ 부사적 용법

to부정사는 부사의 기능을 할 수 있는데, 주로 목적어/보어 뒤에 위치하거나 문장 맨 앞/뒤에 위치하여 '~하기 위해서'라는 의미로 목적을 나타내는 부사적 용법이 쓰인다.

I went to the bookstore **to buy my favorite magazine**. 나는 내가 좋아하는 잡지를 사기 위해 서점에 갔다.
　　　　　　　　　　　부사적 용법 - 목적 (~하기 위해서)

## 3 동명사

동명사는 동사에 ing를 붙인 형태로, 명사적인 기능만 할 수 있고 문장 내에서 주어, 목적어, 보어로 쓰인다.

**Reducing costs** is very important. 비용을 줄이는 것은 매우 중요하다.
　　주어 역할

You should **avoid** **arriving late**. 너는 늦게 도착하는 것을 피해야 한다.
　　　　　　　목적어 역할

Our goal is **providing the best service**. 우리의 목표는 최상의 서비스를 제공하는 것이다.
　　　　　　　보어 역할

## 4 분사

동사가 형용사로 변한 것을 분사라고 하며, 분사에는 현재분사와 과거분사가 있다. 분사는 형용사와 같이 명사를 수식하거나 문장에서 보어로 사용될 수 있다.

### ❶ 명사 수식

분사는 형용사와 동일하게 명사를 수식할 수 있다. 「현재분사/과거분사 + 목적어/보어/수식어구」가 함께 쓰이는 경우 형용사구로서 명사 뒤에서 수식한다.

| 분사 | 형태 | 의미 | 수식하는 명사와의 관계 |
|---|---|---|---|
| 현재분사 | 동사+ing | ~하는, ~하고 있는 | 수식 받는 명사가 행위의 주체 |
| 과거분사 | 동사+ed 또는 불규칙 형태 | ~된, ~되어진 | 수식 받는 명사가 행위의 대상 |

We are concerned about the **rising costs**. 저희는 증가하는 비용에 대해 걱정하고 있습니다.
　　　　　　　　　　　costs 수식(현재분사)

I am looking for **a store selling fresh fruits**. 저는 신선한 과일을 판매하는 가게를 찾고 있습니다.
　　　　　　　　a store 수식(현재분사)

The students are listening to **the symphony composed by Mozart**. 학생들은 모차르트에 의해 작곡된 교향곡을 듣고 있다.
　　　　　　　　　　　the symphony 수식(과거분사)

### ❷ 보어 역할

분사는 주격보어 또는 목적격보어 자리에 위치하여 주어/목적어의 상태를 설명한다.

**The book** seems **interesting**. 그 책은 흥미로워 보인다.
　　　　주격보어(현재분사)

The manager should always keep **the storage locked**. 매니저는 창고를 항상 잠긴 채로 유지시켜야 한다.
　　　　　　　　　　목적격보어(과거분사)

# 독해를 위해 꼭 알아야 할 형용사절, 부사절

## 1  형용사절

주어와 동사가 포함된 절이 하나의 명사 뒤에서 그 명사를 수식하는 절을 형용사절이라고 한다. 형용사절은 보어로는 쓸 수 없고 명사 수식만 가능하다. 형용사절이 명사를 수식할 때 형용사절을 이끄는 접속사 역할을 하는 것을 관계대명사라고 하며, 수식 받는 명사를 선행사라고 한다.

관계대명사는 주어와 동사가 포함된 절을 이끄는 형용사절 접속사 역할을 할 뿐만 아니라, 수식 받는 명사를 지칭하는 대명사의 역할을 하며 형용사절 내에서 주어 또는 목적어로 쓰인다.

### ❶ 주격 관계대명사

형용사절 내에서 관계대명사가 주어 역할을 하는 것을 주격 관계대명사라고 하며, 주격 관계대명사 뒤에는 동사가 위치한다. 선행사가 사람이면 who 또는 that, 사물이면 which 또는 that을 쓸 수 있다.

I spoke with **the man** <u>who will be joining our team</u>. 나는 우리 팀에 합류할 사람과 이야기를 나누었다.
　　　　선행사(사람)  the man 수식, 주격 관계대명사 who (또는 that) + 동사 + ...

Mr. Brooks organized **an event** <u>which was held on Friday</u>. 브룩스 씨는 금요일에 개최된 행사를 준비하였다.
　　　　선행사(사물)  an event 수식, 주격 관계대명사 which (또는 that) + 동사 + ...

### ❷ 목적격 관계대명사

형용사절 내에서 관계대명사가 목적어 역할을 하는 것을 목적격 관계대명사라고 하며, 목적격 관계대명사 뒤에는 주어와 타동사가 위치하는데, 관계대명사가 목적어 역할을 하므로 타동사 뒤에 목적어가 중복으로 위치할 수 없다. 수식 받는 명사가 사람이면 whom 또는 that, 사물이면 which 또는 that을 쓸 수 있다. 또한 목적격 관계대명사는 생략 가능하다.

<u>**The woman**</u> <u>whom you met</u> will be taking over your duties. 당신이 만났던 그 여자가 당신의 업무를 넘겨 받을 것이다.
　선행사(사람)　 The woman 수식, 목적격 관계대명사 whom (또는 that) + 주어 + 타동사

I received **the jacket** <u>which I ordered</u> yesterday. 나는 어제 주문했던 재킷을 받았다.
　　　　선행사(사물)  the jacket 수식, 목적격 관계대명사 which (또는 that) + 주어 + 타동사

### ❸ 소유격 관계대명사

형용사절 내에서 **관계대명사가 선행사의 소유격 역할(~의)**을 하는 것을 **소유격 관계대명사**라고 하며, 소유격 관계대명사 뒤에 또 다른 명사가 위치한다. 수식 받는 명사가 사람이나 사물 상관없이 whose만 사용할 수 있다.
따라서 「whose + 명사」가 하나의 관계대명사로 쓰여 주어 또는 목적어 역할을 할 수 있다.

We hired **a designer** <u>whose reputation seemed good</u>. 우리는 평판이 좋아 보이는 한 디자이너를 고용하였다.
　　　　선행사　　 whose reputation = a designer's reputation

## 2 부사절

부사절은 부사절접속사와 주어, 동사가 포함된 완전한 문장이 주절 전체 또는 주절의 동사를 수식하는 것을 말한다.

<u>Because I missed the train</u>, I was late for the meeting. 내가 그 기차를 놓쳤기 때문에, 나는 그 미팅에 늦었다.
　　　　　　부사절　　　　　　　　　　　　　　　　　주절

= I was late for the meeting <u>because I missed the train</u>. 나는 그 미팅에 늦었는데 왜냐하면 내가 그 기차를 놓쳤기 때문이다.
　　　　　　주절　　　　　　　　　　　　부사절

위와 같이 부사절과 주절의 위치는 '[부사절] + 주절' 또는 '주절 + [부사절]' 어순으로 쓸 수 있으며, 접속사의 의미에 따라 시간, 이유, 조건, 양보 등의 의미를 나타낸다. 그리고 부사절은 주절 전체를 수식하여 하나의 부사로 기능한다.

| 이유 | because ~때문에  since ~때문에  now that 이제 ~이므로 |
|------|------------------------------------------------------|
| 양보 | although 비록 ~이지만  though 비록 ~이지만  even though 비록 ~이지만 |
| 시간 | once ~하자마자  as soon as ~하자마자  before ~전에  after ~후에  until ~까지  since ~이래로  when ~할 때  while ~하는 동안 |
| 조건 | if ~라면  unless ~아니라면  whether ~이든 아니든  once 일단 ~하면  provided (that) ~라는 조건 하에  as long as ~하는 한 |

<u>Because I am too busy now</u>, I cannot have lunch.
　　　　　이유 부사절　　　　　　　　　　주절
나는 지금 너무 바쁘기 때문에, 점심을 먹을 수 없다.

<u>Although I live in Korea</u>, I can learn to speak English fluently.
　　　　　양보 부사절　　　　　　　　　주절
비록 나는 한국에서 살지만, 영어를 유창하게 말하는 법을 배울 수 있다.

<u>When he called me</u>, I was reading a book.
　　　　시간 부사절　　　　　　주절
그가 나에게 전화했을 때, 나는 책을 읽고 있었다.

<u>As long as you submit the application</u>, you will be considered for the position.
　　　　　조건 부사절　　　　　　　　　　　　　　　주절
당신이 지원서를 제출하는 한, 당신은 그 직무에 고려될 것이다.

# UNIT 02 독해 질문 유형별 분석

## 주제 및 목적 유형

PART 2 또는 3의 첫 문제로 기사문이 무엇에 관한 글인지 묻는 유형이 주제 유형이며, PART 4의 첫 문제에서 비즈니스 서신이 쓰여진 목적이나 이유를 묻는 유형이 목적 유형이다. 각각 1문제씩 출제되어 총 2문제로 비중이 높지 않지만 자주 출제되는 유형이며, 정답의 단서가 지문 첫 단락에 주로 나타나 있어서 난이도도 높지 않은 유형이다. 단, 지문에 언급된 내용이 패러프레이징되어 정답 보기로 제시되므로 보기의 내용을 읽고 그 내용을 정확히 확인해야 한다.

### 1    PART 2, 3 주제 유형

#### ❶ PART 2, 3 주제 빈출 질문

- What is the article all about? 이 기사문은 무엇에 관한 것인가?

- What is the topic of the article? 이 기사문의 주제는 무엇인가?

- What is the main idea of the article? 이 기사문의 주제는 무엇인가?

#### ❷ PART 2, 3 주제 유형 문제풀이 방법

- 제목을 보고 핵심 소재와 키워드를 확인한다.

- 첫번째 문단의 1~2번째 문장에서 주제를 확인한다.

- 지문에서 확인한 주제의 내용이 패러프레이징된 보기를 정답으로 선택한다.

#### ❸ PART 2 주제 유형 문제풀이

---

제목 STUDYING STUDENT ROUTINES

학생들의 일상 연구

본문 Getting up early for school is something most people are familiar with, but **research shows that** <u>delaying school start times by as little as an hour can lead to improvements in students' academic performance.</u>  연구에 따르면 학교 시작 시간을 적어도 1시간 정도 지연시키면 학생들의 학업 성적 향상으로 이어질 수 있는 것으로 나타난다.

---

질문 **What** is the article **mainly about?** 기사는 주로 무엇에 관한 것인가?  주제 유형 질문

보기 (a) how exercise can improve academic performance (X) 학교 시작 시간의 지연과 운동은 관련이 없음

(b) how daily schedules can affect student achievement (O) 학교 시작 시간의 지연으로 학생들의 학업 성적 향상이 가능하므로 학업 성취도에 영향을 받는 것으로 이해할 수 있으므로 정답

(c) how diet can influence examination results (X) 학교 시작 시간의 지연과 식단은 관련이 없음

(d) how school day length can impact student happiness (X) 학교 수업 시간의 길이와 학생의 행복의 관련성이 명시되지 않음

**해석** (a) 운동이 어떻게 학업 성적을 향상시킬 수 있는가

(b) 하루 일과가 어떻게 학생의 성취도에 영향을 미칠 수 있는가

(c) 식단이 어떻게 시험 결과에 영향을 미칠 수 있는가

(d) 학교 수업 시간의 길이가 어떻게 학생의 행복에 영향을 미칠 수 있는가

## 2  PART 4 목적 유형

### ❶ PART 4 목적 빈출 질문

- What is the purpose of the letter? 편지의 목적은 무엇인가?
- Why did Mrs. White write a letter to Mr. Kim? 화이트 씨가 킴 씨에게 편지를 쓴 이유는 무엇인가?

### ❷ PART 4 목적 유형 문제풀이 방법

- 첫 번째 문단에서 편지를 쓰는 목적을 나타내는 구문을 찾는다.
- 목적을 나타내는 구문

I'm writing to 동사원형: ~하기 위해 (편지를) 씁니다.

I'm hoping to 동사원형 / I would like to 동사원형: ~하기를 바랍니다 / ~하고자 합니다.

You should[must/have to/need to/are required to] 동사원형: 당신은 ~해야 합니다.

This is intended to 동사원형 / This is intended for 명사: 이것은 ~ 하기 위한 것입니다 / ~을 위한 것입니다.

We are[I am] pleased to inform[announce] that ~: ~을 알려드리게[발표하게] 되어 기쁩니다

### ❸ PART 4 목적 유형 문제풀이

**수신자** Celine Mitchell
9162 Belleview Street
Golden Valley Homes
Canyon Country, CA

**본문** Dear Ms. Mitchell:

As you are aware, we held our annual homeowners association meeting last Saturday. **We are writing this letter to tell you about** <u>our revised rules based on residents' suggestions and recommendations. The new guidelines are as follows:</u> 저희는 귀하에게 거주민들의 제안과 권고를 기반으로 한 수정된 규칙에 대해 말씀드리기 위해 이 편지를 쓰고 있습니다. 새로운 지침은 다음과 같습니다.

**질문** Why did Mark Andrews **write a letter** to Celine Mitchell? 마크 앤드류스 씨가 셀린 미첼 씨에게 편지를 쓴 이유는 무엇인가? 목적을 묻는 질문

**보기** (a) to tell her about an upcoming community meeting (X) 지난 토요일에 미팅을 이미 했으므로 오답

(b) to ask for her suggestions for new community guidelines (X) 이미 거주민의 제안과 권고에 기반하여 수정된 규칙에 대해 언급하고 있으므로 오답

(c) to advise her of a problem within their community (X) 커뮤니티 내의 문제점에 대해 언급된 것이 없으므로 오답

(d) to inform her about the new rules in their community (O) 거주민의 제안과 권고에 기반하여 수정된 새 규칙에 대해 언급하였고, **The new guidelines를 the new rules로 패러프레이징하였으므로 정답**

해석 (a) 다가오는 커뮤니티 회의에 대해 말해주기 위해
(b) 새로운 지침에 대한 제안을 요청하기 위해
(c) 커뮤니티 내의 한 문제점에 대해 그녀에게 알리기 위해
(d) 커뮤니티의 새로운 규칙에 대해 알려주기 위해

# 세부 정보 유형

세부 정보 유형은 독해에서 절반 정도를 차지할 정도로 가장 출제 비중이 높은 문제 유형이다. 정답의 단서를 찾기 위해 질문에 언급된 키워드를 파악하고, 해당 키워드가 언급된 부분을 지문에서 찾아서 그 문장과 앞, 뒤 문장을 함께 읽고 정답의 단서를 찾는 것이 핵심이다. 대부분 정답의 단서가 언급된 단어나 표현이 그대로 정답으로 연결되지 않으며, 같은 의미의 다른 단어나 표현을 사용하여 다른 형태로 정답 보기가 제시되어 있다. 이를 패러프레이징(paraphrasing)이라 하며, 패러프레이징된 표현이 정답의 단서와 의미상 상통하는지 확인하는 것이 필요하다.

## 1    세부 정보 유형 빈출 질문

- **What** is Tony **most famous for**? / What is Tony **best known for**? 토니는 무엇으로 가장 유명한가?
  most famous for, best known for는 PART 1의 첫 문제(53번)로 자주 등장한다.

- **Why** did William's family **move to Florida**? 윌리엄스의 가족이 플로리다로 이사한 이유는 무엇인가?
  질문의 키워드인 move to Florida와 관련된 문장을 찾아 정답의 단서를 확인한다.

- **According to the article[the text], how** do people **boost their mood** when making resolutions?
  기사에 따르면, 사람들은 결심할 때 어떻게 기분을 나아게 만드는가?
  질문의 키워드 boost their mood와 관련된 내용이 언급된 문장은 찾는다. 의문사 why로 시작하는 질문은 as, since, because, because of, due to, to부정사의 부사적용법(목적)이 쓰인 구절에서 정답의 근거를 찾을 수 있다.

- **According to the fourth paragraph, why** do most people **abandon their New Year's resolutions**?
  네 번째 문단에 따르면, 대부분의 사람들이 새해 결심을 포기하는 이유는 무엇인가?
  이렇게 the fourth paragraph와 같이 특정 문단이 언급된 문제는 해당 문단에 있는 키워드를 찾아 관련된 내용이 언급한 문장을 찾는다.

## 2    세부 정보 유형 문제풀이 방법

**STEP 1** 질문의 키워드를 먼저 파악하고 지문에서 질문의 키워드가 언급된 문장을 찾는다.

**STEP 2** 키워드가 언급된 문장 주변에 접속사로 연결되어 있는 다음 문장이 this 등의 지시대명사로 연결되어 있을 수 있으므로 다음 문장까지 반드시 확인해야 한다.

**STEP 3** 지문의 내용과 문맥이 일치하도록 패러프레이징 된 보기를 찾는다.

## 3 세부 정보 유형 문제풀이

**❶**

> **본문** Williams entered her first tournament at the age of four. Over the next five years, she won forty-six of her forty-nine matches and was ranked first in the ten-and-under division. **Her parents, <u>wanting the sisters to improve their skills further</u>, moved the family to West Palm Beach, Florida, <u>where they attended a tennis academy</u>.** 자신의 자녀들이 그 이상의 실력으로 향상하기를 원했던 그녀의 부모님은 플로리다주의 웨스트팜비치로 이사하였으며, 그곳에서 그들은 테니스 아카데미에 다녔다.

**질문** Why did Williams's family move to Florida? 세부 정보 질문
윌리엄스의 가족이 플로리다로 이사한 이유는 무엇인가?

**보기** (a) to give her access to advanced tennis training
(O) 그녀의 실력을 향상시키고 싶어했고, 플로리다에서 테니스 아카데미에 다녔다고 언급되어 있으므로 정답

(b) to enroll her in an award-winning public school
(X) 테니스 아카데미에 관해 수상 경력이 언급되어 있지 않으므로 오답

(c) to allow her to compete against mature tennis partners
(X) 성인 선수와의 경기에 대해 언급되어 있지 않으므로 오답

(d) to encourage her to compete in high-profile matches
(X) 테니스 아카데미 등록과 관련 없는 내용이므로 오답

**해석** (a) 상급 테니스 훈련에 대한 접근을 그녀에게 허락하기 위해
(b) 수상 경력이 있는 공립학교에 그녀를 등록시키기 위해
(c) 그녀를 성인 테니스 파트너와 겨루도록 하기 위해
(d) 세간의 이목을 끄는 시합에 참가하도록 그녀를 장려하기 위해

**❷**

> **본문** Second, the act of creating resolutions on its own can be beneficial, even if they are not acted upon. **<u>Simply thinking about making a positive change in one's life</u>, such as losing weight or exercising more, gives one a sense of accomplishment.** 누군가의 인생에서 긍정적인 변화를 만들 수 있는 것, 예를 들어 체중을 줄이는 것이나 운동을 더 많이 하는 것과 같은 것에 대해 단순히 생각하는 것이 성취감을 준다. Thus, the actual act of doing these things is not necessary for people to feel better about themselves.

**질문** According to the article, how do people **boost their mood** when making resolutions?
기사에 따르면, 사람들은 결심할 때 어떻게 기분을 나아지게 만드는가? 세부 정보 질문

**보기** (a) by reminding themselves to think positively 자신에 대해 긍정적으로 생각하도록 상기시킴으로써

(b) by thinking about their past accomplishments 과거에 성취했던 것을 생각함으로써

(c) by imagining the benefits of transformation 변화가 가져다 주는 이익을 상상함으로써

(d) by planning many enjoyable activities 많은 즐거운 활동을 계획함으로써

**STEP 1** 질문에서 boost their mood를 키워드로 확인한다.

**STEP 2** 지문에서 gives one a sense of accomplishment가 질문의 키워드 boost their mood가 패러프레이징 되었다는 것을 확인하고, 해당 문장에서 긍정적인 변화를 만들 수 있는 것을 단순히 생각하는 것이 성취감을 준다는 내용을 확인한다.

STEP 3 보기 (a)~(d)의 내용을 지문의 내용과 비교하여 일치하는 것을 정답으로 고른다.

(a) 자신에 대해 긍정적으로 생각하는 것이 아니라 긍정적인 변화에 대해 생각하라고 언급되어 있으므로 오답이다.

(b) 과거의 성취(past accomplishments)에 대해 언급되지 않았으므로 오답이다.

(c) thinking을 imagining으로, making a positive change를 transformation으로 패러프레이징하여 변화가 가져다 주는 이점을 상상한다는 의미를 긍정적인 변화에 대해 생각하는 것으로 표현하였으므로 정답이다.

(d) 본문에 언급된 활동인 losing weight나 exercising이 즐거운 활동(enjoyable activities)이라고 언급되지 않았으므로 오답이다.

# 사실 확인 유형

사실 확인 유형은 일치/불일치(true/NOT true) 문제라고도 하며, 질문은 대부분 의문사 which로 시작한다. 질문에서 주어진 키워드에 대해 보기의 내용이 지문의 내용과 일치하는 것 또는 일치하지 않는 것을 찾는 유형이다. 간혹 1문제 정도 출제되어 출제비중이 가장 낮은 유형이며, 세부 정보 유형을 풀이하는 방식과 유사하지만 보기 4개를 모두 지문의 내용과 대조해야 하기 때문에 풀이시간이 오래 걸리는 유형이다.

## 1    사실 확인 유형 빈출 질문

- **What** is true about **the department store's business hours in December**?
  백화점의 12월 영업 시간과 관련해 사실인 것은 무엇인가?
  true about이 있으므로 일치 유형이며, the department store's business hours in December가 언급된 문단을 찾아 보기의 내용과 대조하며 일치하는 것을 고른다.

- **Which** of the following is **NOT** true about **the late-start group**?
  다음 중 늦게 시작하는 그룹과 관련해 사실이 아닌 것은 무엇인가?
  NOT이 있으므로 불일치 유형이며, the late-start group과 관련하여 언급되지 않은 것을 찾는다.

- **Which** is **NOT mentioned** as a way **human activities have altered the environment**?
  인간 활동이 환경을 변화시킨 방법으로 언급되지 않은 것은 어느 것인가?
  NOT이 있으므로 불일치 유형이며, human activities가 환경을 변화시킨 것들 중 언급된 것이 아닌 것을 정답으로 고른다.

## 2    사실 확인 유형 문제풀이 방법

- 질문을 보고 일치(true) 유형인지 불일치(NOT true) 유형인지 확인한다.

- 일치(true) 유형의 경우, 질문의 키워드가 언급된 문장에서 정답의 단서를 곧바로 확인할 수 있다. 단, 지문의 내용과 유사하지만 세부 정보가 불일치하는 매력적인 오답이 있을 수 있으므로 유의한다.

- 불일치(NOT true) 유형의 경우, 질문의 키워드가 언급된 문장 뿐만 아니라 해당 문장이 있는 문단 전체에서 관련된 내용을 각 보기와 대조해야 한다. 해당 문단에 세부 정보나 예시들이 다수로 나열된 정보가 모두 보기 (a)~(d)로 패러프레이징 되어 있다. 이 중에서 지문의 내용과 다른 하나를 정답으로 고른다.

## 3 사실 확인 유형 문제풀이

**❶**

**본문** The researchers found that (b) **the students who started school later got an average of thirty-four extra minutes of sleep**. 연구진은 더 늦은 시간에 학교를 시작한 학생들이 평균 34분을 추가로 잤다는 사실을 알게 되었다. Although some people might have expected the late-start group to change their bedtimes accordingly—as teens are normally inclined to be night owls—(d) **both groups actually went to sleep around the same time**. (c) **The students with the later school start were less sleepy and more focused in class.** 학교 시작 시간이 더 늦은 학생들은 수업 중에 졸음이 덜 왔으며, 더 많이 집중했다. (a) **Their final grades in biology class were 4.5 percent higher than those of students with an earlier school start.** 그들의 생물학 수업 최종 점수는 학교 시작 시간이 더 빨랐던 학생들의 점수보다 4.5퍼센트 더 높았다.

**질문** Which of the following is NOT true about the late-start group? 사실 확인(불일치) 질문
늦게 시작하는 그룹과 관련해 사실이 아닌 것은 무엇인가?

**보기** (a) They did better in an assessment than their peers.
    (O) 생물학 성적이 4.5 퍼센트 더 높았다고 언급되어 있음

(b) They tended to get more sleep than they had before.
    (O) 평균적으로 34분 더 많이 잤다고 언급되어 있음

(c) They had better concentration in their lessons.
    (O) 덜 졸려 하고 수업에 더 많이 집중했다고 언급되어 있음

(d) They began going to bed later than they had before.
    (X) 두 그룹 모두 같은 시간에 잠을 자기 시작했다고 언급되어 있고, 그 이전에 잠자리에 드는 시간이 언급되어 있지 않으므로 본문의 내용과 다름

**해석** (a) 한 가지 평가에서 또래들보다 더 잘했다.
(b) 이전에 그랬던 것보다 더 많이 자는 경향이 있었다.
(c) 수업 중에 더 좋은 집중력을 보였다.
(d) 이전에 그랬던 것보다 더 늦게 잠자리에 들기 시작했다.

**❷**

**본문** There are various rituals associated with the US flag. (a) It is usually taken down during bad weather unless it is weather-resistant. (c) If flown at night, it should be illuminated. (b) The flag can be displayed every day but, during national holidays and days of remembrance in particular, it is flown to showcase patriotism. (d) **During times of national mourning, <u>the flag is lowered to half-mast.</u>** This may be done following the death of a government official or a military member.

미국 국기와 연관된 다양한 의식이 존재한다. 일반적으로 날씨에 잘 견디는 것이 아니라면 악천후 중에는 내려진다. 밤에 휘날리는 경우에는, 조명을 비춰야 한다. 국기가 매일 게양될 수 있기는 하지만, 특히 국경일과 추모일 중에는, 애국심을 나타내기 위해 휘날린다. 국가 애도 기간 중에는, 국기를 조기로 낮춘다. 이는 정부 관계자 또는 군인의 사망 후에 이뤄질 수 있다.

**질문** Which of the following is NOT an example of accepted flag use? 사실 확인(불일치) 질문
다음 중 용인되는 국기 이용법의 예시가 아닌 것은 무엇인가?

(a) taking the flag inside when a storm is coming 폭풍우가 다가올 때 국기를 실내로 가져 가는 것

(b) having the flag on display for a holiday 공휴일에 국기를 게양하는 것

(c) putting a spotlight on the flag when it is dark 어두울 때 국기에 집중 조명을 비추는 것

(d) flying the flag upside down for national mourning 국가 애도를 위해 국기를 거꾸로 다는 것

**STEP 1** 질문에서 NOT을 보고 불일치 유형임을 확인한 후, accepted flag use를 키워드로 확인한다.

**STEP 2** 지문에서 various rituals associated with the US flag가 질문의 키워드인 accepted flag use와 동일한 의미이므로 이후의 내용에서 국기의 게양 사례에 대해 확인한다.

**STEP 3** 보기 (a)~(d)의 내용을 지문의 내용과 비교하여 불일치하는 것을 정답으로 고른다.

(a) 지문에 bad weather에는 게양하지 않는다고 하였으며, a storm이 bad weather에 해당하므로 지문의 내용과 일치한다.

(b) 지문에 national holidays에는 특히 애국심을 나타내기 위해 국기가 게양될 수 있다고 언급되었으므로 지문의 내용과 일치한다.

(c) 지문에 flown at night는 어두운 상황을 나타내며, it should be illuminated는 spotlight를 받는 것과 같으므로 지문의 내용과 일치한다.

(d) 지문에 national mourning 기간 중에는 깃대의 절반의 위치로 낮추는 조기로 게양한다고 되어 있으므로 거꾸로 게양하는 것은 지문의 내용과 일치하지 않는다.

# 추론 유형

추론 유형은 매회 시험에서 반드시 1문제 이상 출제되는 유형이며, 최대 5문제까지 출제된다. 지문에서 질문의 키워드에 대해 언급되어 있는 정보를 그대로 보기에서 찾는 것이 아니라 키워드에 관련된 정보를 토대로 지문에 언급되어 있지 않은 내용을 유추하여 정답을 찾는 유형이다. 주로 부사 most likely, probably가 질문에 포함되어 있다.

## 1  추론 유형 빈출 질문

• <u>Why</u>, <u>most likely,</u> were Maathai's <u>academic achievements unexpected</u>?

마타이의 학업적 성취가 왜 예기치 못한 일이었을 것 같은가?

추론 유형 질문에 포함되는 most likely, probably는 '~할 것 같은', '가능성이 높은'이라는 의미로 해석된다.

키워드인 academic achievements를 지문에서 찾아보고 unexpected와 관련된 내용을 찾아본다.

• Based on the final paragraph, <u>why</u>, <u>most likely</u>, was Williams <u>influential in the world of women's tennis</u>?

마지막 문단에 따르면, 윌리엄스가 여자 테니스 세계에서 영향력을 가졌던 이유는 무엇이었을 것 같은가?

Based on the final paragraph와 같이 특정 문단의 내용에 한해서 유추할 수 있는 질문이 제시되며, 추론 유형임을 알 수 있는 부사 most likely가 포함되어 있다.

키워드인 influential in the world of women's tennis와 관련된 문장을 찾아본다.

## 2 추론 유형 문제풀이 방법

- 질문의 키워드를 먼저 파악하고 지문에서 해당 키워드가 언급된 문장을 찾는다.
- 키워드가 언급된 문장에서 언급된 세부 정보를 숙지하고 보기 (a)~(d)의 내용을 보면서 지문에서 언급된 범위의 내용과 대조하고 오답을 소거하면서 정답을 찾는다.
- 추론 유형의 정답을 고를 때, 상식적인 수준에서 충분히 이해 가능한 내용의 보기를 골라야 하며, 지문에 언급되지 않은 정보를 토대로 과대 해석하는 것을 지양한다.

## 3 추론 유형 문제풀이

> **본문** The gate at the main entrance to our community will now remain closed at all times. Property owners must notify security before a visitor is scheduled to arrive so that the visitor can be placed on a permanent or temporary guest list. Any visitor not listed will be denied access to the community. **This is to ensure the safety of all residents and to prevent any suspicious people from entering our community.** 이것은 모든 거주민들의 안전을 보장하고 저희 커뮤니티로 수상한 사람들이 들어오는 것을 막기 위한 것입니다.

**질문** What was most likely true about visitors to the community before the first new regulation was created? 추론 유형 질문
첫 번째 신규 규정이 만들어지기 전에 커뮤니티 방문하는 방문객들에 대해 사실인 것은 무엇일 것 같은가?

**보기** (a) Some of them received a background check.
　　(X) 신원 조사에 대해 언급된 것이 없으므로 오답

(b) They had their own code to the front gate.
　　(X) 암호(code)에 대해서 언급된 것이 없으므로 오답

(c) Some of them intended to do harm.
　　(O) 거주민들의 안전을 보장하고 커뮤니티로 수상한 사람들이 들어오는 것을 막기 위한 것이라고 언급되어 있는데, 이는 이 규정이 생기기 전에는 안전이 보장되지 않았고, 수상한 사람이 커뮤니티 내로 들어오려고 했다는 것을 유추할 수 있으므로 정답

(d) They could only be put on a temporary list. (X) 임시 목록에 적히는 것은 신규 규정에 관한 내용이므로 오답

**해석** (a) 방문객 중 몇몇은 신원 조사를 받았다.
(b) 방문객들은 정문에서 고유 코드를 받았다.
(c) 방문객 중 몇몇은 해가 되는 행동을 하려 하였다.
(d) 방문객들은 임시 목록에 포함되는 것만 가능했다.

❷

First, it is hard to keep New Year's resolutions because they go against the habits we have already made a part of our daily routine. The connections between neurons in our brain are responsible for our habits and, <u>while these connections are not necessarily permanent, they do become stronger the more often we repeat a habit.</u> <u>Until we incorporate resolutions into our daily routines, they may be difficult to stick to.</u> For example, if going to the gym is not already a habit for someone, it will be much easier for them to give up soon after starting.

첫째, 새해 결심은 지키기가 어렵다. 왜냐하면 그 결심은 우리가 이미 일상 생활에 일부분으로 만들어 놓은 습관에 반대되는 것이기 때문이다. 우리의 뇌에 있는 신경 세포들 사이의 연결은 우리의 습관을 담당하고 있으며, 이러한 연결이 필수적으로 영구적이지 않은 반면에 우리가 한 습관을 더욱 더 자주 반복할 수록 그 연결은 점점 더 강해진다. 우리가 결심한 것을 일상 생활에 통합할 때까지, 그 결심은 지키기 어려울지도 모른다. 예를 들어, 누군가에게 체육관에 가는 것이 아직 습관이 아니라면, 시작한 후 얼마 지나지 않아 포기하는 것이 그들에게는 훨씬 더 쉬울 것이다.

Based on the text, why, most likely, is it hard to work new habits into a daily schedule? 추론 유형 질문
지문에 따르면, 일상의 일정에 새로운 습관을 넣는 것이 어려운 이유는 무엇일 것 같은가?

(a) The brain needs time to adjust to changes.
뇌가 변화에 적응할 시간이 필요하다.

(b) People do not have time for additions to their routine.
사람들이 일상 활동에 추가되는 일을 위한 시간이 없다.

(c) The existing connections between neurons cannot be broken.
신경 세포들 사이의 기존 연결이 깨질 수 있다.

(d) People are naturally inclined to give up when challenged.
사람들은 도전을 받으면 포기하는 자연스러운 경향이 있다.

**STEP 1** 질문에서 most likely를 보고 추론 유형임을 확인하고 키워드인 hard, new habits, a daily schedule을 확인한다.

**STEP 2** Until we incorporate resolutions into our daily routines, they many be difficult to stick to라는 문장에서 키워드인 hard, new habits, a daily schedule이 패러프레이징으로 언급되었음을 확인한다.

**STEP 3** 키워드가 언급된 문장 앞에서 우리의 뇌에 있는 신경 세포들 사이의 연결은 우리의 습관을 담당하고 있으며, 이러한 연결이 필수적으로 영구적이지 않은 반면에 우리가 한 습관을 더욱 더 자주 반복할 수록 그 연결은 점점 더 강해진다는 내용을 통해서 새로운 습관을 형성하기 위해서는 자주 반복해서 신경 세포의 연결을 강하게 만들어야 한다는 것을 확인한다.

**STEP 4** (a) 반복을 한다는 것은 두뇌에 새로운 습관에 적응할 시간을 주는 것과 같은 의미이므로 정답이다.

(b) 사람들이 시간이 부족하다는 내용이 언급되어 있지 않으므로 오답이다.

(c) 신경 세포의 연결이 언급되어 있지만 이 연결이 깨지는 것에 대해서 언급되어 있지 않으므로 오답이다.

(d) 사람들이 포기하는 이유가 자연스러운 경향이라는 내용이 언급되어 있지 않으므로 오답이다.

# 문맥적 동의어 유형

독해 영역의 정확한 명칭은 독해 및 어휘 영역(Reading and Vocabulary Section)이므로 독해 문제 뿐만 아니라 어휘 문제도 각 파트마다 2문제씩 총 8문제가 출제된다. 지문에 있는 단어 중 밑줄 친 단어와 가장 가까운 의미로 쓰인 단어를 보기 중에서 고르는 유형이며, 이때 밑줄 친 단어와 완전히 동일한 뜻을 가진 단어는 아니지만 바꾸어 써도 동일한 문맥을 유지할 수 있는 문맥적 동의어를 찾아야 한다.

## 1    문맥적 동의어 유형 질문

• In the context of the passage, <u>fulfill</u> means _____.
  지문의 문맥에서, <u>fulfill</u>은 _____를 의미한다.
  밑줄이 있는 단어가 지문에도 있으며, 해당 단어가 쓰인 문맥에 맞게 바꾸어 쓸 수 있는 단어를 정답으로 고른다.

## 2    문맥적 동의어 유형 문제풀이 방법

• 동의어 문제는 문제 순서 상 마지막에 위치하지만, 독해 문제를 순서대로 풀이하면서 지문을 읽다가 밑줄이 그어진 단어가 보이면 곧장 해당 단어의 동의어를 찾는 문제를 풀이한다.

• 질문에 In the context of the passage(지문의 문맥에서)라고 언급되어 있으므로 사전적 동의어가 아닌 문맥적 동의어가 정답이 된다는 사실에 유의한다. 따라서 사전에서 서로 동의어나 유의어로 분류되지 않는 단어도 정답이 될 수 있다.

• 사전적 동의어가 보기에 있더라도 해당 문맥에 어울리지 않으면 오답으로 소거한다. 사전적 동의어가 오답인 경우는 그 단어가 쓰이는 문맥과 해당 문맥이 서로 다른 경우이다.

• 다의어의 경우 2~3개의 의미까지 숙지하는 것이 유리하다.

• 밑줄 단어가 자동사인 경우, 해당 단어 뒤에 위치한 전치사구 또는 부사와 호응을 이룰 수 있는 동의어가 정답이 되어야 한다.

• 밑줄 단어가 형용사이고 보어 자리에 위치한 경우, 보기 중에서 동의어이더라도 명사 수식 기능만 할 수 있는 형용사는 오답으로 소거한다.

## 3 문맥적 동의어 유형 문제풀이

> 본문 At the beginning of every year, **many Americans make resolutions that they fail to follow through on. Despite these** continual **failures**, people still resolve to quit their old vices or start healthy new practices whenever the new year rolls around. There are several reasons why people struggle to change their habits, and those reasons are connected to how the human brain works.
>
> 매년 초에, 많은 미국인들은 완수하지 못하는 결심을 한다. 이러한 지속인인 실패에도 불구하고, 사람들은 새해가 돌아올 때마다 여전히 그들의 오래된 악덕 행위를 그만두려고 결심하거나 건전한 새로운 실천을 시작하려고 결심한다. 사람들이 그들의 습관을 바꾸려고 애쓰는 것에는 몇 가지 이유가 있는데, 그 이유들은 인간의 두뇌가 어떻게 작동하는지에 연관되어 있다.

질문 In the context of the passage, continual means _____. 동의어 유형 질문
지문의 문맥에서, continual은 _____를 의미한다.

보기 (a) quiet 조용한

(b) frequent 빈번한

(c) tempting 솔깃한, 유혹적인

(d) lengthy 길이가 긴

STEP 1 해당 문장에서 continual은 '실패'라는 의미의 명사 failures를 수식하고 있고, 이 실패는 앞 문장에서 언급한 새해의 결심을 완수하지 못하는 것을 의미한다. 즉, 사람들이 새해가 될 때마다 결심을 하고 그것을 완수하지 못하는 것을 반복적으로 한다는 것을 의미하기 위해 continual을 쓴 것임을 알 수 있다.

STEP 2 선택지 중에서 '반복적인', '계속되는'이라는 의미에 가장 가까운 의미를 가진 단어를 찾는다. 이때, 기본 의미 자체가 전혀 다른 단어를 먼저 소거한다.

(a) quiet(조용한): 기본 의미가 다르기 때문에 오답이다.

(b) frequent(빈번한): 문맥을 통해 유추한 의미와 가장 가까운 단어이므로 정답이다.

(c) tempting(솔깃한, 유혹적인): 기본 의미가 다르기 때문에 오답이다.

(d) lengthy(길이가 긴): '계속적인', '지속적인'이라는 의미에서 유사한 부분이 있을 수 있지만, 문맥상 failures의 길이가 길다고 수식할 수 없으므로 오답으로 소거한다.

**Tip** 단어 정리 및 암기 방법

- 선택지에 나온 단어를 사전에서 찾아보고, 자주 사용되는 의미 중 최대 3개를 정리한다.

  **create**

  ❶ [동사] 창조[창작/창출]하다

  ❷ [동사] (어떤 느낌이나 인상을) 자아내다[불러일으키다]

  ❸ [동사] (계급이나 작위를) 수여하다

  **divide**

  ❶ [동사] (여러 부분들로) 나누다, 가르다

  ❷ [동사] 몫을 나누다

- 사전의 의미 중 적합한 의미를 찾지 못하면 예문을 활용한다.

  **divide**

  Her work was **divided** between tutoring and research.

  그녀가 하는 일은 학생 지도와 연구로 나눠져 있었다.

- 각각 단어의 유의어를 사전에서 찾아 정리한다.

  **create :** cause, make, create, invent

  **divide :** separate, split, share, distribute

# CHAPTER 2

# PART별 공략 및 문제풀이

G-TELP
READING

# Biographical Article (위인/유명 인사의 전기문)

## Part 1의 특징

**1  지문 구성**

- 주제: 역사적인 인물이나 근현대의 유명인의 일대기(유명 화가, 작가, 정치인, 과학자, 음악가 등)
- 지문의 흐름: 인물의 주요업적 → 어린시절 → 초기/중기 주요 업적 → 근황 혹은 평가

**2  문제풀이 순서**

- 질문을 먼저 읽고 핵심 키워드를 파악한다.

  **풀이 포인트** 모든 질문을 한꺼번에 읽는 것이 아니라 하나의 질문을 먼저 읽고 문제를 푼 후, 다음 질문으로 넘어가는 순서로 푸는 것이 포인트!

- 질문의 키워드를 파악하여 지문에서 해딩 키워드가 언급된 단락과 문장 또는 페리프레이징된 문장을 찾는다.
- 지문에 키워드가 언급된 문장을 토대로 지문의 내용이 패러프레이징된 선택지를 찾으며 문제를 푼다.

  **풀이 포인트** 선택지에서 본문의 키워드와 무관한 내용들을 소거하며 풀어나가는 부분이 포인트!

- 동의어 문제는 밑줄이 그어진 단어가 있는 바로 그 단락에서 풀고 넘어간다.

## Part 1 지문과 문제 구성

**1  지문의 흐름과 질문 유형**

| 단락 | 주요 내용 | 대표 질문 유형 |
|:---:|:---:|:---|
| 1 | 인물의 주요 업적 | What is 인물 most famous for?<br>What is 인물 best known for? |
| 2 | 인물의 출생, 어린시절,<br>진로 선택의 계기, 시기 | What motivated/inspired 인물 to do?<br>What contributed 인물 to do?<br>When 인물 first ~?<br>When 인물 started ~?<br>How did 인물 ~? |
| 3 | 초기 업적 | What, Why, how, true/NOT true 세부 정보/사실 확인 |
| 4 | 주요 업적 | What, Why, how, true/NOT true 세부 정보/사실 확인 |
| 5 | 인물의 근황 / 평가 | What can be said about ~?<br>What do ~?<br>What influential ~? |

| 53번 | **인물이 가장 유명한 이유**<br><br>[질문] What is ~ **best known for**?<br><br>[풀이 포인트]<br>질문에서 묻는 가장 유명한 이유를 첫번째 단락에서 찾아 패러프레이징된 정답으로 선택한다.<br><br>∘ 자주 패러프레이징되는 패턴<br>  best known for = be famous for = be recognized as = most remembered for |
|---|---|
| 54번 | **어린 시절, 인물이 특정 분야에 흥미가 생긴 계기와 시기 혹은 직업을 시작한 첫 시점**<br><br>[질문] **How** did ~ get his/her first job?<br>     **Why** did ~ start studying ~?<br>     **What** did probably make ~ get interests in ~?<br><br>[풀이 포인트]<br>질문의 키워드를 지문에서 찾아 패러프레이징된 선택지를 정답으로 선택한다.<br><br>∘ 자주 패러프레이징되는 패턴<br>  motivate = contribute = inspire = introduce = arouse = ignite = influence |
| 55-56번 | **인물의 초/중기 업적에 대한 세부 정보, 사실 확인(일치/불일치), 추론 유형**<br><br>[질문] **How** did his/her work initially attract the public attention?<br>     **Which** of the following is **NOT mentioned** as his/her ~ ?<br>     **Why most likely** did ~ quit his job?<br><br>[풀이 포인트]<br>질문의 핵심 키워드를 본문에서 찾아 선택지에 패러프레이징 된 표현을 정답으로 선택한다. |
| 57번 | **인물의 근황 및 평가**<br><br>[질문] **Why** was ~ established after his death?<br>     **What** did ~ do after his major success?<br><br>[풀이 포인트]<br>마지막 단락에서 질문의 키워드를 찾아 패러프레이징이 된 내용이 포함된 선택지를 정답으로 선택한다. |
| 58-59번 | **사전적/문맥적 어휘를 묻는 문제**<br><br>[질문] In the context of the passage, <u>assume</u> means _____.<br><br>[풀이 포인트]<br>지문을 읽다가 밑줄이 그어진 단어를 발견하면 곧장 그 단어의 동의어를 찾는 문제로 이동하여 정답을 고른다. 사전적 동의어보다 밑줄 친 단어와 교체되어 쓰여도 문장 내에서 문맥적으로 의미가 통할 수 있는 문맥적 동의어가 정답이 될 가능성이 높으므로 해당 문장의 내용을 정확하게 이해하는 것이 중요하다. |

# 단락별 필수 암기 어휘

| 인물의 주요 업적 | influential | 영향력 있는 | entrepreneur | 기업가 |
|---|---|---|---|---|
| | popular | 인기있는 | journalist | 기자 |
| | successful | 성공적인 | editor | 편집자 |
| | widely recognized | 널리 인정받는 | writer/author | 작가 |
| | admired | 존경받는 | poet | 시인 |
| | contribute to | 공헌하다 | engineer | 기술자, 수리공 |
| | worldwide | 전세계적 | architect | 건축가 |
| | acclaim | 찬사 | artist | 예술가 |
| | pioneer | 선구자 | painter | 화가 |
| | talented | 재능 있는 | musician | 음악가 |
| | notable | 유명한 | actor/actress | 배우 |
| | impress | 영향을 주다 | carpenter | 목수 |
| 인물의 출생, 어린 시절, 진로 선택 계기/시기 | be born | 태어나다 | develop | (능력) 발전시키다 |
| | skill | 능력 | encourage | 장려하다 |
| | interest | 흥미 | experience | 경험하다 |
| | outstanding | 뛰어난 | undergo | 거치다, 겪다 |
| | inspire | 영감을 주다 | pursue | 추구하다 |
| | dream of | ~을 꿈꾸다 | receive | ~을 받다 |
| | initiate | 시작하다 | scholarship | 장학금 |
| | cease | 중단하다, 그만두다 | education | 교육 |
| | strive to 동사원형 | ~하려고 노력하다 | train | 훈련시키다 |
| | decide to 동사원형 | ~하려고 결심하다 | practice | 연습하다 |
| 초기 업적, 주요 업적 | move to | 이사 가다 | include | 포함하다 |
| | return to | ~에 돌아오다 | turn A into B | A를 B로 변화시키다 |
| | settle in | ~에 정착하다 | leader | 지도자 |
| | join | 입회[입사]하다 | produce | 생산하다, 제작하다 |
| | project | 보여주다, 나타내다 | establish | 설립하다, 확고히 하다 |
| | work with | ~와 일하다 | design | 고안하다 |
| | found | 설립하다 | innovation | 혁신 |
| | manage | 경영하다 | achievement | 성취 |
| | implement | 실행하다 | acquire | 얻다, 습득하다 |
| | be influenced by | ~의 영향을 받다 | dub | ~라고 칭하다 |
| | prosper | 번영하다 | discover | 발견하다 |
| 인물의 근황/평가 | improve | 향상시키다 | realize | 실현하다, 깨닫다 |
| | contribution | 공헌 | acknowledge | 인정하다 |
| | induct A into B | A를 B로 인도하다 | commemorate | 기념하다 |
| | leave | 남기다 | dedicate | 헌신하다 |
| | consider | ~로 여기다 | anniversary | 기념일 |
| | resign | 사임하다 | reputation | 평판 |
| | pass away | 사망하다 | complete | 완료하다 |

# 단락별 필수 암기 문장 패턴

| | |
|---|---|
| 인물의 주요 업적 | **인물의 직업 소개**<br>• ~ was an eminent novelist who ~<br>~은 ~하는 저명한 소설가였다.<br>• ~ was one of the world's most famous painter in ~<br>~은 ~에서의 세계적으로 유명한 화가 중 한 명이었다.<br><br>**가장 유명한 업적 소개**<br>• He/She is best known for ~.<br>그/그녀는 ~으로 가장 유명하다. |
| 인물의 출생,<br>어린 시절,<br>진로 선택 계기/시기 | • ~ was born on April 6, 1897, in Massachusetts.<br>~은 1897년 4월 6일 매사추세츠에서 태어났다.<br>• His mother strove to send him to good schools.<br>그의 어머니는 그를 좋은 학교에 보내기 위해 노력했다.<br>• He went to A school. = He attended A school.<br>그는 A 학교에 입학했다. (들어갔다)<br>• His father encouraged him to nurture his passion.<br>그의 아버지는 그가 그의 열정을 개발하도록 장려했다.<br>• His mother inspired her to become a writer.<br>그의 어머니는 그녀가 작가가 되도록 영감을 주셨다.<br>• At the age of ~ , he could ~<br>~살 때, 그는 ~을 할 수 있었다.<br>• After graduating from A, he joined ~<br>~A학교를 졸업한 후, 그는 ~에 입사했다.<br>• She first showed an interest in ~.<br>그녀는 ~에 처음 관심을 보였다.<br>• He began developing his skills.<br>그는 그의 기술을 발달시키기 시작했다. |
| 초기 업적, 주요 업적 | • She began to gain recognition for her skills.<br>그녀는 그녀의 능력으로 인정받기 시작했다.<br>• He accepted the position of ~<br>그는 ~의 직책을 받아들였다.<br>• Her success inspired ~<br>그녀의 성공은 ~에게 영감을 주었다.<br>• He became the first ~ who achieved/succeeded ~<br>그는 ~를 달성한/성공한 최초의 ~가 되었다.<br>• Following his success, he attained a high level of fame.<br>그의 성공 이후로, 그는 높은 수준의 명성을 얻었다. |
| 인물의 근황/평가 | • He has been granted so far ~ awards and is recognized as ~<br>그는 지금까지 ~ 상을 받았으며, ~로서 인정받고 있다.<br>• She left a large body of work.<br>그녀는 많은 작품을 남겼다.<br>• A monument was made to commemorate his birth.<br>기념비는 그의 출생을 기념하기 위해 만들어졌다.<br>• His invention has been helpful to ~<br>그의 발명품은 ~에 도움이 되고 있다. |

# MARIA MITCHELL

**1. 인물의 주요 업적** ≫ 53. What is Maria Mitchell best known for?

    **Maria Mitchell was an American astronomer, librarian, and professor who is** `53번 키워드` **most widely known for discovering a comet that would eventually be named "Miss Mitchell's Comet" in her honor.** She was the first internationally known woman to be employed both as a professor of astronomy and as a professional astronomer.

**2. 인물의 출생, 어린 시절, 진로를 선택한 계기/시기**

    ≫ 54. Why probably did Mitchell first develop an interest in astronomy?

    Mitchell was born on August 1, 1818, in Nantucket, Massachusetts. Her mother, Lydia, worked in a public library, while her father, William, was a schoolteacher and amateur astronomer. **Mitchell displayed** `54번 키워드` **an early interest in astronomy, so her father taught her how to use various astronomical instruments such as telescopes, chronometers, and sextants.** Mitchell regularly helped her father with his observations of the night sky, even calculating the precise **moment** of a solar eclipse in 1831. In 1836, Mitchell took a job as the librarian of the Nantucket Atheneum, and she remained in this role for the next two decades. Outside of work hours, she continued to assist her father in a small observatory built on the roof of a nearby bank.

**3. 초기 업적** ≫ 55. Why probably was Mitchell's claim not immediately accepted?

    On October 1, 1847, Mitchell discovered what was initially known as Comet 1847. She first announced her discovery in Silliman's Journal in January 1848 in an article under her father's name. Approximately one month later, **she published her calculation of the comet's orbit and** `55번 키워드` **made a formal claim to be its original discoverer. Her claim was briefly disputed by Francesco de Vico, who had also discovered Comet 1847.** However, it was found that although he had submitted his findings before Mitchell, he had actually made his discovery two days after her. She became only the third woman to have discovered a comet, after her fellow astronomers Caroline Herschel and Maria Margarethe Kirch. Following her discovery, Mitchell attained a high level of fame, and countless newspaper and magazine articles were written about her. In 1849, she began working for the U.S. Coast Survey, **tracking** the movements of the planets and using the data to assist sailors in navigation.

**4. 주요 업적** ≫ 56. How did Mitchell help Vassar College?

    Despite never attending college herself, she was appointed professor of astronomy at Vassar College in 1865. She was the first female professor of astronomy, and she held the position for more than twenty years. **Mitchell's popularity and effectiveness as an educator** `56번 키워드` **helped Vassar College significantly boost student enrollment in mathematics and astronomy.**

**5. 인물의 근황/평가** ≫ 57. Why was the Maria Mitchell Foundation established?

    On June 28, 1889, Mitchell died of a brain disease at the age of 70. `57번 키워드` **The Maria Mitchell Association was founded in Nantucket to preserve and celebrate Mitchell's important work.** Today, the association runs a science library, a research center, Maria Mitchell's Home Museum, and the Maria Mitchell Observatory.

**53. What is Maria Mitchell best known for?**

전략 적용 첫 단락의 known for가 언급된 문장에서 정답 단서 찾기

(a) obtaining the first degree in astronomy
(b) inventing an innovative telescope
(c) making an astronomical discovery
(d) being the first female astronaut

**54. Why probably did Mitchell first develop an interest in astronomy?**

전략 적용 단락 2의 "early interest in astronomy"가 포함된 문장 뒤에서 정답 찾기

(a) because her father was enthusiastic for the field
(b) because her mother wrote a book on the subject
(c) because she learned about it at school
(d) because she observed a solar eclipse

**55. Why probably was Mitchell's claim not immediately accepted?**

전략 적용 Mitchell의 claim이 언급된 단락 3에서 단서 및 관련 내용 찾기

(a) It was submitted to the wrong authority.
(b) It lacked sufficient data.
(c) It was disputed by a fellow astronomer.
(d) It was made under her father's name.

**56. How did Mitchell help Vassar College?**

전략 적용 키워드 Vassar College가 언급된 단락 4에서 단서 및 관련 내용 찾기

(a) by establishing an astronomy department
(b) by attracting a large number of students
(c) by increasing the average pass rate of students
(d) by donating money to the institution

**57. Why was the Maria Mitchell Foundation established?**

전략 적용 마지막 단락에서 Foundation이 설립되었다는 내용이 언급된 문장과 그 주변에서 정답의 단서 찾기

(a) to generate money for local charities
(b) to bring attention to Mitchell's work
(c) to raise awareness of brain disease
(d) to provide scholarships for children

**58. In the context of the passage, moment means _____.**

(a) time
(b) section
(c) interval
(d) delay

전략 적용 어휘 문제는 마지막에 푸는 것이 아니라 어휘가 포함된 문장과 문단에서 바로 풀기

**59. In the context of the passage, tracking means _____.**

(a) seeking
(b) developing
(c) monitoring
(d) perceiving

**1.** Serena Williams is an American professional athlete recognized as one of the best tennis players of all time. **She is best known for winning the most major tournaments, known as Grand Slams, of any female tennis player of her generation.**

(a) She is most famous as the youngest professional tennis player of all time.
(b) She is most famous for securing more tournament victories than any of her peers.
(c) She is most famous for having the longest professional tennis career of any player.
(d) She is most famous for winning more tournaments in a single year than any of her peers.

정답  (b)

해설  (a) the youngest와 관련된 표현이 언급되지 않았으므로 오답이다.

(b) winning the most major tournaments를 securing more tournament victories로, of any female tennis player of her generation을 than any of her peers로 같은 의미를 나타내므로 정답이다.

(c) the longest career와 관련된 표현이 언급되지 않았으므로 오답이다.

(d) winning more tournaments ~ than any of her peers는 동일한 의미를 나타내지만, in a single year 에 관한 내용은 언급되지 않았으므로 오답이다.

**2.** Growing up, Wangari Maathai spent time playing in streams and fetching water and firewood for her family. Because **her family obtained most of their necessities from the natural world**, they associated nature with God and believed that the trees prevented disasters from happening to their land.

(a) Her family attended church regularly.
(b) Her family depended on nature for their everyday needs.
(c) Her family experienced disasters frequently.
(d) Her family lacked access to nature in their daily lives.

정답  (b)

해설  (a) 교회를 다녔다는 내용은 언급되어 있지 않으므로 오답으로 소거한다.

(b) '일상에서 필요한 것들을 위해 자연의 의지했다'는 의미는 '필수품들을 자연으로부터 얻었다'는 것과 같은 의 미이므로 정답이다.

(c) 자연재해(disasters)에 대해 언급되어 있지 않으므로 오답으로 소거한다.

(d) '필수품을 자연으로부터 얻었다'는 것은 자연으로 자주 접근할 수 있었음을 의미하므로 오답이다.

**3.** In 2000, **Billie Holiday was inducted into the Rock and Roll Hall of Fame**, which cemented her influential status.

(a) She had a famous concert hall named after her.
(b) She had her music featured in a popular film.
(c) She was honored by an artistic organization.
(d) She was commemorated by a renowned sculptor.

---

 (c)

 (a) Rock and Roll Hall of Fame은 '로큰롤 명예의 전당'을 의미하며, 음악적으로 위업을 달성한 인물을 기리는 단체이므로 오답이다.
(b) 영화에 관한 언급은 없으므로 오답으로 소거한다.
(c) '로큰롤 명예의 전당'을 an artistic organization으로 언급하고, '~에 헌액되다'라는 의미의 be inducted into를 was honored by로 나타내었으므로 정답이다.
(d) 유명한 조각가에 대해 언급된 것이 없으므로 오답으로 소거한다.

---

**4.** **Dahl told his daughters stories every night, and he tried to incorporate details he knew children enjoyed: magic and adventure, along with grotesque elements.** His nightly storytelling incorporated memories of his childhood trips to Norway, where he had discovered fantastic tales of trolls and sorcerers.

(a) Dahl improved his stories by adapting lessons from well-known fairytales.
(b) Dahl incorporated his stories by recounting memories shared by his mother.
(c) Dahl could elaborate his stories by observing everyday events in the world.
(d) Dahl could develop his stories by entertaining his children at bedtime.

---

 (d)

 Dahl이 어떻게 자신의 이야기를 언급하는 표현의 의미를 정확히 해석하여 각 선택지의 내용과 비교한다.
(a) 잘 알려진 동화(well-known fairytales)에 대해 언급된 것이 없으므로 오답이다.
(b) Dahl의 어머니(his mother)에 대해 언급된 것이 없으므로 오답이다.
(c) 지문에서 마법, 모험, 그리고 트롤과 마법사들의 이야기에 대해 언급되었으므로 일상적인 사건들(everyday events)과는 거리가 멀다.
(d) 지문에 아이들이 즐거워하는 것으로 알고 있는 세부 요소들을 포함해 매일밤 자신의 딸들에게 이야기를 해 준(Dahl told his daughters stories every night, and he tried to incorporate details he knew children enjoyed ~) 방식이 언급되어 있는데, 이를 잠자리에 드는 시간에 자신의 아이들을 즐겁게 해 주어서 그의 이야기를 발전시킬 수 있었다고 언급하였으므로 정답이다.

## Sven Magnus Carlsen

Sven Magnus Carlsen is a Norwegian chess grandmaster who is the reigning five-time World Chess Champion.

Carlsen was born on November 30th, 1990. His father, an amateur chess player, taught him to play when he was only 5 years old, although he showed little interest in it at first. In 2010, Carlsen noted that his earliest motivation to improve at chess was his desire to beat his elder sister at the game. He began reading various books on chess, such as *Find the Plan* by Bent Larsen, and *The Complete Dragon* by Eduard Gufeld. As a child, Carlsen honed his chess skills playing by himself for much of the day, developing strategies and replaying moves his father had taught him.

In 1999, he took part in the youngest division of the Norwegian Chess Championship and achieved an impressive score. The next year, the country's top player, Grandmaster Simen Agdestein, began coaching Carlsen at the Norwegian College of Elite Sport. By the end of 2000, his rating had risen from 904 to 1907. National <u>recognition</u> of his extraordinary talent came when he scored 3½/5 against the country's top junior players in the Norwegian junior teams championship in September 2000.

Throughout the 2000s and 2010s, Carlsen continued to <u>dominate</u> world chess competitions, holding the record for the longest unbeaten streak at the elite level in classical chess. He has also held the No. 1 position in the FIDE world chess rankings since July 1st, 2011. Only the world-renowned grandmaster Garry Kasparov has held the position of highest-rated player in the world for a longer period of time.

1. What inspired Magnus Carlsen to develop his early chess skills?

    (a) his desire to beat his classmates
    (b) his urge to beat his older sibling
    (c) his father's success in chess contests
    (d) his lack of skill in physical sports

2. How did Agdestein's coaching benefit Magnus Carlsen?

    (a) His chess rating improved.
    (b) He gained access to a college.
    (c) His confidence grew.
    (d) He earned more money.

3. Based on the article, what record does Magnus Carlsen hold in chess?

    (a) fastest victory in a championship chess match
    (b) fastest rise in rankings among all chess players
    (c) longest time spent as number one in the FIDE rankings
    (d) longest time spent without losing an elite-level chess match

4. In the context of the passage, <u>recognition</u> means _____.

    (a) reflection
    (b) identification
    (c) association
    (d) acknowledgement

5. In the context of the passage, <u>dominate</u> _____.

    (a) lead
    (b) overlook
    (c) manipulate
    (d) exceed

# Ralph Lauren

Ralph Lauren is an American fashion designer, philanthropist, and billionaire businessman.

Lauren was born Ralph Lifshitz on October 14, 1939. His parents, Frieda and Frank, were Jewish immigrants who had fled Belarus to settle in the Bronx, New York City. At the age of 16, Ralph changed his last name to Lauren after enduring regular bullying at school. Even as a teenager, he was known for his <u>distinctive</u> vintage fashion style, which drew inspiration from screen icons such as Fred Astaire and Cary Grant. Prior to entering the world of fashion, he studied business at Baruch College for two years before enlisting in the army for a brief period.

In 1967, Lauren began designing his own line of men's neckties under the brand name "Polo". Several large department stores, including Bloomingdale's, allowed Lauren to sell his neckties at their locations. Within a couple of years, Lauren was able to expand his designs into a full menswear line thanks to a $30,000 loan. In 1970, Lauren received the prestigious Coty Award for his work, and soon after this he launched a line of women's suits that incorporated elements of his classic menwear designs. In 1972, Lauren unveiled his most recognizable clothing line, a range of short-sleeved cotton shirts that were available in 24 colors. The shirts boasted the company's iconic polo player logo, which was designed by tennis pro René Lacoste, and they became highly desirable all over the world.

Although Lauren's fashion ideas have proven popular with millions of people who prefer simple, approachable looks, they have also been criticized by some for not being particularly innovative. Lauren eventually <u>broadened</u> his brand to include a luxury clothing line, a home-furnishing collection, and a set of fragrances. Today, Polo has hundreds of stores worldwide and produces clothing for men, women and children.

6. Why did Lauren change his surname?

   (a) because he wanted to become an actor
   (b) because he was teased by classmates
   (c) because he had a disagreement with his father
   (d) because he was adapted by an American family

7. What is true about Polo short-sleeved cotton shirts?

   (a) They were launched in the late-1970s.
   (b) They received the Coty Award.
   (c) Their material is highly durable.
   (d) Their logo was created by a sportsman.

8. Based on the article, what criticism has Lauren's clothing received?

   (a) It is not affordable to most people.
   (b) It is lacking in innovation.
   (c) It is available in too few colors.
   (d) It copies other clothing brands.

9. In the context of the passage, <u>distinctive</u> means _____.

   (a) renowned
   (b) unique
   (c) influential
   (d) expensive

10. In the context of the passage, <u>broadened</u> _____.

   (a) launched
   (b) relocated
   (c) expanded
   (d) inflated

# J.M. BARRIE

Sir James Matthew Barrie was a Scottish novelist and playwright who is best remembered as the creator of Peter Pan, a character that featured in several of his most beloved works. J.M. Barrie was born in Kirriemuir on May 9, 1860 and was the ninth child of ten.

Even as a child, Barrie dreamed of becoming an author. After leaving secondary school, he enrolled at the University of Edinburgh where he obtained an M.A. in Literature. In his spare time, he wrote reviews of plays for the *Edinburgh Evening Courant*, providing himself with a regular means of income. The first story he submitted to a national newspaper was based on tales his mother used to tell him about the town where she grew up. The newspaper's editor was impressed with the piece and <u>encouraged</u> Barrie to write a series of these stories, which ended up being published as Barrie's first novels between 1888 and 1891. Literary critics were unimpressed with these early works, criticizing them for their unrealistically sentimental and nostalgic depictions of Scotland during the harsh, industrialized nineteenth century. In spite of this, the novels sold well and helped to establish Barrie as a successful writer.

In 1901, Barrie relocated to London, where he wrote numerous novels and plays that were very popular. Around this time, he met his neighbors, the Llewelyn Davies, whose young sons inspired him to write *Peter Pan, or The Boy Who Wouldn't Grow Up*, a play about the fantastical adventures of a magical boy and an ordinary girl named Wendy. The play was first performed on 27 December, 1904, at the Duke of York's Theatre in London's West End. The character of "Peter Pan" had actually first been introduced in Barrie's earlier novel, *The Little White Bird*. In 1911, Barrie adapted the Peter Pan play into the novel *Peter and Wendy*, which proved to be a tremendous success.

Although Barrie's later works were well received, they never attained the iconic <u>status</u> of Peter Pan, which overshadowed his other novels and plays. On 19 June, 1937, Barrie passed away due to health complications brought on by pneumonia. Prior to his death, he awarded the rights to his Peter Pan works to Great Ormond Street Hospital for Children in London, which financially benefits from them to this day. Barrie was buried at his family's plot in Kirriemuir Cemetery next to his parents and several of his siblings, and the home in which he grew up has been converted into a museum where visitors can learn about his life and work.

1. What is J.M. Barrie best known for?

   (a) founding a successful publishing firm
   (b) making donations to children's charities
   (c) contributing stories to a newspaper
   (d) creating a popular literary character

2. How did J.M. Barrie earn money while studying at university?

   (a) by editing literary works
   (b) by working for his family's business
   (c) by writing reviews of plays
   (d) by teaching students how to write

3. Why were J.M. Barrie's earliest novels poorly received?

   (a) because they were different from popular stories at the time
   (b) because they did not offer realistic depictions of Scotland
   (c) because they contained complicated narratives
   (d) because they did not feature interesting characters

4. Based on the article, what inspired J.M. Barrie to write Peter Pan?

   (a) reading a popular novel
   (b) receiving poor literary reviews
   (c) meeting some local children
   (d) moving back to Scotland

5. How has J.M. Barrie continued to help children after his death?

   (a) He awarded the rights to his work to a hospital.
   (b) He established a school for aspiring writers.
   (c) He founded a museum at his childhood home.
   (d) He left his earnings to the Llewelyn Davies family.

6. In the context of the passage, encouraged means _____.

   (a) praised
   (b) considered
   (c) permitted
   (d) advised

7. In the context of the passage, status means _____.

   (a) position
   (b) ability
   (c) motivation
   (d) goal

# JIM HENSON

Jim Henson was an American puppeteer, animator, cartoonist, and filmmaker who attained worldwide fame as the creator of *The Muppets* and *Fraggle Rock*, television shows featuring his distinctive puppet characters.

Henson was born on September 24, 1936, in Greenville, Mississippi, and moved with his family to University Park, Maryland, in the late-1940s. He developed an interest in puppets while attending high school, where he devoted much of his time to sketching designs of puppets and building prototypes. As a freshman at the University of Maryland, he created *Sam and Friends*, a five-minute puppet show for WRC-TV. Many of the characters on *Sam and Friends* were early versions of what would later become the Muppets, including one that was a precursor to Henson's most famous character: Kermit the Frog.

While working on *Sam and Friends*, Henson pioneered several techniques that revolutionized the way in which puppetry was used on television. For instance, he began using the frame of the camera to enable performers to operate puppets while off-camera. In addition, he felt strongly that the wooden puppets that were traditionally used on TV at the time lacked life and sensitivity, so he began constructing puppets from flexible foam rubber, which allowed a performer to convey a wider range of facial expressions and emotions. This greater <u>degree</u> of movement and control also allowed his Muppet characters to move their mouths in more natural detail in order to accurately communicate their dialogue.

Over the next two decades, Henson largely worked on television commercials, many of which featured his puppet creations, before deciding to focus on making his Muppets a global mainstream phenomenon. In addition to a *Muppets Broadway* show, he developed a concept for a weekly television series in 1976, but networks in the United States rejected the concept, fearing that it would only appeal to very young viewers. However, British networks saw potential in the show, arranging for it to be <u>shot</u> in the UK and distributed globally. Henson promptly abandoned plans for his Broadway show, relocating with his team of performers to the UK to begin development of *The Muppet Show*.

The show was a worldwide hit and introduced millions of viewers to characters who are now household names, such as Kermit the Frog, Miss Piggy, and Fozzie Bear. *The Muppets Movie* followed in 1979, and it was a huge box office success; becoming the 61st highest-grossing movie at the time. In 1981, Henson directed the sequel, *The Great Muppet Caper*, and decided to stop the development of *The Muppet Show*. However, the characters continued to feature in a wide range of TV movies and special seasonal shows.

Throughout the 1980s, Henson created more popular children's television shows, such as *Fraggle Rock* and the animated *Muppet Babies*. He died in New York City on May 16, 1990, due to streptococcal toxic shock syndrome. His contribution to puppetry, film, and children's television is widely recognized in the industry, and he was posthumously awarded a star on the Hollywood Walk of Fame in 1991.

8. What is Jim Henson most famous for?

   (a) directing several successful movies
   (b) making the art of puppetry more
       popular
   (c) creating well-loved animated characters
   (d) developing puppet-based TV programs

9. How did Henson spend his time as a high
   school student?

   (a) studying how to operate puppets
   (b) attending local puppet performances
   (c) designing and constructing puppets
   (d) working at a television network

10. How did Henson improve his puppets
    compared with traditional puppets?

    (a) by using more affordable materials
    (b) by making them more expressive
    (c) by basing their designs on animals
    (d) by making them remote-controlled

11. Why most likely did Henson not proceed
    with his Broadway show?

    (a) because of a lack of financial
        investment
    (b) because of problems with his
        performers
    (c) because of a work opportunity in the
        UK
    (d) because of a decline in interest in the
        Muppets

12. Based on the sixth paragraph, what
    occurred in the 1990s?

    (a) Henson developed a new children's
        show.
    (b) Henson relocated to New York City.
    (c) Henson was recognized for his
        achievements.
    (d) Henson announced the end of *The
        Muppet Show*.

13. In the context of the passage, <u>degree</u>
    means _____.

    (a) qualification
    (b) level
    (c) angle
    (d) fraction

14. In the context of the passage, <u>shot</u>
    means _____.

    (a) fired
    (b) starred
    (c) filmed
    (d) promoted

# AMELIA EARHART

Amelia Mary Earhart was an American aviation pioneer and writer. Earhart was the first female aviator to fly solo across the Atlantic Ocean. She set many other records, was one of the first aviators to promote commercial air travel, and wrote best-selling books about her flying experiences.

Earhart was born in Atchison, Kansas on July 24, 1897, and spent much of her childhood in Des Moines, Iowa. On December 28, 1920, Earhart went to an air show in California with her father, Edwin. She signed up for a passenger flight with an experienced pilot, and it was a flight that would change her life forever. Afterwards, she asked her father if she could begin learning how to fly, and he reluctantly agreed. Earhart saved up one thousand dollars for flying lessons by working as a photographer and truck driver, and she took her first lesson on January 3, 1921, at Kinner Field. Earhart immediately showed an aptitude for flying and practiced aerial maneuvers diligently. On October 22, 1922, she set a record for female pilots by flying her airplane to an altitude of 14,000 feet. On May 16, 1923, she became only the 16th woman in the United States to be <u>issued</u> a pilot's license by the Fédération Aéronautique Internationale (FAI).

After Charles Lindbergh's groundbreaking solo flight across the Atlantic in 1927, Earhart expressed interest in being the first woman to be flown across the Atlantic Ocean. On June 17, 1928, she accompanied pilot Wilmer Stultz on a transatlantic flight as a passenger. Although she gained fame for her transatlantic passenger flight, Earhart longed to complete the journey herself as a pilot. On the morning of May 20, 1932, she set off from Newfoundland, with a copy of the *Telegraph-Journal* to verify the date of the flight. Her flight lasted almost 15 hours, during which she contended with mechanical issues and strong winds, and freezing temperatures. In recognition of her achievement, Earhart was awarded the Distinguished Flying Cross from Congress, the Cross of Knight of the Legion of Honor from the French Government and the Gold Medal of the National Geographic Society.

Between 1930 and 1935, Earhart had broken seven women's aviation records, so she set her sights on her biggest goal – to become the first woman to complete a circumnavigational flight of the globe. On June 1, 1937, Earhart and navigator Fred Noonan set off from Miami, but later disappeared over the central Pacific Ocean near Howland Island. Nearly one-and-a-half years after she and Noonan vanished, Earhart was officially declared dead. There has been much <u>speculation</u> about what happened to Earhart and Noonan. Most historians presume that the airplane crashed into the ocean, but several other causes have been proposed, including many conspiracy theories.

15. What is Amelia Earhart best known for?

    (a) piloting the first transatlantic flight
    (b) designing a variety of aircraft
    (c) setting several aviation records
    (d) becoming the first commercial airline pilot

16. How did Earhart first become interested in flying?

    (a) by reading books about aircraft
    (b) by listening to her father's stories
    (c) by attending an aviation event
    (d) by meeting some famous pilots

17. Why probably was Earhart not fully satisfied with her 1928 flight?

    (a) because the journey took longer than expected
    (b) because she did not pilot the airplane herself
    (c) because she received no recognition
    (d) because she landed at the wrong destination

18. What did Earhart do to prove she had completed her transatlantic flight?

    (a) She wrote about her flight in a journal.
    (b) She took a photograph when she landed.
    (c) She allowed a reporter to accompany her.
    (d) She brought a copy of a newspaper.

19. What was Earhart's biggest goal during her lifetime?

    (a) flying across the Atlantic Ocean in the fastest time
    (b) opening the first aviation school for women
    (c) receiving a pilot's license from the FAI
    (d) becoming the first woman to fly around the world

20. In the context of the passage, <u>issued</u> means _____.

    (a) categorized
    (b) provided
    (c) documented
    (d) recommended

21. In the context of the passage, <u>speculation</u> means _____.

    (a) conjecture
    (b) appreciation
    (c) rejection
    (d) expertise

# Newspaper/Magazine Article 신문/잡지 기사

## Part 2의 특징

**1 지문 구성**

- 주제: 사회 과학, 자연 과학, 환경, 기술, 의학, 심리 실험 등에 관해 다루는 정보 전달 목적인 기사문
- 지문의 흐름: 연구 개요 → 연구 계기 → 초기 실험 → 연구 결과/특징 → 연구의 시사점/한계점

**2 문제풀이 순서**

- 제목에 주제와 연구 결과가 언급되어 있기 때문에 제목을 반드시 확인하고 첫 문제를 푼다.
- 질문을 먼저 읽고 키워드를 파악한다.
  > **풀이 포인트** 모든 질문을 한꺼번에 읽는 것이 아니라 하나의 질문을 먼저 읽고 문제를 푼 후, 다음 질문으로 넘어가는 순서로 푸는 것이 포인트!
- 질문의 키워드를 파악하여 지문에서 해당 키워드가 언급된 단락과 문장을 찾는다.
- 지문에 키워드가 언급된 문장을 토대로 지문의 내용이 패러프레이징된 선택지를 찾으며 문제를 푼다.
  > **풀이 포인트** 선택지에서 본문의 키워드와 무관한 내용들을 소거하며 풀어나가는 부분이 포인트!
- 동의어 문제는 밑줄이 그어진 단어가 있는 바로 그 단락에서 풀고 넘어간다.

## Part 2 지문과 문제 구성

**1 지문의 흐름과 질문 유형**

| 단락 | 주요 내용 | 대표 문제 유형 |
|---|---|---|
| 1 | 연구 개요 | What is the article mainly[all] about?<br>What is the main idea of the article?<br>Why (세부 정보)? |
| 2 | 연구 계기,<br>초기 실험 방법/과정 | What did ~? |
| 3 | 연구 결과/특징 | What, Why, How, 사실 확인(true/NOT true) |
| 4 | 연구의 시사점/한계점 | What most likely was the benefit ~?<br>How can [연구 주제] have a significant impact on ~?<br>When ~ beneficial?<br>Why would ~ pose a challenge~? |

| | |
|---|---|
| **60번** | **기사의 주제를 묻는 질문 유형**<br><br>**질문** **What** is the article all **about**?<br><br>**풀이 포인트**<br>질문에서 묻는 기사의 주제를 찾기 위해 반드시 지문의 제목을 먼저 확인해 키워드를 파악하고 첫 단락 유형에서 연구 개요를 확인하여 동일한 내용으로 패러프레이징된 문장을 정답으로 선택한다.<br><br>• 자주 패러프레이징 되는 부분<br>　제목과 첫 단락의 첫 문장 |
| **61번** | **연구의 계기, 방법, 초기 실험에 관련된 세부 정보, 사실 확인 유형**<br><br>**질문** **What** did **the study** seek to **find out**?<br>　　　**How** did the researchers make ~?<br><br>**풀이 포인트**<br>자주 출제되는 질문이 연구 목적 및 연구 방법에 관한 세부정보 또는 사실 확인(true, NOT true) 유형이며, 질문의 키워드를 따라 지문에서 키워드가 패러프레이징된 문장을 찾는다. 고유명사가 언급되면 그 고유명사는 정답의 단서로 쓰이는 경우가 많다.<br><br>• 자주 패러프레이징 되는 패턴<br>　original - previous - early / How ~? (방법은 무엇인가?) → by -ing (방법) |
| **62-63번** | **연구 결과 및 특징에 대한 세부 정보, 일치/불일치(true/not true), 추론 유형**<br><br>**질문** **Which** is **NOT** a conclusion derived from **the follow-up study**?<br>　　　**What** was thought to be **true** ~ ?<br><br>**풀이 포인트**<br>질문의 핵심 키워드를 지문에서 찾는다. 질문에서 언급된 고유명사, 형용사, 부사와 같은 단어가 키워드가 될 수 있으며, 질문에 쓰인 동사는 다른 표현으로 바뀌어 있는 경우가 많으므로 지문과 선택지를 대조하여 오답을 소거하는 방식으로 풀이한다. |
| **64번** | **연구의 시사점, 한계점에 관한 세부정보, 추론 유형**<br><br>**질문** **Why** would the changes **pose a challenge**?<br>　　　**What most likely** was the **benefit** of ~?<br><br>**풀이 포인트**<br>마지막 단락에서 질문의 핵심 키워드를 찾는다. 질문에서 언급된 고유명사, 형용사, 부사와 같은 단어가 키워드가 될 수 있으며, 질문에 쓰인 동사는 다른 표현으로 바뀌어 있는 경우가 많으므로 지문과 선택지를 대조하여 오답을 소거하는 방식으로 풀이한다. |
| **65-66번** | **사전적/문맥적 어휘를 묻는 문제 (PART 1~4 동일)**<br><br>**질문** In the context of the passage, <u>assume</u> means _____. |

# 단락별 필수 암기 어휘

| 연구 개요 및 주제 | research | 연구 | conclude | 결론을 내리다 |
|---|---|---|---|---|
| | prove | 증명하다 | result | 결과 |
| | affect | 영향을 미치다 | reveal | 드러내다 |
| | claim | 주장하다 | proof | 증거 |
| | effect | 효과, 결과 | discussion | 토론 |
| | identify | 확인하다 | find out | 알아내다 |
| | state | 언급하다 | benefit | 혜택, 장점 |
| | indicate | 나타내다 | beneficial | 유익한 |
| | widespread | 만연한, 널리 퍼진 | enhance | 강화하다 |
| | positive | 긍정적인, 양성의 | improve | 향상시키다 |
| | negative | 부정적인, 음성의 | strengthen | 강화 시키다 |
| 연구 계기 초기 실험 방법, 실험 과정 | cause | 야기하다 | participant | 참가자 |
| | previous | 이전의 | subject | 피실험자 |
| | perform | 수행하다 | compare | 비교하다 |
| | effort | 노력 | analyze | 분석하다 |
| | produce | 생산하다, 만들다 | experiment | 실험 |
| | observe | 관찰하다 | examine | 조사[검토]하다 |
| | conduct | 수행하다 | result in | 그 결과 ~가 되다 |
| | characterized | 특징지어진 | derive from | ~에서 유래하다 |
| | scientific | 과학적인 | associated with | ~와 관련된 |
| | journal | 잡지, 학술지 | estimate | 추정하다 |
| | chemical | 화학물질 | equipment | 장비 |
| | optimize | 최대한 적합하게 만들다, 활용하다 | formulate | 만들어 내다 |
| 연구 결과 및 특징 | discover | 발견하다 | damage | 손해, 손상 |
| | significant | 중요한 | decline | 감소(하다) |
| | achievement | 업적, 성취 | diminish | 감소하다 |
| | highlight | 강조하다 | foresee | 예견하다 |
| | trivial | 사소한 | plummet | 급락하다 |
| | breakthrough | 돌파구 | ban | 금지하다 |
| | investigator | 조사자 | fail to 동사원형 | ~하기를 실패하다 |
| | influence | 영향(을 미치다) | applicable to | ~에 적합한, 적용되는 |
| | eminent | 저명한, 탁월한 | confined | 국한된, 제한된 |
| 연구의 시사점, 한계점 | limitation | 한계 | argue | 주장하다 |
| | challenge | 도전(하다) | potential | 가능성, 잠재력 |
| | emphasize | 강조하다 | advantage | 장점, 이점 |
| | conflict | 충돌(하다) | support | 지지하다, 지원하다 |
| | unlock | 드러내다, 해제하다 | potency | 힘, 효능 |
| | application | 적용, 응용 | boost | 북돋우다, 신장시키다 |
| | possibility | 가능성 | reveal | 드러내다, 밝히다 |

# 단락별 필수 암기 문장 패턴

| | |
|---|---|
| **연구 개요 및 주제** | • A recent study conducted by ~ revealed that ~<br>~에 의해 진행된 최근 연구는 ~를 드러냈다.<br>• Studies have shown that ~<br>연구는 ~를 보여줬다.<br>• This condition has been observed ~<br>이 현상은 ~ 관찰되어 왔다. |
| **연구 계기<br>초기 실험 방법,<br>실험 과정** | • The original study aimed to find out ~<br>기존 연구는 ~을 파악하는 것이 목표였다.<br>• Reports have estimated that ~<br>여러 보고서에서 ~라고 추정했다.<br>• To conduct the experiment, researchers subjected ~.<br>이 실험을 하기 위해, 연구원들은 ~을 대상으로 하였다. |
| **연구 결과 및 특징** | • The finding is significant as ~<br>그 연구 결과는 ~이기 때문에 중요하다.<br>• The findings show that ~ influence ...<br>그 연구 결과는 ~가 ...에 영향을 준다는 것을 보여준다.<br>• It was triggered by the discovery of ~<br>그것은 ~의 발견에 의해 촉발되었다.<br>• The finding[study] could also shed light on ~<br>그 결과[연구]는 또한 ~을 밝혀낼 수도 있다. |
| **연구의 시사점,<br>한계점** | • The discovery strongly suggests that ~<br>그 발견은 ~라는 것을 강력히 시사한다.<br>• It can further help them ~<br>그것은 그들이 ~하는 데 더 많은 도움을 줄 수 있다.<br>• There was a significant difference in ~<br>~사이에 유의미한 차이점이 있었다.<br>• The findings may explain why ~<br>그 연구 결과는 왜 ~인지를 설명할 수도 있다.<br>• It is proving to be ~<br>그것은 ~임을 증명하고 있다.<br>• The researchers are investigating if ~ will prevent...<br>연구자들은 ~가 ...를 예방할 것인지에 대해 조사하고 있다.<br>• ~ faces great challenges<br>~는 큰 과제들을 마주하고 있다.<br>• The discovery[findings] can be a motivation for ~<br>그 발견[결과]은 ~에 대한 동기 부여가 될 수 있다.<br>• The inventors must face ~<br>발명가들은 ~에 맞서야 한다.<br>• Studies have identified that ~<br>여러 연구는 ~라는 것을 확인하였다. |

# Part 2 공략 연습

# WORKING FROM HOME: A FAILED EXPERIMENT?

**1. 현상에 대한 연구 주제 및 결과 설명** ≫≫ 60. What did the study find out?

According to a recent study conducted by Microsoft, the shift to remote working that was necessitated by the Covid-19 pandemic may not be a viable long-term working arrangement. The corporation carried out `60번 단서` **an extensive study**, involving more than 100,000 employees of a wide variety of companies, and **found that almost two-thirds of workers were dissatisfied with the lack of "in-person time" they currently have with their team members.** Furthermore, `60번 단서` **almost 40 percent of those involved in the study complained that their respective companies were placing far too many demands on them when they are working from home.**

**2. 연구의 주요 결과 및 특징 ①**

≫≫ 61. Why has remote working caused exhaustion in some workers?

Approximately half of those surveyed stated that they feel overworked and just under 40 percent believe `61번 키워드` **they have suffered from mental and physical exhaustion** since moving to a remote working role. Several factors have contributed to this. Meetings are considerably longer, the frequency of online work chats has increased by 48%, and **35 million more emails are sent out per month by managers compared with the average number sent per month two years ago.**

**3. 연구의 주요 결과 및 특징 ②, ③**

≫≫ 62. What is surprising about younger workers compared with older workers?

≫≫ 63. How can a lack of close interactions affect a work team?

**One somewhat surprising finding of the study is that dissatisfaction with remote working seems to more significantly affect** `62번 키워드` **younger generations of workers.** In fact, 60 percent of workers aged between 35 and 55 said they are thriving in their remote working roles, whereas only 32% of those aged between 18 and 25 shared the same <u>view</u>. Most of these younger employees stated that they struggle to balance work with social and family time, have difficulty feeling engaged or excited about work, and struggle to find opportunities to offer their input during work meetings. **These findings strongly indicate that remote working is having a detrimental effect on innovation. When** `63번 키워드` **close team interactions diminish over time, it is increasingly hard for employees to feel confident enough to put forward new ideas,** and this results in a work environment that is governed by a groupthink mentality rather than one where new ideas are encouraged and welcomed.

**4. 연구의 시사점, 개선점** ≫≫ 64. What step has Citigroup taken to help remote workers?

Several large companies have already taken steps to address such worrying trends. `64번 키워드` **Citigroup recently implemented a "Zoom Free Friday" policy to give its employees more time away from their screens once a week**, and LinkedIn has provided its staff members with an additional paid week of annual leave to deal with additional stress that results from remote working.

**5. 연구의 향후 시사점 및 현황**

However, the remote working trend is likely to continue, largely because it has proven beneficial to large corporations such as Google, Amazon, and even Microsoft itself. For such companies, having employees work from home ties their customers even further to their cloudbased collaboration subscription models. In addition, large media corporations and online retailers are enjoying the increased traffic and <u>surge</u> in purchases brought about by the increase in bored, unsupervised workers.

60. What did the study find out?

전략 적용 제목과 첫 단락에서 단서를 찾는다.

(a) that more workers want to work from home
(b) that customers prefer to deal with staff in person
(c) that working from home is negatively affecting workers
(d) that remote workers are more productive than office workers

61. Why has remote working caused exhaustion in some workers?

전략 적용 단락2의 "exhaustion"이 언급된 부분에서 정답 단서 찾기

(a) because employees often work through the night
(b) because workers have no time to attend meetings
(c) because employees have more e-mails to deal with
(d) because workers typically need to wake up earlier

62. What is surprising about younger workers compared with older workers?

전략 적용 단락 3의 "younger generation"이 언급된 부분에서 나이 차이에 따른 연구 결과 확인하기

(a) They are typically more productive.
(b) They have more experience in working from home.
(c) They are less satisfied with remote working.
(d) They tend to be more engaged during meetings.

63. How can a lack of close interactions affect a work team?

전략 적용 단락 3에서 "close interactions"가 언급된 부분에서 정답의 단서 찾기

(a) by encouraging independent thinking
(b) by decreasing innovation
(c) by improving teleconferencing skills
(d) by causing disputes

64. What step has Citigroup taken to help remote workers?

전략 적용 마지막 단락의 "Citigroup"이 언급된 문장에서 관련 내용 확인하기

(a) giving them an extra week off work
(b) increasing their annual salaries
(c) inviting them to regular social events
(d) allowing them time away from their computers

65. In the context of the passage, <u>view</u> means _____.

(a) opinion
(b) advantage
(c) sight
(d) diagram

전략 적용 어휘 문제는 마지막에 푸는 것이 아니라 어휘가 포함된 문장과 문단에서 바로 풀기

66. In the context of the passage, <u>surge</u> means _____.

(a) expense
(b) charge
(c) rise
(d) balance

1. By knowing how the brain works, people can achieve resolutions more easily. **One of the best ways to form new habits and to feel good about doing them is to focus on only one goal at a time and, if the goal is a large one, to break it down into smaller, easier-to-achieve tasks.**

   (a) People should try not to make too many changes at once to build their new habits.
   (b) People should complete the most complicated tasks first to achieve their resolutions.
   (c) People should avoid rushing through the smaller steps to focus on a goal.
   (d) People should share plans with as many people as possible to feel positive about their resolutions.

   정답 (a)

   해설 (a) build their new habits는 form new habits와 같은 의미를 나타내며, 해당 문장에서 새로운 습관을 형성하고 그 습관을 하는 것에 대해 기분이 좋아지기 위한 가장 좋은 방법 중 하나는 한번에 하나의 목표에만 집중하는 것이라고(to focus on only one goal at a time) 언급되어 있으므로, 이를 한번에 많은 변화를 일으키지 않는 것으로 바꿔 나타냈으므로 정답이다.
   (b) 가장 복잡한 일을 먼저 완료하는 것에 대해 언급된 것이 없으므로 오답으로 소거한다.
   (c) the smaller steps는 break ~ down into smaller ~ tasks와 같은 의미로 볼 수 있지만 그것을 신속하게 처리하는 것을 피하라(avoid rushing through)는 내용은 지문에 언급되어 있지 않으므로 오답으로 소거한다.
   (d) 자신의 목표를 다른 사람과 공유하는 것에 대해 언급된 것이 없으므로 오답으로 소거한다.

2. **A study by the University of Washington set out to confirm the effects of adjusting school starting hours.** For a period of two weeks, researchers worked with two sets of approximately ninety students each from two different high schools. One group followed the usual class schedule of starting at 7:50 a.m., and the other started almost an hour later, at 8:45 a.m.

   (a) The research was conducted to assess the effects of reduced homework.
   (b) The research was conducted to confirm the connection between phone use and sleep.
   (c) The research was conducted to verify the benefits of delayed school starts.
   (d) The research was conducted to disprove a link between class size and performance.

   정답 (c)

   해설 (a) 숙제의 양을 줄이는 것과 관련 없는 내용이므로 오답이다.
   (b) 휴대폰 사용과 수면의 연관성과 관련 없는 내용이므로 오답이다.
   (c) 지문의 마지막에 실험에 참가한 두 그룹 중 한 그룹이 한 시간 늦게 학교 수업을 시작했다는 내용이 있으므로 첫 문장에 언급된 adjusting school starting hours가 delayed school starts와 동일한 의미임을 알 수 있으므로 정답이다.
   (d) 학급의 크기와 성적의 연관성과 관련 없는 내용이므로 오답이다.

**3.** Another major benefit to businesses is the potential to reduce operating costs. **With employees working from home, there is no need to budget for renting office space. This is especially handy for smaller businesses that may be operating in high-rent areas.** One study estimated that businesses could save an average of $10,000 per employee per year with full-time remote working options.

(a) A small business with remote working model can spend less time searching for a suitable office space.
(b) Working from home can encourage employees to use their own computers.
(c) Remote working model can help a small business avoid facing unnecessarily high operating costs.
(d) A small business with part-timers working from home can allow managers to focus on expanding their departments.

정답 (c)
해설 (a) 원격 근무 모델은 지문에서 언급된 재택 근무(working from home)와 같은 의미이지만, 사무실 물색에 시간이 덜 든다는 내용은 언급되지 있지 않으므로 오답이다.
(b) 직원 개인 소유의 컴퓨터 사용에 관해서 언급된 것이 없으므로 오답이다.
(c) 불필요하게 높은 운영 비용을 피할 수 있다는 것은 높은 사무실 임대료를 지불하지 않아도 된다는 것이므로 임대료가 높은 지역에 사무실을 임대할 필요가 없다는 의미이다. 지문에서 언급한 사무실 공간에 대한 예산을 잡을 필요가 없다는 것과 같은 의미이므로 정답이다.
(d) 시간제 근무자나 관리자들의 부서 확장에 관한 내용이 언급되지 않았으므로 오답이다.

**4.** For much of human history, birthdays were not celebrated at all. **The first reference to such a celebration is the Bible's description of an Egyptian pharaoh's birthday that took place around 3000 BCE.** However, it is likely that this celebration did not mark the pharaoh's birth date, but rather the date when he became ruler of Egypt and was thus born again as a god.

• The first historical mention of a birthday celebration was _____.

(a) a tale inscribed on an ancient tablet
(b) a story told in a religious text
(c) a letter written by a famous ruler
(d) a poem dedicated to the gods

정답 (b)
해설 (a) 지문에 언급된 성경(the Bible)은 고대 석판(an ancient tablet)이 아닌 책의 형태이므로 오답이다.
(b) 지문에 성경에서의 묘사(the Bible's description)를 종교 서적에 있는 이야기로 패러프레이징하였으므로 정답이다.
(c) 지문에 언급된 성경은 편지가 아닌 책의 형태이므로 오답이다.
(d) 지문에 언급된 성경에서의 묘사는 신에게 바쳐진 시(a poem dedicated to the gods)가 아니라 이집트의 파라오의 생일에 관한 것이므로 오답이다.

## RESEARCH SHOWS RISKS TO GENERAL PRACTITIONERS

A recently published study indicates that general practitioners (GPs) are putting their own lives at risk because they typically spend more time sitting down than the majority of other workers and professionals.

The study was a collaboration between the University of Southern Denmark, Ulster University, and Queen's University Belfast. The researchers found that, during an average working day, GPs remain seated for more than 10 hours. This makes them highly susceptible to cardiovascular disease and other health problems that can stem from excessive sedentary behavior.

Being seated for prolonged periods is believed to reduce metabolic rate, which has an <u>adverse</u> effect on the body's ability to break down fat and regulate blood sugar. Extensive prior research has shown a clear link between physical inactivity and obesity, type 2 diabetes, and several fatal health conditions. In order to monitor the amount of time GPs spend being physically inactive, the researchers conducted regular interviews with more than 350 participating GPs, and asked each of them to wear an accelerometer device for one week. On average, the GPs spent 10 and a half hours per day seated at a desk, which is similar to individuals who work in the telecom and educational industries.

The researchers <u>determined</u> that the biggest factor in the high level of sedentary time among GPs is workload. The study shows that sedentary time had significantly increased due to a significant rise in telephone consultations with patients following the Covid-19 pandemic.

1. Why are GPs at risk of serious health conditions?

   (a) They work for too many days per week.
   (b) They come into contact with infectious patients.
   (c) They sit for long periods while working.
   (d) They stare at screens for prolonged periods.

2. What is one way that the researchers obtained data?

   (a) talking with GPs
   (b) taking blood tests
   (c) surveying patients
   (d) installing cameras

3. How has Covid-19 affected the workload of GPs?

   (a) longer working days
   (b) more calls from patients
   (c) less time to complete reports
   (d) more patient visits at home

4. In the context of the passage, <u>adverse</u> means _____.

   (a) opposite
   (b) negative
   (c) unknown
   (d) extreme

5. In the context of the passage, <u>determined</u> _____.

   (a) strived
   (b) encouraged
   (c) assumed
   (d) concluded

# SPECIES POPULATIONS IN SERIOUS DECLINE

Extreme changes in species populations are important <u>indicators</u> of planetary health and often show severe problems in the relationship between humans and the natural world. Over the past 50 years, global population sizes of mammals, fish, birds, reptiles, and amphibians have declined an average of 68%, and populations throughout Latin America and the Caribbean have declined by 94% on average.

Humanity is the main underlying cause for the decline in species populations. Due to the rapid growth of human consumption, population, and urbanization, natural resources are being used up faster than they can be replenished. This has a severe impact on biodiversity and the strength of ecosystems. The main reason behind the loss of biodiversity is the conversion of natural habitats, including <u>pristine</u> forests and grasslands, into land used for agricultural purposes. Furthermore, while climate change is not yet a significant driver of biodiversity loss, it is expected to become the primary cause over the next few decades

Although natural habitats are being destroyed and altered at an unprecedented rate, experts claim that the declining trends in species populations can be dramatically slowed and reversed if specific actions are taken. For instance, on a global scale, humanity must reduce food production and consumption, aggressively tackle climate change, and invest more in environmental conservation and protection.

6. Based on the article, what is true about Latin America?

(a) It has more species than other regions of the world.
(b) It has experienced extreme population decline.
(c) It has shared many species with the Caribbean.
(d) It is home to more amphibians than mammals.

7. What is currently the main cause of biodiversity loss?

(a) the changing global climate
(b) the lack of rainfall
(c) the hunting of endangered species
(d) the loss of natural habitats

8. What may reduce the rate of population decline?

(a) increased global food production
(b) investment in environmental programs
(c) construction of new farms
(d) interbreeding between species

9. In the context of the passage, <u>indicators</u> means _____.

(a) alternatives
(b) methods
(c) results
(d) signs

10. In the context of the passage, <u>pristine</u> _____.

(a) remote
(b) ideal
(c) safe
(d) dense

# SOLVING THE MYSTERY OF EUROPEAN EEL MIGRATION

A team of researchers led by the Environment Agency has shed new light on the lifecycle of critically endangered European eels and how to slow down and possibly reverse their decline. The Environment Agency worked alongside the Zoological Society of London, the Government's Department of Environment, Food and Rural Affairs(Defra), Centre for Environment, Fisheries and Aquaculture Science(Cefas), Natural England, the University of Azores and the Denmark University of Technology on a ground-breaking research project that has helped to solve one of nature's most perplexing questions: where exactly do European eels spawn and how do they get there?

The European eel is now categorized as an endangered species, as the number of eels returning to Europe's rivers has decreased by at least 95% since the 1980s. While very little prior re-search has been conducted on the species and its migration habits, the European eel is a globally important species and the recent research will ensure that effective protection measures are put in place to combat the species' population decline.

European eels embark on an astonishing journey of approximately 10,000 kilometers in order to reach their breeding site in the Sargasso Sea. This is regarded as one of the most impressive examples of animal migration observed in nature, but the details of this <u>feat</u> have baffled scientists for centuries. In fact, the first recorded evidence of research on this phenomenon dates as far as the 4th century BC. Now, the Environment Agency has published the first ever clear data showing how European eels navigate the final 2,500 kilometers of their migration route. Prior to this research project, no actual eels or eggs had been found to confirm this spawning ground.

Members of the research team attached satellite tags to 26 large female European eels and then released the eels from the Azores into the Atlantic Ocean. Some of these tags were programmed to detach and transmit data at various periods, ranging from 6 months to a year, in order to provide valuable data from each part of the eels' journey. When researchers compiled the data that had been transmitted, they found that the eels migrated consistently towards the Sargasso Sea. The most remarkable finding, however, was that this journey to their breeding grounds takes over a year. The data also showed that, after spawning in the Sargasso Sea, the larvae of the eels utilize ocean currents on the North Atlantic Drift to return to the United Kingdom and other European waters via a different route, before migrating into rivers as glass eels.

By gaining a clearer understanding the navigation mechanisms, and migration routes, the research team has taken a huge step forward in determining the reasons behind the European eel's decline, and the research will <u>serve</u> as a foundation for establishing targeted conservation measures to protect this species.

1.  What was one aim of the research project?

    (a) to learn about mating behavior of
        European eels
    (b) to relocate European eels to a safer
        habitat
    (c) to identify spawning sites of European
        eels
    (d) to calculate the global population of
        European eels

2.  Based on the article, what is true about the
    European eel?

    (a) Its migration routes have been heavily
        researched.
    (b) Its young have a low chance of survival.
    (c) Its habitat is under threat of pollution.
    (d) Its numbers have significantly declined.

3.  Why was there a lack of previous data on
    European eel migration?

    (a) because no actual evidence had been
        supported
    (b) because the eels live in remote regions
    (c) because migration routes changed
        regularly
    (d) because the species was identified
        only recently

4.  How did the researchers track the
    movement of eels?

    (a) by visiting several breeding sites
    (b) by equipping eels with tracking devices
    (c) by comparing previous research studies
    (d) by catching eels in the Atlantic Sea

5.  How do young eels return to Europe after
    spawning?

    (a) They follow older eels in their group.
    (b) They travel along the coastlines.
    (c) They use the currents of the ocean.
    (d) They navigate using the position of the
        sun.

6.  In the context of the passage, <u>feat</u>
    means _____.

    (a) celebration
    (b) achievement
    (c) obstacle
    (d) procedure

7.  In the context of the passage, <u>serve</u>
    means _____.

    (a) order
    (b) attain
    (c) raise
    (d) function

# THE FUTURE OF ADVERTISING

When considering the future of digital advertising, you might assume that new, revolutionary technology may play a role, but most of the trends that will dominate digital advertising over the next decade have already begun. The only thing that remains unclear is which of these trends will have the most significant <u>impact</u> on the industry.

One of the key aspects of digital advertising over the next ten years will be "storitization." This refers to advertising that incorporates a narrative, which includes key plot points attached to it. These days, advertisers care less about bombarding customers with the technical specs of their products and more about making consumers feel specific emotions when they think about or interact with their products. The most common way to elicit strong emotions in potential customers is to build advertising narratives that address various social issues such as racism, bullying, and gender issues.

Another trend that will dominate digital advertising going forward is personalization. Advertisers no longer attempt to create broad advertising campaigns that are designed to connect with everyone in the same way. Recently, we have seen a shift to smaller, personalized advertisements, and this is likely to become increasingly common and more focused. The reason for this is that consumers respond better to content that seems to be tailored just for them. In order to do this, advertisers utilize artificial intelligence and monitor the browsing habits and preferences of their target demographics.

The use of AI-powered systems is one area which could prove to be problematic and controversial. AI-powered systems will be able to predict user behavior to a larger extent than a user may have <u>consented</u> to. At present, it is still relatively easy for users to opt out of sharing their personal data and allowing it to be stored. However, if one's data is used to train artificial intelligence, the deletion of the source data may not be enough, because the results such AI delivers will still be influenced by data that a company no longer has rights to.

Lastly, one of the largest influences on digital marketing will be the continued rise of superapp developers. Superapps are mobile applications that function like complete operating systems, allowing users to perform most of their daily online tasks within one environment. So far, most of these superapps have been developed in Asian countries, where mobile phone use is exceedingly high, with the most prominent superapp being WeChat. Superapps like WeChat essentially combine the likes of Uber, Amazon, and Airbnb into one app. For most users, these superapps fulfill their entire Internet needs, which means that users spend most of their online time there. Accordingly, whoever operates advertising in these superapps potentially controls marketing in entire populations.

8. Based on the article, what is true about digital advertising in the future?

    (a) It will become increasingly expensive.
    (b) It will be based on existing trends.
    (c) It will create many employment opportunities.
    (d) It will require more advanced hardware.

9. What is one way that advertisers use storitization?

    (a) promoting technical specifications of products
    (b) collecting data from previous customers
    (c) increasing revenue from advertising
    (d) focusing on social issues in ads

10. Why have digital advertisers stopped making broad ad campaigns?

    (a) because personal advertisements are more effective
    (b) because artificial intelligence systems are not advanced enough
    (c) because they cost too much money to produce
    (d) because they are ineffective in foreign markets

11. How could AI-powered systems be controversial?

    (a) by introducing viruses to personal computers
    (b) by copying data from a company's competitors
    (c) by using data a company is not responsible legally
    (d) by accessing a user's personal e-mail account

12. What is a benefit of superapps?

    (a) improving personal data security
    (b) eliminating unwanted advertisements
    (c) incorporating several services into one app
    (d) lowering the prices of in-app purchases

13. In the context of the passage, impact means _____.

    (a) collision
    (b) fault
    (c) strategy
    (d) effect

14. In the context of the passage, consented means _____.

    (a) disputed
    (b) excluded
    (c) agreed
    (d) recommended

# NEW PLANET COULD SUPPORT LIFE

Researchers at Belgium's University of Liège announced that they recently identified a new "super-Earth" planet that may meet the requirements for supporting life. Approximately 1,600 super-Earths are currently known, all of which are larger than Earth, but lighter than icy planets such as Neptune and Uranus.

The ULiège researchers found the planet, which has been named LP 890-9c, while using Earth-based telescopes to confirm the existence of a different planet, LP 890-9b, which was initially discovered by NASA's Transiting Exoplanet Survey Satellite (TESS) in the same solar system. LP 890-9b is roughly 35% larger than Earth and orbits its sun in just 2.7 days. TESS searches for exoplanets orbiting nearby stars by tracking the light levels of thousands of stars. New planets are detected when they pass in front of one of those stars, causing the light levels to dim.

Whenever TESS detects a new planet, a follow-up analysis with ground-based telescopes is required to refine the size and orbital measurements of the potential planet. ULiège scientists took NASA's findings and used their telescopes in Chile and Spain to take closely examine the planet with high-precision cameras. During their analysis, they discovered another planet, LP 890-9c, which is approximately 40% larger than Earth and takes 8.5 days to orbit its sun. This orbital period places LP 890-9c within the conservative habitable zone which is necessary to support life.

The discovery was announced in a research paper co-authored by Francisco Pozuelos, a researcher at the Institute of Astrophysics of Andalusia. Pozuelos hypothesized that the planet could be suitable for life, despite being only 3.7 million miles from its sun, LP 890-9. To put that distance in perspective, Earth is located over 93 million miles away from its sun. According to Pozuelos, "Although LP 890-9c orbits very close to its star – 10 times shorter than the distance between Mercury and our own Sun – it receives a relatively low amount of stellar irradiation, which means that liquid water may be present on the planet's surface, assuming the planet has <u>sufficient</u> atmosphere." He added, "This low level of stellar radiation is because LP 890-9 has a surface temperature that is roughly half that of our Sun's, and it is about 6.5 times smaller."

Some scientists have <u>urged</u> caution, however, noting that being situated within a habitable zone does not necessarily guarantee the existence of life. For instance, in our own solar system, Venus is located in the so-called habitable zone around our Sun, yet it is a carbon dioxide-rich, 500-degree-Celsius planet that cannot sustain any life. Professor Amaury Triaud, an astronomer at the University Birmingham, explained, "A habitable zone is merely a concept describing the potential for any planet within the zone to have a surface temperature that allows water to remain in liquid form for billions of years, but this is based on the assumption that the planets have similar geological and atmospheric conditions as Earth."

15. What is the article mainly about?

    (a) the history of the solar system
    (b) the launch of a new satellite
    (c) the renaming of a star
    (d) the discovery of a new planet

16. How does TESS detect the presence of potential planets?

    (a) by sending probes into remote solar systems
    (b) by monitoring decreases in light from stars
    (c) by tracking changes in orbital routes
    (d) by taking samples of planetary atmospheres

17. Why are follow-up analyses performed on TESS findings?

    (a) to eliminate any unnecessary data
    (b) to prepare data for publication
    (c) to confirm the date on which data were received
    (d) to check measurements more accurately

18. Why does Francisco Pozuelos believe LP 890-9c may support life?

    (a) because it is located 93 million miles from its star
    (b) because it has an atmosphere that is rich in oxygen
    (c) because it has no geographic similarities to Mercury
    (d) because it receives relatively low levels of radiation

19. Why is Venus mentioned in the article?

    (a) to give an example of an uninhabitable planet
    (b) to compare its size to that of LP 890-9c
    (c) to suggest that it should be studied in greater depth
    (d) to describe recent changes in its atmosphere

20. In the context of the passage, <u>sufficient</u> means _____.

    (a) competent
    (b) limited
    (c) probable
    (d) adequate

21. In the context of the passage, <u>urged</u> means _____.

    (a) strived
    (b) encouraged
    (c) attained
    (d) predicted

# Encyclopedia Article 백과사전

## Part 3의 특징

**1  지문 구성**

- 주제: 동물, 식물, 역사, 사회적 현상, 과학, 환경, 기술, 역사적 발견 등 매우 다양한 분야에 관해 다루는 백과사전 지식
- 지문의 흐름: 주제 소개, 정의 → 주제와 관련된 역사 또는 기원 → 세부 특징 → 현황, 의의, 시사점, 과제

**2  문제풀이 순서**

- 질문을 먼저 읽고 키워드를 파악한다.

  **풀이 포인트** 문제 풀이 시 모든 질문을 읽는 것이 아니라 하나의 질문을 먼저 읽고 문제를 푼 후, 다음 질문으로 넘어가는 순서로 푸는 것이 포인트!

- 실분의 키워드를 파악하여 지문에서 해당 키워드가 언급된 단락과 문장 또는 패러프레이징이 된 문장을 찾는다.
- 지문에 키워드가 언급된 문장을 토대로 지문의 내용이 패러프레이징된 선택지를 찾으며 문제를 푼다.

  **풀이 포인트** 선택지에서 지문의 키워드와 무관한 내용들을 소거하며 푸는 것이 포인트!

- 동의어 문제는 밑줄이 그어진 단어가 있는 바로 그 단락에서 풀고 넘어간다.
- 지문의 주제(제목과 동일)와 관련된 세부 특징이 언급된 단락에서 세부 정보 또는 사실 확인(일치/불일치) 유형이 자주 출제되므로 각 선택지의 내용을 해당 단락에서 확인해야 한다.

## Part 3 지문과 문제 구성

**1  지문의 흐름과 질문 유형**

| 단락 | 주요 내용 | 대표 질문 유형 |
|---|---|---|
| 1 | 주제 소개, 정의 | What is the article mainly[mostly] about?<br>What is ~ (famous/known for)? |
| 2 | 주제와 관련된 역사 또는 기원 | Why was ~ made/built?<br>Why most likely ~ adopt ~?<br>How ~ built/made? |
| 3 | 세부 특징 | What, Why, How, 사실 확인(true, NOT true) |
| 4 | 현황, 의의, 시사점, 과제 | What most likely[probably] ~?<br>What ~ effects ~? |

| | |
|---|---|
| **67번** | **주제를 묻는 질문**<br><br>[질문] **What** is the article **mainly about?**<br>  **What** is ~ **famous for?**<br><br>[풀이 포인트]<br>지문의 첫 단락에서 주제 소개나 정의가 설명된 부분을 확인하여 해당 내용과 동일한 의미를 나타내기 위해 패러프레이징된 선택지를 정답으로 선택한다. |
| **68번** | **주제와 관련된 역사 또는 기원에 관한 세부 정보**<br><br>[질문] **Why** was ~ **built?**<br>  **Why** did ~ **start** making/designing ~?<br><br>[풀이 포인트]<br>역사나 기원과 관련해 묻는 세부정보 유형 위주로 출제되며, 두 번째 단락에 제시된 특정 정보가 패러프레이징된 선택지를 정답으로 고른다.<br><br>◦ 자주 패러프레이징 되는 패턴<br>  popular = many people visit   avoid = prevent   report = document<br>  known to the public = reported = published in a newspaper |
| **69-70번** | **대표적인 특징과 관련된 세부 정보 및 사실 확인(일치/불일치), 추론 유형**<br><br>[질문] **Why most likely** was ~ **enforced?**<br>  **What** is NOT true[mentioned] about ~?<br>  **What** is the author **implying**~?<br><br>[풀이 포인트]<br>질문의 키워드를 지문에서 찾는다. 질문에 언급된 고유명사, 형용사, 부사와 같은 단어가 키워드가 될 수 있으며, 질문에 쓰인 동사는 다른 표현으로 바뀌어 있는 경우가 많으므로 지문의 정보와 선택지를 대조하여 오답을 소거하는 방식으로 풀이한다. |
| **71번** | **현황, 의의, 시사점, 한계점**<br><br>[질문] **What happens** to ~?<br>  **Why** is still ~?<br>  **How** is ~ considered **today?**<br>  **What** is ~ doing?<br><br>[풀이 포인트]<br>마지막 단락에서 질문의 키워드를 찾는다. 질문에서 언급된 고유명사, 형용사, 부사와 같은 단어가 키워드가 될 수 있으며, 질문에 쓰인 동사는 다른 표현으로 바뀌어 있는 경우가 많으므로 지문과 선택지를 대조하여 오답을 소거하는 방식으로 풀이한다. |
| **72-73번** | **사전적/문맥적 어휘를 묻는 문제 (PART 1~4 동일)**<br><br>[질문] In the context of the passage, <u>assume</u> means _____. |

# 단락별 필수 암기 어휘

| 주제 소개, 정의 | psychological | 심리학적인 | originate from | ~에서 비롯되다 |
|---|---|---|---|---|
| | phenomenon | 현상 | date back to | (시간을) ~로 거슬러 올라가다 |
| | reception | 환영, 반응, 평판 | workplace | 직장, 업무 현장 |
| | sensational | 선풍적인 | given by | ~에 의해 주어진 |
| | controversial | 논란의 여지가 있는 | secure | ~을 얻다, 획득하다 |
| | history | 역사 | feature | ~을 특징으로 하다 |
| | lead to | ~로 이어지다 | defensive | 방어적인 |
| | derive from | ~에서 유래하다 | promotional | 홍보의 |
| | referred to | ~라고 일컬어지는 | orchestrate | ~을 조직하다 |
| | ancient | 고대의 | public relations | 대중 홍보 |
| | be designed[built] | 고안되다[지어지다] | be characterized by | ~로 특징지어지다 |
| 주제와 관련된 역사 또는 기원 | notable for | ~로 유명한 | convert A into B | A를 B로 전환하다 |
| | feat | 업적, 위업 | capability | 능력, 역량 |
| | practice | 실행, 실천 | customized | 맞춤 제작된 |
| | seek (sought) | 추구하다 (과거형) | origin | 기원 |
| | consumer | 소비자 | be regarded as | ~로 여겨지다 |
| | demand | 수요 | benefit from | ~에서 이익을 얻다 |
| | take advantage of | ~을 이용하다 | remarkable | 놀랄 만한 |
| | execute | ~을 실행하다 | independence | 독립 |
| | derive from | ~에서 유래하다 | initially | 처음에, 애초에 |
| 세부 특징 | be composed of | ~로 구성되다 | settlement | 합의, 해결 |
| | consist of | ~로 구성되다 | pension | 연금, 수당 |
| | influence | ~에 영향을 주다 | intact | 온전한 |
| | reliable | 신뢰할 만한 | vegetation | 초목, 식물 |
| | dubbed | 별명이 붙여진 | acknowledge | ~을 인정하다 |
| | lawsuit | 소송 | expedition | 탐험, 원정 |
| | obstacle | 장애물 | financial ties | 재정적 관계 |
| | tactics | 전략 | skyrocket | 급등하다 |
| | trial | 재판, 공판, 실험 | industry | 산업 |
| 현황, 의의, 시사점, 과제 | subsequent | 후속의 | awareness | 인식 |
| | introduction | 소개, 도입 | hazard | 위험성 |
| | relevance | 관련성 | enhancement | 향상, 강화 |
| | declare | 선언하다 | standard | 기준 |
| | pave a way for | ~의 길을 닦다 | term | 조건, 기간, 용어 |
| | credit | ~의 공으로 돌리다 | decommission | ~을 해체하다 |
| | regardless of | ~와 상관없이 | reportedly | 소문에 따르면 |
| | practical | 현실적인, 실질적인 | reaction | 반응 |
| | appropriate | 적절한 | association | 연대, 제휴, 협회 |

# 단락별 필수 암기 문장 패턴

| 주제 소개, 정의 | • ~ is the best-known... ~는 가장 많이 알려진 ...이다<br>• ~ is the world's most... ~는 세계에서 가장 ...하다<br>• ~ is also known as... ~는 또한 ...로 알려져 있다<br>• ~ was designed by... ~는 ...에 의해 고안되었다<br>• ~ is located in/on... ~는 ...에 위치해 있다 |
|---|---|
| 주제와 관련된 역사<br>또는 기원 | • ~ was discovered by ... ~는 ...에 의해 발견되었다<br>• ~ can be found in ... ~는 ...에서 발견될 수 있다<br>• ~ began on... ~는 ...때 시작되었다<br>• date back to [시간]: ~까지 거슬러 올라간다<br>• There is no agreement about the origins of ~ ~의 기원에 대해 일치된 의견은 없다<br>• ~ had previously introduced... ~는 이전에 ...으로 도입되었다<br>• originate[derive] from ~에서 유래하다 |
| 세부 특징 | • is made up of / is composed of / consist of ~로 구성되어 있다<br>• ~ is characterized by... ~는 ...로 특징 지어진다<br>• ~ is considered one of [최상급]: ~는 가장 ...한 것 중 하나로 여겨진다<br>• result in ~ ~를 초래하다<br>• growth was so quick that... 성장이 너무 빨라서 ...했다<br>• increasing ~ to... by [연도]: ~가 [연도]에 ...까지 증가했다<br>• It is now believed that / It is believed to ~ 그것은 오늘날 ~로 여겨진다 |
| 현황, 의의,<br>시사점, 과제 | • ~ was chosen as... ~는 ...로 선정되었다<br>• ~ have positive[negative] effects[impacts] on ~ ~에 긍정적인[부정적인] 영향을 미치다<br>• The phenomenon can also be seen in ~ 그 현상은 ~에서도 또한 보여질 수 있다<br>• Public interest in ~ spread globally ~에 대한 대중들의 관심이 세계적으로 퍼졌다<br>• ~ was organized into... ~는 ...로 조직되었다<br>• ~ accepted its growing popularity ~는 점점 인기가 증가했다<br>• ~ became popular in... ~가 ...에서 인기를 얻게 되었다<br>• ~ may soon be endangered/extinct ~는 곧 멸종될 수 있다<br>• Since then, it has continued to ~ 그 이후로, 그것은 계속해서 ~ 해왔다<br>• ~ estimates that there are around [숫자]: ~는 [숫자] 정도가 있는 것으로 추정한다 |

# LA RINCONADA

**1. 주제 소개** >>> 67. What is La Rinconada known for?

La Rinconada is a town situated beside a large a gold mine in the Ananea District of the Peruvian Andes. It is 67번 키워드 **known for its location, which is 5,100 meters above sea level and it is the highest town in the world that serves as a permanent home to settlers.** Occasionally sources claim falsely that it is almost 5,300 meters above sea level. *National Geographic* estimated that the town's population increased considerably between 2001 and 2009. Now, what was once a small gold prospector camp is a busy town populated by approximately 30,000 people.

**2. 세부 특징 ①** >>> 68. Based on the second paragraph, what is true about the climate of La Rinconada?

Given its high altitude, La Rinconada has an alpine tundra climate. Throughout the entire year, the mean temperature never comes close to the 10 °C threshold that would facilitate tree growth. Being situated so far above the tree line, La Rinconada is highly unique in its high elevation and population. The only comparable city in terms of elevation and population would be Nagqu, and that is 500 meters closer to sea level. 68번 키워드 **Climatic conditions in La Rinconada have more in common with the west coast of Greenland than they do with somewhere that is only 14 degrees from the equator.** Summers are generally rainy, while winters are rather dry, and night temperature fall below freezing all year round, often bringing heavy snowfall.

**3. 세부 특징 ②** >>> 69. How does the mining corporation compensate its workers?

The local economy of La Rinconada is largely centered around mining and gold production. The gold mine is owned by Corporación Ananea and employs several thousand locals. Many of the workers are attracted by the cachorreo work system employed by the mine. **Under this system, miners they work unpaid for 30 days, and then work for one full day on which they are allowed to take as much ore as they can carry for themselves. On this day, typically at the end of each month,** 69번 키워드 the mining corporation **tolerates the pocketing of nuggets or promising** chunks **of rich ore.** However, whether or not these contain anything of value is a matter of luck, and many miners end up not being compensated for their work. Although women are prohibited from working in-side the mine, some women are employed outside the mine as *pallaqueras*, and it is their job to sift through discarded rocks and debris in an effort to find something of value.

**4. 세부 특징 ③**

>>> 70. Based on the fourth paragraph, what causes health problems for the inhabitants of La Rinconada?

Due to the town's remoteness and harsh climate, inhabitants of La Rinconada face several hardships all year long. Moreover, the town lacks proper plumbing and sanitation systems, so waste build-up and disposal pose major problems. 70번 키워드 **Another significant problem is hypoxia, which is characterized by low levels of oxygen in one's blood tissues. This commonly afflicts townsfolk due to the low oxygen level at such a high altitude.** Contamination by mercury used in mining is also a pressing issue. In order to refine ore, the local miners grind and treat it with mercury and filter the mixture by pushing it through a cloth by hand.

**5. 현황, 의의, 시사점, 과제** >>> 71. Why has *National Geographic*'s population estimate been disputed?

According to 71번 키워드 **the report by *National Geographic***, the rapid growth in the local population between 2001 and 2009 was a direct result of a 235% increase in the price of gold during that period. However, **the report's claim that the town boasted 30,000 permanent settlers by 2009 has been** 71번 키워드 **disputed by several individuals, since the National Census carried out in 2007 listed the population of the entire Ananea District as 20,572 people, and the National Census carried out in 2017 listed a population of only 12,615 people.**

---

67. What is La Rinconada known for?

전략 적용 | 첫 단락의 known for가 언급된 문장에서 정답 단서 찾기

(a) producing the highest amount of gold in the world
(b) having the smallest population in the world
(c) being the highest permanent settlement in the world
(d) having the coldest temperatures in the world

68. Based on the second paragraph, what is true about the climate of La Rinconada?

전략 적용 | climate를 "climatic conditions"로 언급한 문장에서 정답 단서 확인하기

(a) It is ideal for the growth of trees.
(b) It is warmer than that of Nagqu.
(c) It results in heavy winter rainfall.
(d) It is similar to Western Greenland's.

69. How does the mining corporation compensate its workers?

전략 적용 | 단락 3에서 "the mining corporation"이 언급된 문장을 찾아 정답 단서 확인하기

(a) by giving them a monthly wage.
(b) by providing them with free accommodation
(c) by paying them a daily allowance
(d) by allowing them to take ore

70. Based on the fourth paragraph, what causes health problems for the inhabitants of La Rinconada?

전략 적용 | 단락 4에서 언급된 2가지 문제(problems) 중에서 건강에 관련된 문제점에 관련된 문장을 찾아 정답 단서 확인하기

(a) the spoilage of perishable food
(b) insufficient water supply
(c) excessively long work shifts
(d) a lack oxygen in the atmosphere

71. Why has *National Geographic*'s population estimate been disputed?

전략 적용 | 마지막 단락에서 "disputed"가 언급된 문장에서 정답 단서 확인하기

(a) because it included temporary inhabitants
(b) because it conflicts with census figures
(c) because it was based on previous data
(d) because it was calculated by inexperienced individuals

72. In the context of the passage, centered means _____.

(a) lined
(b) adjusted
(c) enveloped
(d) focused

전략 적용 | 해당 어휘가 포함된 문장과 문단에서 바로 풀기

73. In the context of the passage, chunks means _____.

(a) sectors
(b) fragments
(c) stacks
(d) components

1. This phenomenon can manifest in one of two ways: benign disinhibition or toxic disinhibition. In benign disinhibition, online interactions can have positive effects on the people involved. For example, **some people are able to freely express themselves on the Internet without feeling embarrassed or anxious. People who are shy or who belong to marginalized groups can easily find others with similar interests, develop friendships, and feel safe.**

   (a) Some people can express themselves without feeling guilty when communicating online.
   (b) Some people find it easier to communicate online because they can befriend others with shared concerns.
   (c) Some people can be more supportive of strangers when communicating online.
   (d) Some people tend to avoid interacting with certain groups while they are on the internet.

   정답 (b)
   해설 (a) express themselves와 when communicating online는 지문의 내용과 동일하지만 죄책감을 느끼지 않는다는(without feeling guilty) 것에 대해서는 언급된 것이 없기 때문에 오답이다.
   (b) find it easier to communicate online은 지문에 있는 freely express themselves on the Internet과 같은 의미를 나타내며, 비슷한 관심사를 가지고 있는 사람을 쉽게 찾아서 우정을 키운다는(easily find others with similar interest, develop friendships) 것을 공통의 관심을 가진 다른 사람과 친구가 된다는(befriend others with shared concern) 표현으로 나타내었으므로 정답이다.
   (c) 낯선 사람에게 도움을 준다는 내용은 언급되지 않았으므로 오답이다.
   (d) 특정 그룹과 교류를 피한다는 것에 대한 내용은 언급되어 있지 않으므로 오답이다.

2. Parrotfish are one of the key factors in maintaining the health of reefs. **The fish come in a wide range of vivid colors, including intricate combinations of green, blue, orange, and yellow that can change throughout their lives.**

   (a) Parrotfish can survive best at extreme depths.
   (b) Parrotfish can eat the white sand around coral reefs.
   (c) Parrotfish's colors let them match their surroundings.
   (d) Parrotfish's appearance can transform over time.

   정답 (d)
   해설 (a) 심해(extreme depths)에 대해 언급된 것이 없으므로 오답이다.
   (b) Parrotfish의 먹이에 대해 언급된 것이 없으므로 오답이다.
   (c) Parrotfish가 다양한 색으로 자신의 모습을 바꾼다고 언급되어 있으나 그것이 주변 환경(surroundings)에 맞춰서 바꾸는 것이라고 언급되어 있지 않으므로 오답이다.
   (d) Parrotfish가 다양한 색으로 자신의 모습을 바꾸는 것을 appearance can transform으로 표현하였고, 지문의 throughout their lives를 over time으로 패러프레이징하였으므로 정답이다.

**3.** **The United States has a Flag Code, or set of rules, that outlines how the flag should be handled. For example, when a flag is worn out, it should be destroyed in a dignified manner, such as by burning. Additionally, the flag should never be used as clothing or bedding, nor should it be used for advertising purposes.** It should never be displayed upside down unless to signal great danger, and it should never touch anything below it, such as the ground.

(a) The flag can be properly used for advertising.
(b) Individuals should show respect for the flag.
(c) The flag can be repaired if it becomes damaged.
(d) Individuals should be punished for mistreating the flag.

 정답 (b)

해설 (a) 지문에 광고 목적으로 사용되어서 안된다고 언급되어 있으므로 오답이다.

(b) 지문에서 미국 국기는 위엄 있는 방식으로 파기되어야 하는 것, 의류나 침구류로 사용되어서는 안되며, 광고 목적으로 사용되어서도 안된다는 것은 국기에 대한 경의를 나타낸다고 볼 수 있으므로 정답이다.

(c) 국기가 닳아지면, 소각과 같은 위엄 있는 방식으로 파기되어야 한다고 언급되어 있으므로 오답이다.

(d) 국기를 잘못 다루는 것에 대한 처벌은 언급되지 않았으므로 오답이다.

---

**4.** When Castro arrived in England, he was much shorter than Roger had been and had a much heavier frame. He was unable to communicate in French, a language that Roger had been raised speaking. Nonetheless, he resembled Roger in certain ways and knew specific details of Roger's private life.

(a) Castro weighed much less than Roger had.
(b) Castro spoke the same languages that Roger had spoken.
(c) Castro stood significantly taller than Roger had.
(d) Castro shared information only known to Roger and his family.

 정답 (d)

해설 (a) 카스트로의 키와 체격(frame)에 대한 언급이 있을 뿐 몸무게는 언급되어 있지 않으므로 오답이다.

(b) 카스트로는 로저가 사용하는 프랑스어로 의사 소통을 할 수 없었다고 언급되어 있으므로 오답이다.

(c) 카스트로가 로저보다 훨씬 더 키가 작았다(he was much shorter than Roger)라고 언급되어 있으며 자신만만해 보였다(stood taller)는 언급은 없으므로 오답이다.

(d) 카스트로가 로저의 사생활에 대한 특정 세부 사항을 알고 있었다는(knew specific details of Roger's private life) 내용은 곧 로저 자신 및 그의 가족만 알고 있는 사적인 부분을 그 가족에게 언급했음을 의미하는 것이므로 정답이다.

다음 지문을 읽고 연습문제를 풀어보세요.

# KENTUCKY FRIED CHIKEN

Kentucky Fried Chicken, popularly known as KFC, is an American fast-food restaurant chain that primarily serves fried chicken. Measured by sales, it is the second-largest restaurant chain in the world after McDonald's, and it operates more than 23,000 branches in more than 135 countries and territories.

The founder of KFC, Colonel Harland Sanders, came up with the <u>concept</u> of the restaurant chain while selling fried chicken from his small roadside restaurant during the Great Depression. In 1952, he opened his first KFC restaurant in Utah, believing that he could diversify the fast-food industry, which was dominated at that time by hamburger restaurants. KFC's chicken is seasoned with Sanders' secret recipe, which is said to consist of 11 different herbs and spices. Larger portions of KFC's chicken are traditionally served in a cardboard "bucket", which has become a recognizable feature of the restaurant chain since it was first introduced in 1957 by franchisee Pete Harman.

KFC was one of the first American fast-food chains to expand on a global scale. By the mid 1960s, several KFC restaurants had been opened in the United Kingdom, Mexico, and Canada. The chain experienced little growth in the United States throughout the 1970s and 1980s, however, as it was managed by new owners who had barely any experience in the restaurant business. International expansion continued at a rapid <u>pace</u>, and in 1987 KFC became the first Western restaurant chain to open a store in China, which is the chain's largest market today. KFC's menu has significantly expanded since the early 1990s, and it now includes other chicken products such as sandwiches and wraps, in addition to various side dishes such as coleslaw and French fries.

1. What is true about the KFC restaurant chain?

   (a) It is the largest fast food restaurant chain.
   (b) It was founded in the 1950s.
   (c) Its number of restaurants is declining.
   (d) Its founder originally sold hamburgers.

2. How did Pete Harman influence KFC?

   (a) He replaced Colonel Sanders.
   (b) He created a secret recipe.
   (c) He expanded the restaurant menu.
   (d) He developed unique packaging.

3. Why did KFC struggle in the United States during the 1970s?

   (a) Its competitors became more popular.
   (b) Its owners were inexperienced.
   (c) It struggled to find reliable suppliers.
   (d) Its advertisements were ineffective

4. In the context of the passage, <u>concept</u> means _____.

   (a) presentation
   (b) idea
   (c) proposal
   (d) logo

5. In the context of the passage, <u>pace</u> _____.

   (a) location
   (b) expense
   (c) increase
   (d) rate

# REFRIGERATION

Ancient civilizations used a wide variety of innovative natural cooling methods to preserve food. The people often stored food directly in the cold water of rivers and lakes, created ice houses by digging into snowbanks, or filled storage pits in the ground with snow or ice and insulated them with materials such as straw.

In 1913, the first domestic electric refrigerator was invented by Fred W. Wolf, and mass production of home refrigerators began in 1918. As an increasing number of people moved to large cities, distancing themselves from natural food sources, household refrigerators became a necessity. Moreover, there was a significant rise in demand for fresh food at the time. As most food suppliers were based in rural areas, it became crucial that perishable food be kept cold upon arrival after being transported over large distances.

Domestic refrigerators were considered a luxury item when they were first launched, as they typically cost between $500 and $1,000, which is approximately $6,500 to $13,000 in today's world. Refrigerators started to see increased popularity in the 1930s due to the introduction of Freon, which replaced the toxic gases that were previously used in the vapor compression process. Throughout the 1940s, the growing popularity of frozen foods led to the addition of separate freezer compartments that could accommodate larger volumes of food in addition to ice cube trays. As home refrigerators continued to grow in popularity, consumers began to view them as design pieces, so manufacturers began producing the devices in a wider array of styles and colors. In recent years, advances in insulation and compressor technology have made home refrigerators far more energy efficient and affordable.

6. What is true about ancient civilizations?

   (a) They rarely needed to preserve their food.
   (b) They could only keep food cool in winter.
   (c) They often fell sick due to spoiled food.
   (d) They used several methods to keep food cold.

7. Why did the need for refrigeration increase in the early 20th century?

   (a) Demand for fresh food had skyrocketed.
   (b) Global temperatures had increased.
   (c) More people were moving to rural areas.
   (d) Food preservatives were no longer used.

8. Why were refrigerators seen as a luxury item at first?

   (a) They were owned by many celebrities.
   (b) They were attractively designed.
   (c) They were too expensive.
   (d) They were too large for average homes.

9. In the context of the passage, crucial means _____.

   (a) general
   (b) extreme
   (c) vital
   (d) limited

10. In the context of the passage, array _____.

   (a) design
   (b) alternative
   (c) stock
   (d) range

# ORIENTEERING

Orienteering is the term used to describe a variety of sports in which competitors must use navigational skills, a map, and a compass to traverse difficult, unknown terrain from a start point to an end point as quickly as possible. Competitors are provided with a topographical map of a region and must locate certain points on the map. While orienteering was originally a training exercise in land navigation for officers in the armed forces, it has now developed many variations, with the most popular being competitive foot orienteering.

The actual term "orienteering" was first used in 1886 at the Swedish Military Academy Karlberg. The name is derived from a Swedish word root meaning to find the direction or location. This training exercise quickly turned into a competitive sport for both army officers and civilians. Although the sport originated in Sweden, the first orienteering competition that was <u>open</u> to the general public actually took place in Norway in 1897.

The sport gained popularity throughout the 1930s, thanks in large part to the invention of more affordable and accurate compasses. By the mid-1930s, approximately 250,000 Swedes were regularly taking part in orienteering competitions, and interest in the sport had also spread to Finland, Switzerland, the Soviet Union, and Hungary. After the Second World War, orienteering became more popular throughout Europe, Asia, North America and Oceania. In 1961, the International Orienteering Federation (IOF) was founded by orienteering organizations from ten European nations. Over the next few decades, IOF financially supported the founding of several national orienteering federations. As of 2022, 76 national orienteering federations have joined as members of the IOF. These federations are responsible for organizing national and world championship events, which are typically held on an annual basis.

A typical orienteering competition takes place in natural surroundings. Throughout Scandinavia, this normally means dense, rugged woodlands, but in other countries it is common for orienteering competitors to traverse open moorland and mountains. In addition, orienteering in towns and cities has become increasingly common over the last two decades. Originally known as Street-O, event organizers have now rebranded this sport as urban orienteering in an effort to have the sport taken more seriously. These days, urban orienteering events include full-color maps and electronic punching. One particular competition regularly held in Venice is notable for attracting a very large number of international participants. Urban orienteering is now regarded as a serious competition, and participants are included in national ranking lists. However, efforts to include any type of orienteering in the Olympic Games have thus far proven unsuccessful. Olympic committee members believe that the sport is neither television- nor spectator-friendly due to the <u>duration</u> of the event.

1. How do orienteering competitors win competitions?

   (a) by accurately locating a given point on a map
   (b) by reaching the highest altitude in the area
   (c) by reaching a finishing point in the fastest time
   (d) by noting down geographical features on a map

2. What was the original purpose of orienteering?

   (a) celebrating events in Swedish towns
   (b) improving relations between Scandinavian countries
   (c) training members of the Swedish military
   (d) encouraging civilians to be more active

3. How has the IOF helped the sport of orienteering?

   (a) by providing financial backing to federations
   (b) by developing global marketing campaigns
   (c) by providing more affordable orienteering equipment
   (d) by allowing civilians to participate in events

4. Based on the text, what is true about Street-O?

   (a) It is more difficult than orienteering in nature.
   (b) It was originally developed in Sweden.
   (c) Its competitors are not provided with maps.
   (d) Its name was changed to boost its reputation.

5. Why has orienteering not been included in the Olympic Games?

   (a) because it involves too much equipment
   (b) because it requires high expenditure
   (c) because it is not enjoyable for spectators
   (d) because it is not recognized as a sport in many countries

6. In the context of the passage, <u>open</u> means _____.

   (a) wide
   (b) available
   (c) spacious
   (d) outdoor

7. In the context of the passage, <u>duration</u> means _____.

   (a) sturdiness
   (b) regularity
   (c) pace
   (d) length

# POMADE

Pomade is a waxy, water-based substance that is used to sculpt hair into various styles. It gives hair a shiny and slick look and typically lasts longer than other similar hair-styling products, often requiring several washes before it is fully removed. During the 18th and 19th centuries, the main ingredients used to make pomade were lard and bear fat. In the 20th century, lanolin, beeswax, and petroleum jelly were often used to provide the necessary stiffening <u>properties</u>, and various additives were included to provide pleasant fragrances.

Pomades were far more popular from the 1920s to the 1960s than they are today. Popular pomade hairstyles during those decades included the ducktail, the pompadour, and the quiff. In particular, the pompadour became a cultural phenomenon in the mid 1950s, popularized by famous musicians such as Elvis Presley and Chuck Berry, and film stars like James Dean. After falling out of fashion, the pompadour enjoyed a brief resurgence in the 1980s, when it was worn by rockabilly musicians such as Brian Setzer and Chris Isaak. Pomades have made a comeback since the 2010s, due in large part to the introduction of water-soluble pomades, which wash out of hair far more easily than traditional petroleum and oil-based pomades, although they often do not provide the same versatility, shine, and strength of hold.

Another reason behind the recent resurgence of pomade use is the rise in popularity of the undercut hairstyle. An undercut is characterized by buzzed or faded sides, with much longer hair on top. This hairstyle became popular in the early 20th century as newly-invented hair clippers allowed barbers to quickly and cheaply shave the sides of men's heads. The long hair left on top was then typically styled using pomade. The undercut style was further popularized throughout the 2010s due to its <u>prominent</u> use in successful period movies, particularly those set during World War II, and television shows such as *Peaky Blinders*.

Today, pomades can be placed into two main categories: traditional oil-based pomades and modern water-based pomades. Oil-based pomades can be further separated into three subcategories: heavy hold, medium hold, and light hold. Pomades that provide a heavy hold typically contain more wax, providing a more rigid hold on hair, but less of a shiny appearance. Light holds, on the other hand, contain more oil and give the hair a shinier appearance, at the expense of hold strength.

Water-based pomades are subcategorized as orthodox pomades (gel-based) and unorthodox pomades (water-based). Orthodox pomades come in several varieties, offering different hold strengths. They typically contain hardening agents such as polyvinyl pyrolidone or vinyl pyrolidone, making them less versatile and malleable, and users who wish to restyle their hair throughout the day may only do so by wetting their hair. Unorthodox pomades have similar malleable attributes to oil-based pomades, but can be easily washed out of the hair, just like orthodox pomades.

정답 및 해설 p.38

8. Based on the text, what is true about the earliest pomades?

    (a) They primarily used by wealthy people.
    (b) They did not provide a shiny appearance.
    (c) They contained animal products.
    (d) They were easy to wash out of hair.

9. Why did the pompadour hairstyle become popular in the 1950s?

    (a) because it was an affordable style of haircut
    (b) because water-soluble pomades were introduced
    (c) because the ducktail hairstyle fell out of fashion
    (d) because it was worn by several celebrities

10. How do barbers style hair in an undercut?

    (a) by shaving the sides of the hair
    (b) by cutting the top of the hair short
    (c) by applying two types of pomade
    (d) by leaving the back of the hair long

11. How do light hold pomades differ from heavy hold pomades?

    (a) They make the hair more rigid.
    (b) They provide a less shiny appearance.
    (c) They are more difficult to wash out of hair.
    (d) They contain a higher amount of oil.

12. What is polyvinyl pyrolidone probably used for?

    (a) making pomades easier to apply
    (b) increasing the hold strength of pomades
    (c) removing pomades from hair
    (d) giving a shiny appearance to pomade hairstyles

13. In the context of the passage, properties means _____.

    (a) qualities
    (b) residences
    (c) details
    (d) possessions

14. In the context of the passage, prominent means _____.

    (a) common
    (b) profitable
    (c) adept
    (d) occasional

# ADVENTURE COMICS

*Adventure Comics* was a comic book series that ran for almost half a century. Beginning in December 1935, the series was originally named *New Comics*, and it was only the second comic book series published by National Allied Publications, which would later change its name to DC Comics. When the 12th issue was published in January 1937, the series was retitled *New Adventure Comics*. The series was retitled again in November 1938 and was known simply as *Adventure Comics* from then until the end of its run in September 1983.

While *New Comics* began primarily as a humor comic series, its style switched to serious adventure stories when it was retitled *New Adventure Comics*. Around this time, the main writers of the series introduced the first version of the character Jor-L, who was originally a futuristic detective, but would later evolve into the alien father of Superman. The writers began to increasingly focus on superhero stories, with The Sandman debuting in issue #40. Early issues of *Adventure Comics* also introduced superheroes such as Hourman, Starman, and Manhunter.

One of the most important issues of the Adventure Comics series was #103, published in April 1946. In this issue, the popular characters Superboy, Green Arrow, Johnny Quick, and Aquaman moved over to *Adventure Comics* from *More Fun Comics*, which was transitioning into a humor story format. The addition of the new characters resulted in the cancelation of Sandman and Starman stories, and another character named Genius Jones was moved over to *New Fun Comics*. Superboy immediately became the most popular character in the comic and featured on the front cover of each issue until 1969. The popularity of the character also led to the character being given his own comic book series in 1949, even though general interest in superhero titles had started to decline by then.

With the publication of issue #425 in December 1972, the theme of the comic book series shifted from superhero adventures to adventure stories that were more focused on fantasy and supernatural elements. Issue #425 introduced the character of Captain Fear, a pirate adventurer who sailed the Caribbean Sea in the 18th century. Editor Joe Orlando soon tested out a new range of heroes who wore horror-themed costumes, including the Black Orchid and the Spectre. After a while, more traditional superheroes returned to *Adventure Comics*, and Aquaman was positioned as the most prominent character.

In the early-1980s, the series changed to a Dollar Comic format of giant-sized books that consisted of 64 pages, contained no advertisements, and cost only one dollar. The standard format later returned and boasted an increased story-and-art page count, but the comic book series was canceled after issue #490 in February 1982. The series briefly resumed in in a digest-sized comic format, but lasted for only 13 issues before its complete discontinuation.

15. What is true about the *Adventure Comics* series?

    (a) It ran for almost 100 years.
    (b) It was the first DC Comics series.
    (c) It was first published in 1937.
    (d) It underwent several name changes.

16. How did the writers change their approach after the *New Comics* series?

    (a) by featuring fewer superhero characters
    (b) by decreasing the number of pages per issue
    (c) by focusing less on humorous stories
    (d) by including stories based on real-life events

17. Why probably were the Sandman and Starman stories canceled?

    (a) because readers disliked their storylines
    (b) because new characters were introduced
    (c) because the writers had run out of ideas
    (d) because *Adventure Comics* laid off workers

18. What change was Joe Orlando responsible for?

    (a) introducing the popular Superboy character
    (b) canceling the Aquaman series of stories
    (c) discontinuing the *Adventure Comics* series
    (d) trialing characters that incorporated horror themes

19. What did is true about the *Adventure Comics* issues released throughout the 1980s?

    (a) They sold more copies than previous issues.
    (b) They were published in various formats.
    (c) They all featured Superboy on the cover.
    (d) They included fewer story-and-art pages than before.

20. In the context of the passage, evolve means _____.

    (a) simplify
    (b) enlarge
    (c) develop
    (d) spin

21. In the context of the passage, decline means _____.

    (a) diminish
    (b) reject
    (c) dispute
    (d) level

# Business & Formal Letter 비즈니스 서신

## Part 4의 특징

### 1 지문 구성

- 주제: 구매, 환불, 채용 공고, 추천서, 이직 요청, 홍보, 공지 등 사업 및 거래를 주제로 하는 업무상 상대방에게 보내는 서신
- 지문의 흐름: 편지를 쓴 이유[목적] → 요청사항 및 불만제기, 행사의 목적 → 요청 및 불만에 대한 답변, 세부 특징 → 첨부 문서 설명, 연락처, 편지 수신인이 할 일, 맺음말

### 2 문제풀이 순서

- 질문을 먼저 읽고 키워드를 파악한다.
  > **풀이 포인트** 문제 풀이 시 모든 질문을 한꺼번에 읽는 것이 아니라 하나의 질문을 먼저 읽고 문제를 푼 후, 다음 질문으로 넘어가는 순서로 푸는 것이 포인드!
- 질문의 키워드를 파악하여 본문에서 해당 키워드가 언급된 문장 또는 패러프레이징이 된 문장을 찾는다.
- 지문에 키워드가 언급된 문장을 토대로 선택지 중에서 지문의 내용이 패러프레이징된 선택지를 찾으며 문제를 푼다.
  > **풀이 포인트** 선택지에서 본문의 키워드와 무관한 내용들을 소거하며 풀어나가는 부분이 포인트!
- 동의어 문제는 밑줄이 그어진 단어가 있는 바로 그 단락에서 풀고 넘어간다.
- 지문에 표(시간표, 요금표 등)가 제시되어 있는 경우, 해당 표의 정보에 관한 세부 정보 유형의 문제가 반드시 출제되므로 표에 있는 항목과 내용을 파악하는 것이 중요하다.

## Part 4 지문과 문제 구성

### 1 지문의 흐름과 질문 유형

| 단락 | 주요 내용 | 대표 문제 유형 |
|---|---|---|
| 1 | 편지를 쓴 이유[목적] | Why did A write a letter (to B)?<br>Why is A writing a letter to B?<br>What is the purpose of the letter? |
| 2 | 요청사항 및 불만 제기,<br>행사의 목적 | What / Why / How ~?, 사실 확인(true, NOT true) |
| 3 | 요청 및 불만에 대한 답변,<br>세부 특징 | What / Why / How ~?, 사실 확인(true, NOT true) |
| 4 | 첨부 문서 설명, 연락처 및<br>연락 방법, 편지 수신인이 할 일,<br>맺음말 | What will A do when ~?<br>What should A do if ~?<br>Why probably A call/contact ~? |

| | |
|---|---|
| **74번** | **편지의 주제를 묻는 질문**<br><br>질문 **Why** is Steve Brown **writing a letter** to Wendy Hopkins?<br>　　　**What** is **the purpose** of the letter?<br><br>풀이 포인트<br>지문의 첫 단락에서 편지의 주제 또는 작성 목적을 확인하여 해당 내용과 동일한 의미를 나타내기 위해 패러프레이징된 선택지를 정답으로 선택한다.<br><br>∘ 정답 단서가 있는 문장 패턴<br>I would like to ~ / I want to ~ / I'm writing this letter to ~ / However 또는 Therefore 뒤에 위치한 문장 |
| **75번** | **요청사항 및 불만 제기, 행사의 목적**<br><br>질문 **What** is **the objective** of the summit?<br>　　　**Why most likely** did Oasis hire Electrify Advertising Firm?<br>　　　**What** was Ms. Lopez **dissatisfied** with?<br><br>풀이 포인트<br>요청 사항 또는 불만 제기, 행사의 목적에 관한 세부정보 유형 위주로 출제되며, 두 번째 단락에 제시된 특정 정보가 패러프레이징된 선택지를 정답으로 고른다. |
| **76-77번** | **요청 및 불만에 대한 답변, 세부 특징과 관련된 세부 정보 및 사실 확인, 추론 유형**<br><br>질문 **What** will happen if Janice **agrees** to Michael's **proposal?**<br>　　　**What** is **NOT** a task that Baker will be doing?<br>　　　**How** can **residents apply** for an officer position?<br><br>풀이 포인트<br>질문의 키워드를 지문에서 찾는다. 질문에 언급된 고유명사, 형용사, 부사와 같은 단어가 키워드가 될 수 있으며, 질문에 쓰인 키워드는 다른 표현으로 바뀌어 있는 경우가 많으므로 지문의 정보와 선택지를 대조하여 오답을 소거하는 방식으로 풀이한다. |
| **78번** | **첨부 문서 설명, 연락처 및 연락 방법, 편지 수신인이 할 일 언급**<br><br>질문 **Why** probably would Carry **call the school?**<br>　　　**What will** James **do next if** he's **interested?**<br>　　　**Why** would Janice **probably call Michael?**<br><br>풀이 포인트<br>마지막 단락에서 질문의 키워드를 찾는다. 질문에 언급된 고유명사, 형용사, 부사와 같은 단어가 키워드가 될 수 있으며, 질문에 쓰인 키워드는 다른 표현으로 바뀌어 있는 경우가 많으므로 지문의 정보와 선택지를 대조하여 오답을 소거하는 방식으로 풀이한다. |
| **79-80번** | **사전적/문맥적 동의어를 묻는 문제 (PART 1~4 동일)**<br><br>질문 ] In the context of the passage, <u>assume</u> means _____. |

# 단락별 필수 암기 어휘

| | | | | | |
|---|---|---|---|---|---|
| **편지를 쓴 이유 및 목적** | would like to 동사원형 | ~하고 싶다 | draft | 초안 |
| | invite | 초대하다, 요청하다 | review | 검토하다 |
| | volunteer | 자원하다, 자원 봉사자 | remind | 상기시키다 |
| | event | 이벤트, 행사 | approval | 승인 |
| | investor | 투자자 | inform | 공지하다, 알리다 |
| | budget | 예산 | hold | 개최하다 |
| | project | 프로젝트 | host | 주최하다 |
| | deadline | 마감기한 | guest speaker | 초청연사 |
| | plan | 계획(하다) | convince | 납득시키다 |
| | raise | (기금을) 마련하다 | deliver a speech | 연설하다 |
| | realize | 실현하다; 깨닫다 | financial | 재정의 |
| | require | 요구하다 | issue | 문제, 사안 |
| **요청사항 및 불만 제기, 행사의 목적** | theme | 주제 | participate | 참가하다 |
| | fault | 잘못, 결점 | completion | 완성, 완료 |
| | defect | 결함 | conclude | 끝내다, 결론을 내다 |
| | awareness | 의식, 인식 | organized by | ~에 의해 구성된 |
| | importance | 중요성 | succeed | 성공하다 |
| | audience | 관중 | mistakenly | 잘못하여, 실수로 |
| | conflict | 갈등 | assume | ~를 맡다; 추정하다 |
| | aim to 동사원형 | ~를 목표로 하다 | role | 역할 |
| | aspiring | 장차 ~가 되려 하는 | newcomer | 신입, 신참 |
| | criteria | 기준 | submit | 제출하다 |
| **요청 및 불만에 대한 답변, 세부 특징** | colleague | 동료 | implement | 실행하다 |
| | affect | 영향을 미치다 | solution | 해결책 |
| | absence | 결석, 부재 | rest assured that | ~라고 확신하다, 안심하다 |
| | pending tasks | 처리되지 않은 업무 | funding | 기금 |
| | commitment | 약속 | maintain | 유지하다 |
| | departure | 출발 | commence | 시작하다 |
| | on leave | 휴가로 | phase | 단계 |
| | required | 필수의 | outsource | 외부에 위탁하다 |
| | correction | 수정, 교정 | requirement | 필요조건, 요건 |
| **첨부 문서 설명, 연락처 및 연락 방법, 편지 수신인이 할 일, 맺음말** | concern | 염려, 걱정 | pertaining to | ~에 관련된, 속하는 |
| | concerning | ~에 관해 | obligation | 의무 |
| | issue | 문제, 쟁점 | request | 요청(하다) |
| | contact | 연락하다 | in person | 직접 |
| | reach out | 연락하다 | immediate | 즉각적인 |
| | elaborate on | 상세히 말하다 | response | 응답 |
| | suggestion | 제안 | invitation | 초대(장) |

# 단락별 필수 암기 문장 패턴

| | |
|---|---|
| **편지를 쓴 이유 및 목적** | • I am ~ / My name is ~ , [직책/직급] in ... 저는/제 이름은 ~이며, ...에서 [직책/직급]입니다.<br>• I'm writing[sending] this letter to ~ 저는 ~하기 위해 이 편지를 씁니다[보냅니다].<br>• This is to inform[let you know / advise you] that ~<br>  이것은 당신에게 ~라는 것을 알려 드리기 위한 것입니다 / 조언을 드리기 위해서입니다.<br>• I want to extend my appreciation to ~ 저는 ~에게 저의 감사를 표하고 싶습니다.<br>• We at [업체명] can[would like to] help you ~<br>  저희 [업체명]에서는 당신이 ~하는 것을 도와드릴 수 있습니다[도와드리고 싶습니다]. |
| **요청사항 및 불만 제기** | 요청 사항, 행사의 목적<br>• I would like to ~ 저는 ~ 하기를 원합니다.<br>• I would be appreciated if you could ... 만약 ... 해주실 수 있다면 감사하겠습니다.<br>• I would be delighted to .... 제가 ~한다면 기쁠 것입니다.<br>• I propose to ~ 저는 ~하는 것을 제안합니다.<br>• You are required[advised] to ~ 귀하는 ~하는 것이 요구됩니다[권고됩니다].<br><br>불만 제기 및 답변, 부정적인 소식<br>• There were a few things that left us disappointed. 저희를 실망하게 한 몇 가지가 있었습니다.<br>• I am writing to complain about ~ ~에 대해 불만을 제기하기 위해 글을 씁니다.<br>• I am writing to express my dissatisfaction with ~ ~에 대한 저의 불만족을 표현하고자 글을 씁니다. |
| **요청 및 불만에 대한 답변, 세부 특징** | • Please rest assured that~ ~에 대해서 확실히 해 두겠습니다.<br>• I would be willing to .... 제가 기꺼이 ~하겠습니다.<br>• In response to your complaint that ~라는 귀하의 불만에 대한 응답으로<br>• We regret that .... ~인 것을 유감스럽게 생각합니다.<br>• We regret to inform you that .... 당신에게 ~를 알려드리게 되어 유감입니다. |
| **첨부 문서 설명, 연락처 및 연락 방법, 편지 수신인이 할 일, 맺음말** | 첨부 문서 설명, 연락처 안내<br>• I have enclosed in this letter a copy of ~ 저는 이 편지에 ~의 복사본을 동봉하였습니다<br>• You can e-mail your response to me at [이메일 주소].<br>  당신은 저에게 [이메일 주소]로 이메일로 답변을 주셔도 됩니다.<br>• You can reach[call] me at [전화번호]. 당신은 저에게 [전화번호]로 전화하셔도 됩니다.<br>• Should you have any questions[concerns] regarding ~ 만약 ~에 관해 질문[우려]가 있으시다면<br><br>맺음말<br>• Last but not least 마지막으로 덧붙일 중요한 말은<br>• We look forward to hearing from you. 당신에게 답을 듣는 것을 고대하겠습니다.<br>• Your prompt reply will be appreciated. 당신의 즉각적인 답변은 감사히 여겨질 것입니다.<br>• Do not hesitate to contact me. 주저하지 마시고 저에게 연락주세요.<br>• I am hoping for your favorable response. 저는 호의적인 응답을 바라고 있습니다. |

# Part 4 공략 연습

May 28

Dear Mr. Harris,

**1. 편지를 쓴 이유, 목적** >>> 74. What is the purpose of the letter?

Unfortunately, the Cinephile Society Movie Festival, scheduled for Saturday, June 8th, and Sunday, June 9th, at Century Art Cinema, will not be going ahead as planned. This regrettable news is a result of a recent fire that occurred at the building, and a <u>lack</u> of alternative spaces. [74번 단서] **I'm afraid we have no option but to cancel the event.**

**2. 세부 정보 ①** >>> 75. Why is Auditorium B an unsuitable venue?
>>> 76. Based on the second paragraph, what is Ms. Nilsen concerned about?

Earlier this morning, I was informed by the proprietor of the Century Art Cinem that the space we had intended to use, Auditorium A, will not be available for the event, as it is closed for urgent renovations due to a recent fire caused by an electrical fault. **The proprietor <u>proposed</u> that we move the festival to** [75번 키워드] **Auditorium B on the second floor, but this has a seating capacity that is less than half of that provided by Auditorium A.** Therefore, we would be forced to turn away a large number of ticket holders, and [76번 단서] **this would understandably disappoint our members and damage the reputation of our society.**

**3. 세부 정보 ②** >>> 77. What is NOT likely to happen at the event on June 8th?

As you are one of our long-term members, I wanted to write to you directly to inform you of this news. I hope that you will understand the situation and accept that the decision is out of our hands. We have searched elsewhere for similar event spaces, but nothing is available at such short notice. To apologize for this late cancelation, we would like to offer you, and other members who have purchased tickets for the festival, a full refund of $45. Additionally, **we are planning to host a buffet at our headquarters from 6 P.M. until 9 P.M. on** [77번 키워드] **June 8th. All members are welcome to join and enjoy complimentary food and beverages while listening to a live band. Following the buffet, we will also be hosting a film-related team quiz, and the winners will receive cinema tickets and movie posters.**

**4. 연락처 및 연락 방법, 수신인이 할 일, 맺음말** >>> 78. How should Mr. Harris confirm his attendance?

If you are interested in attending, please **contact me directly at 555-9289 to** [78번 키워드] **confirm**, so that I can ensure that adequate food is provided.

Kind regards,

Beatrice Nilsen
Member Services Manager
Cinephile Society

**74.** What is the purpose of the letter?

> 전략 적용 | 첫 단락에서 편지의 목적 찾기

(a) to extend an invitation to a festival
(b) to request additional information
(c) to announce an event cancelation
(d) to suggest an alternative venue

**75.** Why is Auditorium B an unsuitable venue?

> 전략 적용 | 두 번째 단락에서 Auditorium B에 관해 언급된 문장을 찾아 정답 단서 확인하기

(a) because it is too expensive to hire
(b) because it is unavailable on a specific date
(c) because it does not hold enough people
(d) because it is closed for renovations

**76.** Based on the second paragraph, what is Ms. Nilsen concerned about?

> 전략 적용 | 편지를 쓴 Nilsen 씨가 우려하는 일에 대한 내용을 찾아 정답 단서 확인하기

(a) increasing the price of event tickets
(b) attracting new members to an organization
(c) harming an organization's reputation
(d) changing a festival's viewing schedule

**77.** What is NOT likely to happen at the event on June 8th?

> 전략 적용 | 단락 3에서 "June 8th"(6월 8일)에 일어날 일에 대해 언급된 내용을 찾아 각 선택지를 소거하여 정답 찾기

(a) Films will be screened.
(b) Food will be served.
(c) Music will be performed.
(d) Prizes will be awarded.

**78.** How should Mr. Harris confirm his attendance?

> 전략 적용 | 마지막 단락에서 편지를 받는 Harris 씨가 참석을 위해 해야 할 일을 언급한 내용을 찾아 정답 단서 확인하기

(a) by filling out a form
(b) by visiting a Web site
(c) by replying in writing
(d) by calling Ms. Nilsen

**79.** In the context of the passage, <u>lack</u> means _____.

(a) suitability
(b) absence
(c) vacancy
(d) decline

> 전략 적용 | 어휘 문제는 마지막에 푸는 것이 아니라 어휘가 포함된 문장과 문단에서 바로 풀기

**80.** In the context of the passage, <u>proposed</u> means _____.

(a) argued
(b) agreed
(c) engaged
(d) suggested

**1.** I am contacting you in your capacity as Director of the Department of Transportation. **For the past month, increased traffic going past my apartment in the middle of the day has made it impossible for me to get work done from home. I hope you can find a solution for this issue.**

(a) The letter is to inquire about an upcoming construction project.
(b) The letter is to complain about a change in traffic noise.
(c) The letter is to report safety issues in her apartment building.
(d) The letter is to ask for clarification about a local parking law.

정답 (b)

해설 (a) 다가오는 공사 계획(upcoming construction project)에 관한 내용이 아니라 지난 달의 교통량 증가에 대해 이야기하고 있으므로 오답이다.

(b) 지난 달 동안 한낮에 자신의 아파트를 지나가는 교통량 증가로 인해 편지의 작성자가 재택 근무를 할 수 없다고 언급하였는데 이는 교통량 증가로 인해 발생하는 소음이 자신의 일에 방해가 된다는 것을 알 수 있다. 이를 a change in traffic noise로 표현하였으므로 정답이다.

(c) 교통량 증가로 일을 할 수 없다고(made it impossible for me to get work done from home) 하였으므로 아파트 건물의 안전 문제와는 거리가 멀다.

(d) 지문에서 지역의 주차법(local parking law)에 대해 언급되지 않았으므로 오답이다.

**2.** I would like to apologize for our service issue. Moreover, I am requesting your patience in awaiting the delivery of the rest of your order. **This is because our supplier has temporarily confined bulk orders of this particular product to one case per week, due to the current high demand. So, we will not be able to refill our stock until later this week.** Rest assured that we will forward the remainder of your order to you as soon as possible.

(a) The delivery of the orders will be delayed because the employees are on strike.
(b) The delivery of the orders will be delayed because the supplier is being replaced.
(c) The delivery of the orders will be changed because the office is temporarily closed.
(d) The delivery of the orders will be delayed because the current stock is limited.

정답 (d)

해설 주문품에 대한 배송을 기다리는 인내심을 요청한다는 문장을 보고 주문품 배송이 지연되고 있음을 알 수 있다. 이 상황의 원인이 무엇인지 파악해야 한다.

(a) 직원들이 파업 중(on strike)이라는 내용은 지문에 언급되어 있지 않으므로 오답이다.

(b) 공급업체(supplier)가 교체되는 것이 아니라 일시적으로 특정 물품에 대해 주문을 제한한다고 언급되어 있으므로 오답이다.

(c) 사무실이 일시적으로 폐쇄되는 것은 지문에 언급되어 있지 않으므로 오답이다.

(d) 공급업체에서 높은 수요에 따른 조치로 1주일에 하나의 케이스로 대량 주문을 일시적으로 제한했다고 언급되어 있는데, 이것을 현재 재고량이 제한되어 있다고 바꿔 설명하였으므로 정답이다.

**3.** The association fee will be increased from $300 per month to $350 per month. **This is to accommodate extra personnel for the 24/7 security measures implemented for our growing community and to change our garbage collection service from once to twice a week.**

(a) The association decided to hire a different company for security.
(b) The association plans to place security cameras near waste bins.
(c) The association decided to increase garbage collection service frequency.
(d) The association will increase its fee to introduce daily garbage pickup system.

- - - - - - - - - - - - - - - - - - - - - - - - - - - - - - - - - - - - - - - - - - - - - - - - - - - -

정답 (c)

해설 (a) 보안(security)을 위해 추가 인력을 수용할 것(to accommodate extra personnel)이라고 언급하였으므로 다른 회사를 고용하는 것과 거리가 멀다.
(b) 보안 카메라(security cameras)를 설치하는 내용은 언급되어 있지 않으므로 오답이다.
(c) 쓰레기 수거 서비스를 주 1회에서 2회로 바꾼다는 내용은 빈도를 늘이는 것(increase ~ frequency)와 같은 의미이므로 정답이다.
(d) 협회비를 인상하는 것은 쓰레기 수거 서비스를 주 2회로 바꾸기 위한 것이라고 언급하였으므로 매일 수거(daily ~ pickup)하는 것과 거리가 멀다.


**4.** If this sounds like the fitness experience you were looking for, **please give me a call at 555-0167. I will tell you all about our membership plans and class options, and we can set a time for you to tour our facilities or even try out one of our fitness classes.**

· If the recipient calls the writer, _____.
(a) the writer will put him in touch with a personal trainer.
(b) the writer will email him membership documents to sign.
(c) the writer will send him a sample exercise plan.
(d) the writer will arrange a time to show him around the facility.

- - - - - - - - - - - - - - - - - - - - - - - - - - - - - - - - - - - - - - - - - - - - - - - - - - - -

정답 (d)

해설 Please give me a call at 555-0167이 편지 작성자가 수신자에게 전화를 해달라고 요청하는 내용이므로 그 뒤의 내용을 파악하여 각 보기의 내용과 비교한다.
(a) 개인 트레이너(personal trainer)에 대해 언급된 것이 없으므로 오답이다.
(b) 이메일로 보내는 것(email him)이 아니라 말해준다고 하였으므로 오답이다.
(c) 운동 계획 견본을 보내는 것(send him a sample exercise plan)이 아니라 회원 요금제와 강좌 옵션에 관해 말해줄 것이라고 하였으므로 오답이다.
(d) 시설을 견학하거나 심지어 피트니스 강좌들 중 하나를 체험해 보는 시간을 정할 수도 있다고(we can set a time for you to tour our facilities or even try out one of our fitness classes) 언급한 것을 시설 견학을 시켜 줄 시간을 정하는 것(arrange a time to show him around the facility)으로 바꿔 말한 것이므로 정답이다.

Ms. Abigail Ogilvie
Human Resources Manager, Lazer Elecronics Inc.

Dear Ms. Ogilvie,

While browsing the Lazer Electronics Web site recently, I noticed that you are currently advertising an available position in your marketing department. I feel I would be an ideal candidate for the role of Marketing Manager, so I have submitted an application form along with my résumé through your Web site. In addition, I am writing to you to briefly introduce myself and explain why I believe the job would be a perfect fit for me.

For the past eleven years, I have worked in the marketing department at Litmus Software. In that time, I have received three promotions and I am now the assistant manager of the department. I have been involved in a wide variety of marketing campaigns, from magazine and billboard advertisements to extensive online advertising. My most notable achievement while working at Litmus has been the global advertising campaign for our business software package, Litmus Suite 2.0. I lead a team of thirty staff, and our successful campaign reportedly drove up our annual profits by 20 percent.

I have long been an admirer of Lazer Electronics, and I have owned several Lazer household appliances over the years. With my skillset and experience in the field, I am confident that I could be a tremendous asset to your firm and help it to continue on its successful path. I hope to hear from you soon.

Sincerely,

Eric Sellers

1. Why is Mr. Sellers writing to Ms. Ogilvie?

    (a) to point out an error in an advertisement
    (b) to respond to an earlier request
    (c) to express interest in a job vacancy
    (d) to propose a business merger

2. Based on the letter, what can probably be said about Litmus Software?

    (a) It is currently hiring new marketing staff.
    (b) It primarily advertises in magazines.
    (c) It is experiencing financial difficulties.
    (d) It has been in business for over a decade.

3. What has Mr. Sellers achieved in his current role?

    (a) He increased company earnings.
    (b) He designed a successful product.
    (c) He recruited skilled workers.
    (d) He improved customer service.

4. In the context of the passage, notable means _____.

    (a) literal
    (b) remarkable
    (c) complex
    (d) honorable

5. In the context of the passage, asset _____.

    (a) expense
    (b) share
    (c) recommendation
    (d) benefit

Mr. Harvey Coppell
Coppell Catering

Dear Mr. Coppell,

Thank you for catering our recent fundraiser banquet at the Regent Hotel. The event was a tremendous success and helped us generate many charitable donations, which will be used to purchase new books and computers for Aldendale Children's Library.

Although we were satisfied with the overall service you and your team provided, there were a few things that left us slightly disappointed. For instance, we requested that several vegetarian dishes be provided, but there were only two: the vegetable curry and the potato salad. Also, some of the appetizers were not warm when they were served, and a few of the event attendees complained. Lastly, we did <u>expect</u> your team to serve food to the guests, so we were a little surprised that the guests usually had to fill up their plates by themselves.

We do not consider any kind of direct compensation such as a refund, and we still intend to leave a positive review on your Web site. However, in light of the <u>issues</u> outlined above, we would appreciate it if you could provide a discount on your services when you cater our annual meeting next month, as a gesture of goodwill.

Best regards,

Lisa Lopez

6. What was the purpose of the event at the Regency Hotel?

    (a) to celebrate the opening of a library
    (b) to raise money for charity
    (c) to attract new members to an organization.
    (d) to launch a new range of books

7. What was Ms. Lopez dissatisfied with?

    (a) the temperature of some food
    (b) the price of a catering service
    (c) the venue in which the event was held
    (d) the number of guests at the event

8. What does Ms. Lopez request?

    (a) a refund of a payment
    (b) a meeting with Mr. Coppell
    (c) a lower rate on a future service
    (d) an advertisement on a Web site

9. In the context of the passage, <u>expect</u> means _____.

    (a) plan
    (b) anticipate
    (c) organize
    (d) demand

10. In the context of the passage, <u>issues</u> _____.

    (a) editions
    (b) publications
    (c) events
    (d) problems

Edward Sullivan
Editor-in-Chief, *The Crendale Gazette*

Dear Mr. Sullivan,

I am writing to you regarding Lisa Craven, who has applied for a position at your newspaper and selected me as a referee. Lisa was an exemplary student who attained top grades across all of her course modules. She consistently finished in the top five percent of her classes throughout her four years of education at Abingdon University. Furthermore, her timekeeping and attendance records were excellent, and she worked exceedingly well with her classmates on a wide variety of group assignments.

During her time at Abingdon University, Lisa also worked on a monthly newsletter that we used to <u>circulate</u> before switching to an Intranet notification system. She was responsible for writing several regular columns on a variety of topics including local events, entertainment, and sports. One of her articles concerning the need for improved recreational facilities in our town was recognized by the Abingdon Journalism Society, and she received the organization's Young Journalist of the Year Award for her work. The editor of our newsletter, Richard Feeney, had a very high opinion of Lisa's writing skills. In fact, he even recommended Lisa for her very first internship at a local paper.

I was also impressed with Lisa's dedication to her community and local charities. She was frequently involved in fundraising events and she personally raised over $3,000 in order to provide new computers in our local children's library. She accomplished this by having local residents sponsor her when she <u>competed</u> in a marathon, and this is a perfect example of her determination and strength of character.

Overall, Lisa is a talented and ambitious individual who is sure to be an asset to your publication. If you require any specific details, please do not hesitate to contact me.

Sincerely,

Greta Gruberg

Course Leader
Media Studies Department
Abingford University

1. Why is Ms. Gruberg writing to Mr. Sullivan?

   (a) to discuss a recent article
   (b) to praise the editor of a newspaper
   (c) to provide a job reference
   (d) to congratulate a former student

2. What does Ms. Gruberg NOT praise Lisa for?

   (a) working well with others
   (b) arriving to classes on time
   (c) tutoring other students
   (d) achieving impressive grades

3. Why probably did Lisa stop writing for the newsletter?

   (a) because she graduated from university
   (b) because she lost interest in journalism
   (c) because it did not allow her enough time for studying
   (d) because it was replaced with an online news system

4. What did the Abingdon Journalism Society do?

   (a) It accepted Lisa on an internship.
   (b) It awarded a prize to Lisa for her writing.
   (c) It recommended Lisa for a job.
   (d) It helped Lisa develop her writing skills.

5. How did Lisa help to raise money for a children's library?

   (a) by leading a creative writing course
   (b) by writing an article about local amenities
   (c) by taking part in a sponsored race
   (d) by contacting the owners of local businesses

6. In the context of the passage, circulate means _____.

   (a) distribute
   (b) surround
   (c) develop
   (d) speculate

7. In the context of the passage, competed means _____.

   (a) won
   (b) strived
   (c) challenged
   (d) participated

October 22

Carla Reyes
Reyes Cakes & Sandwiches

Dear Ms. Reyes,

According to our records, you received your last shipment of produce from Ralston Dairy Farm on October 17. The last time we spoke, you informed me that you would let me know whether you would be interested in extending your contract with us for another year. We truly hope that we can continue as your supplier of high-quality dairy products, as we have enjoyed a very positive business relationship with you over the past three years.

Ralston Dairy Farm has <u>undergone</u> significant expansion since its founding almost 10 years ago. We now supply products to over 3,000 businesses, primarily throughout Minnesota, Indiana, and Ohio. We are widely regarded as the leading producer of milk, yogurt, butter, and cheese in the Midwest. As you previously mentioned, our goods have been incredibly valuable to your business. For instance, you mentioned that our butter is vital to your cake frosting recipes, and that other butters simply do not compare.

I have taken the liberty of enclosing an extension contract for our business arrangement, which is due to end in ten days. You will notice that we are willing to halve our standard delivery fee should you choose to remain as one of our most valued clients. In addition, we are prepared to offer you 10 percent off your next shipment of products plus the chance to sample some of our newest products prior to their release onto the market. Take your time to consider this generous offer and get back to me at your earliest convenience. Please note that I will be on a business trip until the end of October as I will be representing our company at the Midwest Agriculture & Commerce Convention, but I would be <u>free</u> to meet with you once I return on November 1.

Sincerely,

Arthur Brannigan
Sales Manager
Ralston Dairy Farm

8. What is the purpose of the letter?

   (a) to remind a client of the terms of an agreement
   (b) to apologize for a delay that affected a recent shipment
   (c) to promote its lates ranges of products and services
   (d) to propose the continuation of a business arrangement

9. Based on the letter, what is true about Ralston Dairy Farm?

   (a) It has grown significantly over several years.
   (b) It has been in business for over a decade.
   (c) It operates farms in at least three states.
   (d) It offers lower prices than its competitors.

10. Why are does Mr. Brannigan believe his products are valuable to Ms. Reyes?

    (a) because they are low in calories
    (b) because they are delivered quickly
    (c) because they are grown locally
    (d) because they are used in her recipes

11. What is NOT a benefit mentioned by Mr. Brannigan?

    (a) samples of new products
    (b) invitations to industry events
    (c) a discount on an upcoming order
    (d) a reduction on a shipping charge

12. What will Mr. Brannigan be doing near the end of October?

    (a) inspecting a production facility
    (b) interviewing job candidates
    (c) attending a farming conference
    (d) reviewing a business contract

13. In the context of the passage, undergone means _____.

    (a) experienced
    (b) declined
    (c) evaluated
    (d) departed

14. In the context of the passage, free _____.

    (a) complimentary
    (b) valuable
    (c) loose
    (d) available

Mr. Callum Doherty,
321 Berman Road,
Edinburgh, Scotland

Dear Mr. Doherty,

We are delighted to introduce our latest stage production: *Memories of My Youth*.

The play will have its opening night at the Holyrood Theater on October 2, and it will run on Thursday and Saturday evenings for approximately three weeks. All Lothian Theater Company members whose membership payments are up-to-date may attend the opening night's performance free of charge. If you are unsure whether you are up-to-date with your fees, log in to your profile at www.ltc.co.uk/membershub.

The director of the play, Ben Wishaw, will bring his <u>distinctive</u> artistic vision and flair for expressive visual effects to the theater. Before he first tried his hand at directing plays last year, Mr. Wishaw was in charge of special effects on several successful motion pictures, gaining an excellent reputation and winning some prestigious industry awards for his work. He has also written three movie scripts during his career, but he had always <u>hinted</u> that he would one day like to embark on a career in theater, directing his first stage play last November.

*Memories of My Youth* will include well-written, interesting characters, expertly-choreographed dance routines, and memorable songs. The cast of the play is comprised of several amateur actors alongside some seasoned professionals. Several highly respected theater critics are expected to attend the opening night of the event. Following the performance on October 2, the actors will participate in a "meet and greet" session. All attendees, including members, must pay an additional $20 if they wish to attend this special event. If you would like to reserve a seat for the opening night of the play, please contact me directly at 555-3907 so that I can make the necessary arrangements.

Kind regards,

Harriet Granton
Members Services Director
Lothian Theater Company

15. What is the purpose of the letter?

    (a) to attract new members to a theater group
    (b) to remind members to pay membership fees
    (c) to announce the reopening of a theater
    (d) to extend an invitation to a new play

16. How can members check their membership fees?

    (a) by making a phone call
    (b) by sending an e-mail
    (c) by visiting a Web site
    (d) by requesting an invoice

17. For what has Mr. Wishaw received acclaim?

    (a) directing stage plays
    (b) writing scripts for movies
    (c) creating special effects in films
    (d) choreographing dance performances

18. Based on the letter, what will happen on October 2?

    (a) A director will deliver a speech.
    (b) Some theatrical experts will watch a performance.
    (c) Auditions will be held for a play.
    (d) Awards will be presented to performers.

19. How can attendees meet with actors from a play?

    (a) by filling out an online form
    (b) by paying an extra charge
    (c) by purchasing a more than one ticket
    (d) by showing up at a venue early

20. In the context of the passage, distinctive means _____.

    (a) important
    (b) renowned
    (c) unique
    (d) intuitive

21. In the context of the passage, hinted means _____.

    (a) implied
    (b) assumed
    (c) promised
    (d) aspired

SUPPLEMENT
1

# 주제별 어휘

G-TELP
READING

## • 미술, 공예 관련 필수 VOCA

abstract painting [명] 추상화

appreciation [명] 감상, 평가

artisan [명] 장인, 기능공

brushwork [명] 화풍, 화법

calligraphy [명] 서예

composition [명] (미술) 구도, (음악) 작곡

craft [명] 수공예

engraving [명] 판화, 조각

etching [명] 부식 동판술, 에칭(화)

expressionism [명] 표현주의

fine arts [명] 미술

formative arts [명] 조형 미술

hue [명] 색조

illustration [명] 삽화

impressionism [명] 인상주의

lithograph [명] 석판화

mural/wall painting [명] 벽화

piece [명] 작품

portrait [명] 인물화

rendering [명] 표현

self-portrait [명] 자화상

sculpture [명] 조각(상)

still picture [명] 정물화

subject [명] 대상, 소재

ornament [명] 장식품

washes [명] 담채(화)

wood carving [명] 목각

antique [명] 골동품 (= curio)

## • 예술(음악) 관련 필수 VOCA

accompaniment [명] 반주

acoustic [형] 음향의, 청각의

andantino [부] 조금 느리게

appreciation [명] 평가, 이해

arrange [동] 편곡하다

cacophony [명] 불협화음

caricature [명] 풍자화

chord [명] 화음

choreography [명] (발레의) 안무

chromatic [형] 반음계의, 색채의

choir [명] 합창단, 성가대

chorus [명] 후렴

compose [동] 작곡하다

instrument [명] 악기

percussion [명] 타악기

performance [명] 연주, 공연

pitch [명] 음의 높이

refrain [명] 후렴 (= chorus)

scale [명] 음계

strings [명] 현악기

tone-deaf [형] 음치의

tune [명] 가락, 선율

undertone [명] 저음

## • 문학, 언어 관련 필수 VOCA

biography 몡 전기, 일대기

censorship 몡 검열

character 몡 등장인물

cliché 몡 상투적 문구

copyright 몡 판권, 저작권

crib 몡 표절물, 동 베끼다

dialect 몡 방언

excerpt 몡 인용구, 발췌(문)

fable 몡 우화

fairy tale 몡 동화

fiction 몡 소설(= novel), 허구

genre 몡 장르

literacy 몡 읽고 쓰는 능력

manuscript 몡 원고

metaphor 몡 은유, 비유

narrative 몡 이야기, 소설

plot 몡 줄거리

piracy 몡 저작권 침해

pirate 몡 저작권 침해자

proofread 동 교정보다

pseudonym 몡 익명, 필명, 가명

recite 동 암송하다, 낭독하다

rhetoric 몡 수사법, 미사여구

royalty 몡 특허사용료

satire 몡 풍자

synopsis 몡 줄거리

## • 경제, 사회, 경영 관련 필수 VOCA

audit 몡 회계 감사

auction 몡 경매

bankruptcy 몡 도산, 파산

bid 동 입찰하다, 몡 입찰(가)

boom 몡 호황

budget 몡 예산

civic movement 몡 시민 운동

collective behavior 몡 집단 행동

current price 몡 시가

currency 몡 통화

credit 몡 신용 거래, 융자, 신용도, 입금

depression 몡 불경기

discrepancy 몡 모순, 차이

donation 몡 기부(금)

domestic 혱 국내의, 가정의

enterprise 몡 기업

export 동 수출하다

gross national product 몡 국민총생산(GNP)

imbalance 몡 불균형(상태)

import 동 수입하다

inflation 몡 인플레이션(물가 상승)

international trade 몡 국제 무역

institution 몡 제도, 관례

interest 몡 이자

kinship 몡 혈연관계, 친족

manipulation 몡 주가 조작

monetary 혱 화폐의

monopoly and oligopoly 몡 독과점

population density 몡 인구밀도

practice 몡 관례, 관습

quota 몡 쿼터, 할당량

social disorders 몡 사회 불안

surplus 몡 흑자

tycoon 몡 실업계의 거물, 재벌

advance 동 선불하다

appraise 동 값을 매기다, 평가하다

barter 동 물물교환하다 (= swap)

bidding 명 입찰

bill 명 청구서, 계산서

black ink balance 명 흑자

blue chips 명 우량주

buoyant 형 (시세가) 오름세의

bust 동 파산시키다

bystander 명 방관자

cession 명 양도

counterfeit 형 가짜의

covenant 명 계약, 약속

declare 동 과세품을 신고하다

deficit 명 적자

deflation 명 통화 긴축

depreciation 명 가치 하락

detriment 명 손해, 손상

due 형 지불되어야 할

endorse 동 배서하다

extravagance 명 낭비(= profligacy)

fiscal 형 국고의, 국가 재정의

fluctuation 명 변동

forge 동 위조하다

bond 명 채권, 유대, 결합

incorporation 명 합병(= consolidation)

inflation 명 통화 팽창

installment 명 이윤, 할부

inventory 명 명세표

levy 동 부과하다, 징수하다

facility 명 공공 편의시설

fund 명 기금, 자금

welfare 명 복지

## • 역사 관련 필수 VOCA

aristocracy 명 귀족

artifact 명 인공 유물

colony 명 식민지

diggings 명 발굴물, 발굴지

epoch 명 시대

emperor 명 황제

excavation 명 발굴, 출토품

extinct 형 멸종한

flourish 동 (문명이) 번영하다

fossil 명 화석

hieroglyph 명 상형 문자

medieval 형 중세의

patron 명 후원자

pilgrim 명 순례자

relics 명 유물, 유적

ruins 명 유적

specimen 명 표본

unearth 동 발굴하다

ups and downs 명 영고성쇠, 기복

## • 생물 관련 필수 VOCA

airborne 형 공기로 운반하는, 비행 중인

adaptation 명 적응

avian 형 조류의

breed 동 사육하다, 명 품종

biochemistry 명 생화학

biological clock 명 생체 시계

biped 명 이족 동물

botany 명 식물학

carnivore 명 식육류, 육식동물

carnivorous 형 육식성의, 식충성의

chromosome 몡 염색체

ferment 몡 효소, 동 발효시키다, 발효되다

fermentation 몡 발효(작용)

genetics 몡 유전학, 유전적 특질

genus 몡 종류, 속

herbivorous 혱 초식성의

heredity 몡 유전 형질

mammal 몡 포유류

metabolism 몡 신진 대사

nocturnal 혱 야행성의

nutrient 몡 양분, 영양소

omnivorous 혱 잡식성의

pigmentation 몡 색소 형성

quadruped 몡 사족 동물

reptile 몡 파충류

respiration 몡 호흡 작용

arbor 몡 나무그늘, 정자

atavism 몡 격세 유전

bark 몡 나무 껍질

beak 몡 (새의) 부리

bloom 몡 꽃, 동 꽃을 피우다, 꽃이 피다

bouquet 몡 꽃다발

bunch 몡 송이(= cluster)

claw 몡 발톱

dinosaur 몡 공룡

dominant 혱 우성의

recessive 혱 열성의

ecology 몡 생태학

ivy 몡 담쟁이 덩굴

larva 몡 애벌레, 유충 (복수형 larvae)

timber 몡 (건축용) 재목

parasite 몡 기생충

photosynthesis 몡 광합성

piscatorial 혱 어업의

primate 몡 영장류

## • 의학 관련 필수 VOCA

abortion 몡 낙태(= feticide)

acute 혱 급성의

chronic 혱 만성의

aggravate 동 악화시키다

amnesia 몡 기억상실증, 건망증

antibiotic 혱 항생물질의, 몡 항생제

artery 몡 동맥

arthritis 몡 관절염

clinical 혱 임상의

coma 몡 혼수 상태

contagion 몡 전염, 감염

delivery 몡 분만

diabetes 몡 당뇨병

diagnose 동 진단하다

disorder 몡 장애

disinfect 동 소독하다

disinfectant 몡 소독약, 살균제

dose 몡 (1회) 복용량

fatigue 몡 피로

germ 몡 세균

heal 동 (상처가) 낫다, 치유하다

hepatitis 몡 간염

hygiene 몡 위생

hypnosis 몡 최면

immunity 몡 면역

infectious 혱 전염성의

influenza 몡 독감(= flu)

inoculate 동 예방 접종하다(= vaccinate)

insomnia 명 불면증

lethal 형 치명적인

lethargy 명 무기력, 권태, 나른함, 혼수(상태)

malnutrition 명 영양 실조(= dystrophy)

mutation 명 돌연변이

obesity 명 비만

paralysis 명 마비, 중풍

pregnancy 명 임신

prescription 명 처방전

remedy 명 치료(약)

sanitary 형 위생적인

secrete 동 분비하다

side effect 명 부작용

sneeze 명 재채기, 동 재채기하다

stroke 명 뇌졸중

surgeon 명 외과 의사

surgery 명 외과, 수술

symptom 명 증상

therapy 명 치료, 요법

transfusion 명 수혈

tolerance 명 내성

vaccination 명 예방 접종

vegetable 명 식물 인간

vein 명 정맥

## • 천문, 우주, 기상 관련 필수 VOCA

Galaxy 명 은하수 (= the Milky Way)

Jupiter 명 목성

Mars 명 화성

Mercury 명 수성

Neptune 명 해왕성

Pluto 명 명왕성

Saturn 명 토성

Uranus 명 천왕성

Venus 명 금성

asteroid 명 소행성

astrology 명 점성학

astronomy 명 천문학

atmospheric pressure 명 기압

comet 명 혜성

constellation 명 성좌, 성단

heavenly body 명 천체

humidity 명 습도

solar eclipse 명 일식

lunar eclipse 명 월식

eclipse 명 일식, 월식

mass 명 질량, 덩어리, 형 많은

meteor 명 유성, 운석(= meteorite)

orbit 명 궤도, 동 궤도를 돌다

overcast 형 구름으로 뒤덮인, 흐린

planet 명 행성

polestar 명 북극성(= the Polaris)

rotation 명 자전 ↔ revolution 명 공전

satellite 명 위성

avalanche 명 눈사태

blast 명 돌풍

blizzard 명 눈보라

congeal 동 엉기다, 굳다

damp 명 습기

dreary 형 음산한

drought 명 가뭄

fallout 명 낙진

frigid 형 추운, 냉랭한

hail 명 우박, 싸락눈

haze 명 연무, 실안개

monsoon 명 계절풍, 우기, 장마

precipitation 명 강수량

serene 형 맑은, 고요한

shiver 명 떨다

sleet 명 진눈깨비

tempest 명 폭풍우

torrid 형 매우 더운

tropical 형 열대성의

thunderstorm 명 뇌우

trade wind 명 무역풍

weather phenomenon 명 기상 현상

wind velocity 명 풍속

## • 교육 관련 필수 VOCA

academic advisor 명 지도 교수

academic record 명 학업 성적

application form 명 입학 원서

bachelor 명 학사

coeducation 명 남녀 공학

commencement 명 졸업식

commute 동 통학하다

cultural subject 명 교양 과목(= Liberal Arts)

curriculum 명 교육 과정

curve 명 상대 평가

dean 명 학장

diploma 명 졸업장

dropout 명 중퇴(자), 낙제

enrollment 명 등록, 입학

faculty 명 교수진, 학부

flunk 동 낙제하다

illiteracy 명 문맹

major subject 명 전공 과목

postgraduate 형 대학원의

prerequisite 명 선수 과목, 필수 과목

required subject 명 필수 과목

roll 명 출석부

scholarship 명 장학금 (= bursary, fellowship)

absolute scale 명 절대 평가

thesis 명 (학위) 논문

transcript 명 성적 증명서, 기록부

undergraduate 명 대학생, 학부생

## • 취업, 채용, 인사 승진 관련 VOCA

accept 동 수락하다, 승낙하다

acquire 동 매입하다, 취득하다, 인수하다

addition 명 충원 인력, 추가(된 것)

advisory 형 자문의, 고문의

announce 동 발표하다

appeal 동 관심을 끌다, 매력적이다

applicant 명 지원자, 신청자

appoint 동 임명하다, 지명하다

appraisal 명 평가

apprehensive 형 걱정하는, 염려하는

asset 명 자산

assistant 명 조력자, 조수, 비서, 형 보조의

award 명 상, 동 (상 등을) 수여하다

candidate 명 지원자, 후보자

certification 명 증명(서)

clerical 형 사무직의

compensation 명 보상(금), 보수, 급료

competent 형 유능한, 감당할 수 있는, 능숙한

competitor 명 경쟁업체, 경쟁자

condition 명 조건

confidence 명 확신, 자신, 신임

considerable 형 (정도나 양이) 상당한

consideration 명 고려사항, 숙고

consultant 명 고문, 컨설턴트

contribute 동 기여하다, 공헌하다

dedicated 형 (목표 등에) 전념하는, 헌신적인

dedication 명 헌신

degree 명 학위

department 명 (조직, 기구 등의) 부서

dependable 형 믿을 수 있는, 기댈 만한

designate 동 지명하다, 지정하다

diligent 형 성실한

duty 명 직무, 업무

effective 형 시행되는, 발효되는, 효력 있는

electronically 부 컴퓨터로, 전자로

eligible 형 자격이 있는, 적임의

employment 명 취업, 고용, 채용

encouragement 명 격려

enhance 동 향상시키다, 높이다, 강화하다

establish 동 설립하다

ethic 명 윤리, 도덕

evaluate 동 평가하다

excellent 형 훌륭한, 탁월한

exceptional 형 이례적인, (이례적으로) 뛰어난

expertise 명 전문지식[기술]

extensive 형 폭넓은, 광범위한

field 명 분야, 방면

fill 동 충원하다

fire 동 해고하다

fit 동 ~에 들어맞다, 적절하다, 형 적절한,
명 적합한 것

hire 동 고용하다, 명 신입 사원

ideal 형 이상적인, 가장 알맞은, 명 이상

impressed 형 인상깊게 생각하는, 감명을 받은

independent 형 독립적인, 독자적인

inexperienced 형 경험이 부족한, 미숙한

informed 형 박식한, 잘 아는

initiate 동 (사업 등을) 착수하다, 시작하다

interested 형 관련 있는, 관심이 있는

interview 명 면접, 동 면접을 보다

invite 동 초대하다, 요청하다

join 동 ~에 합류하다, 입사하다

leadership 명 지도력, 통솔력

limited 형 한정된, 제한된

literacy 명 읽고 쓰는 능력, 활용 능력, 교양이 있음

managerial 형 관리의, 경영의

mandatory 형 의무적인

occupation 명 직업

opening 명 공석, 결원, 개장, 개시

opportunity 명 기회

outstanding 형 뛰어난, 눈에 띄는, 미해결의, 미지불된

payroll 명 임금 장부, 급료 명부

performance 명 실적, 성과, 공연, 연주, 연기

permanent 형 영구[영속]적인

persist 동 (집요하게) 계속하다, 계속되다, 지속되다

personnel 형 인사(과)의, 명 전체 직원

position 명 일자리, 직책, 위치, 동 두다

professional 형 전문적인, 직업의, 명 전문가

proficiency 명 숙달, 능숙

promote 동 승진시키다, 촉진하다

prospective 형 유망한, 장래의

qualified 형 자격(증)이 있는, 적격의

recommendation 명 추천(서), 권고

recruit 동 (직원 등을) 모집하다

reference 명 추천서, 참고, 추천인
동 참고 문헌을 달다

requirement 명 필요 조건, 요건

resignation 명 사임, 사직(서)

responsibility 명 책임, 책무

résumé 명 이력서

retention 명 유지, 보유, 보존

retire 동 은퇴하다, 퇴직하다

select 동 선발하다, 선택하다

training 명 교육, 훈련

transfer 동 보내다, 전근시키다

wage 명 임금, 급료

executive 명 대표이사, 임원, 형 경영의, 관리의

• 업무, 동료 관련 필수 VOCA

accessible 형 출입할 수 있는, 이용할 수 있는

accidentally 부 뜻하지 않게, 우연히

adaptable 형 쉽게 적응하는, 순응하는

advisable 형 바람직한, 합당한

afford 동 ~할 수 있다, (시간적, 경제적으로) 여유가 되다

announcement 명 공고, 발표

apparent 형 분명한, 누가 봐도 알 수 있는

apparently 부 보아 하니, 분명히

appreciate 동 고맙게 생각하다, 높이 평가하다,
감상하다

aspect 명 측면, 양상

assignment 명 임무, 할당된 일

associated 형 관련된, 연합된

attend 동 참석하다

aware 형 알고 있는, 인식하고 있는

benefit 명 수당, 보조금, 혜택, 동 도움이 되다

borrow 동 빌리다, 차용하다

break 명 휴식, 중단, 동 깨뜨리다, 깨지다, 고장 나다

care 명 관리, 돌봄, 보호 동 돌보다, 좋아하다

clarify 동 명확하게 하다

collaborate 동 협력하다, 공동으로 작업하다

compile 동 (자료 등을 모아) 정리하다, 편집하다

compliance 명 (명령, 법규 등) 준수

concerned 형 염려하는, 걱정하는, 관련된

congenial 형 마음이 통하는, 성격에 맞는

consistency 명 한결같음, 일관성

contain 동 포함하다

contribute 동 기여하다, 이바지하다, 기고하다

demonstrate 동 증명하다, (실례 등으로) 설명하다

divide 동 나누다, 분할하다

donate 동 기부하다, 기증하다

earn 동 (자격을) 얻다, (돈을) 벌다

effective 형 효과적인, (법률 등이) 발효되는, 시행되는

entail 동 (필연적 결과로서) 수반하다

essential 형 필수적인, 극히 중요한, 본질적인

expertise 명 전문 지식, 전문 기술

extended 형 (기간 등을) 연장한, 장기간에 걸친

face 동 (문제 등에) 직면하다, 마주보다, 명 얼굴

farewell 명 작별 (인사)

feedback 명 의견, 반응

fluent 형 (외국어가) 유창한, (기술이) 능숙한

follow 동 ~을 따라가다, (분명히) 이해하다

frustrated 형 실망한, 좌절감을 느끼는

fulfill 동 (조건을) 만족시키다, 이행하다

further 형 더 이상의, 추가의, 부 한층 더

gap 명 격차, 간격

generously 부 후하게, 관대하게

give 동 (연설, 수업 등을) 하다, 주다, 수여하다

grateful [형] 고마워하는, 감사하는

guarantee [동] 보장하다, [명] 보장

halt [동] 중단시키다, 멈추다, [명] 중단, 멈춤

helpful [형] 도움이 되는, 유용한

hesitate [동] 망설이다, 주저하다

implement [동] 실시하다, 실행하다

independently [부] 독립하여, 따로

inform [동] 알리다, 통보하다

intensify [동] 강화하다, 증대하다, 강렬하게 만들다

introduce [동] 소개하다, 도입하다, (상품을) 선보이다

leave [명] (특별 사유에 의한) 휴가, [동] 떠나다, 출발하다

major [형] 주요한, 중대한 [명] 전공

mark [동] 기념하다, 흔적을 남기다, [명] 자국, 흔적

match [동] 일치하다, 맞추다, 어울리다
[명] 일치(하는 것), 잘 어울리는 것

matter [명] 문제, 일, [동] 중요하다, 문제되다

nominate [동] (후보자로) 추천하다

on-site [형] 현장의, 현지의

outline [명] 개요, [동] 설명하다, 약술하다

outstanding [형] 우수한, (부채 등이) 미지불된

overview [명] 개요, 개관

permanently [부] 영구적으로

personal [형] 개인적인, 개인의

pertinent [형] 적절한, 관련 있는

productive [형] 생산적인, 결실 있는

promptly [부] 즉시, 정각에

provider [명] 공급자, 제공자

realistically [부] 현실적으로

remainder [명] 나머지

replacement [명] 교체(품), 후임자

resourceful [형] 기지가 있는, 수완이 좋은

respect [명] 존경(심), 경의

retain [동] 보유하다, 유지하다

security [명] 경비, 보안

session [명] (특별한 활동을 위한) 시간, 기간, 회기

shift [명] 교대조, 교대 근무(시간), 변화
[동] 옮기다, 바꾸다, 바뀌다

sophisticated [형] 정교한, 복잡한, 세련된

speak [동] 이야기하다

subsequent [형] 차후의, 그 다음의

supervisor [명] 상사, 관리자

timely [형] 시기적절한, 때를 맞춘

usual [형] 보통의, 평상시의

workplace [명] 직장, 일디

## • 법률, 규정, 제약 관련 필수 VOCA

abolish [동] (제도, 법률 등을) 폐지하다

access [명] 접근, [동] 접근하다, 도달하다

act [명] 법령, 행위, [동] 판결을 내리다, 행동하다

adhere [동] 지키다, 고수하다

agreement [명] 계약, 협정, 합의

alliance [명] 동맹, 제휴

approach [명] 접근법, 처리 방법

approval [명] 승인, 인가

arrangement [명] 준비, 마련, 주선

attire [명] 복장, 옷차림새

authorize [동] 인가하다, 권한을 부여하다

ban [명] 금지, [동] 금지하다

bid [명] 입찰(가)

challenging [형] 도전적인, 힘든

code [명] 규범, 관례, 암호

collaborate [동] 협력하다, 공동으로 일하다

commission [명] 수수료, 위원회, [동] 의뢰하다

compensation [명] 보상금, 보상

comply [동] 준수하다, 따르다

compromise [명] 타협, 절충

concern [명] 우려, 걱정, 문제, 일,
　　　　[동] ~을 걱정스럽게 하다

confidentiality [명] 기밀, 비밀

conflict [명] 대립, 충돌, 갈등

constant [형] 지속적인, 끊임없는

contract [명] 계약(서), [동] 계약하다, 수축하다

cooperatively [부] 협력하여, 협조적으로

deadlock [명] 교착 상태

dedicate [동] 전념하다, 헌신하다, 바치다

define [동] 규정하다, 정의하다

direction [명] 방향, 지시, 감독

dispute [명] 분쟁, 논쟁

drastically [부] 심하게, 철저하게

effect [명] 효력, 효과, 영향, [동] 결과로서 ~을 가져오다

enable [동] 가능하게 하다

enforce [동] (법률을) 시행하다, 집행하다

exception [명] 예외

expire [동] (계약 등이) 만료되다

form [명] 종류, 유형, 양식

foundation [명] 토대, 기초

habit [명] 습관, 버릇

immediately [부] 즉시, 곧장

imperative [형] 반드시 해야 하는, 필수적인

impression [명] 인상

initially [부] 처음에, 초기에

inspection [명] 점검, 검사

legislation [명] 법률, 법규, 입법

mandate [동] 명령하다, 지시하다, [명] 권한, 지시, 명령

modify [동] 수정하다, 일부 변경하다

narrow [동] (범위 등을) 좁히다, [형] 좁은

negative [형] 부정적인, 비관적인

negotiation [명] 협상, 교섭

objection [명] 반대, 이의

obligation [명] 의무, 책임

omit [동] 빠트리다, 생략하다

option [명] 선택권

originally [부] 원래, 처음에는

permission [명] 허락, 허가

policy [명] 규정, 보험 증권

procedure [명] 절차

proceed [동] (일을) 진행하다, 진척되다

proficient [형] 능숙한, 능한

prohibit [동] 금지하다

proposal [명] 제안(서)

refrain [동] 자제하다, 삼가다

regulation [명] 규율, 규칙

renew [동] (계약 등을) 갱신하다

restrict [동] 한정하다, 제한하다

review [동] 검토하다, 재조사하다

revise [동] (의견, 계획을) 수정하다, 변경하다

revised [형] 수정된, 변경된

security [명] 보안, 안전, 보호

settle [동] 해결하다, 처리하다

severely [부] 엄격하게, 심하게

signature [명] 서명

standard [명] 기준, 표준

stipulation [명] 계약 조건, 규정

term [명] 조건, 임기, 기한, 용어

terminate [동] 끝내다, 종결시키다

thoroughly [부] 철저하게, 완전히, 대단히

totally [부] 완전히, 전적으로

unoccupied [형] 비어 있는, 사람이 살지 않는

unveil 동 제막식을 하다, 베일을 벗기다, 발표하다

use 명 사용, 이용, 동 사용하다, 이용하다

utility 명 공공시설, 공공요금

verification 명 확인, 조회, 입증

violate 동 어기다, 위반하다

wing 명 부속 건물

withstand 동 견뎌내다, 버티다

## • 대화 관련 필수 VOCA

appeal 동 (법률, 양심 등에) 호소하다

appealing 형 호소하는 듯한, 매력적인

apply 동 (문서 등을 통하여) 신청하다(for)

applicant 명 응모자, 후보자

petition 동 청원하다, 간청하다

petitionary 형 청원의, 탄원의

admit 동 (마지못해) 인정하다

admittance 명 입장 (허가)

acknowledge 동 인정하다

acknowledgment 명 승인, 자백, 감사

accept 동 (동의하여) 받아들이다

acceptable 형 수락할 수 있는

consent 동 동의하다

request 동 요청하다, 의뢰하다

beg 동 간청하다, 구걸하다

dissent 동 반대하다

deny 동 부정하다, 거절하다

denial 명 부정, 부인

object 동 반대하다

objection 명 반대, 이의

advise 동 충고하다, 조언하다

advisory 형 충고의, 고문의

counsel 동 충고하다

counselor 명 고문, 상담역

warn 동 경고하다, 주의를 주다

warning 명 경고, 주의

caution 명 경계, 경고, 동 경고하다

cautious 형 주의 깊은, 신중한

promise 동 약속하다

promising 형 유망한

engage 동 약속하다, 보증하다

contract 동 계약하다

pledge 동 서약하다

pledgeable 형 보증할 수 있는

swear 동 맹세하다

conversation 명 회화, 대화

expression 명 표현, 표정

information 명 정보

mention 명 언급, 진술, 동 언급하다

opinion 명 의견, 견해

view 명 견해, 관점

comment 명 의견

remark 명 논평, 발언, 의견, 동 말하다

state 동 진술하다

chat 동 담소를 나누다

blame 동 비난하다

describe 동 서술하다

pronounce 동 발음하다

murmur 동 중얼거리다, 투덜대다

chatter 동 재갈거리다

complain 동 불평하다

scold 동 꾸짖다

whisper 동 속삭이다

utter 동 말하다

propose 동 (계획 따위를) 제안하다

suggest 동 제안하다, 시사하다

offer 동 (의견을) 제안하다, 제공하다

move for 동 (정식으로) 제의하다

discuss 동 토의하다, 논의하다

contend 동 논쟁하다, 주장하다, 다투다

argue 동 논쟁하다, 주장하다

confer 동 의논하다, 수여하다

assert 동 단언하다

insist 동 강요하다(on), 주장하다

persist 동 주장하다(in)

claim 동 요구하다

## • 교양, 예술, 방송 관련 필수 VOCA

acclaimed 형 찬사를 받은, 호평을 받은

accompany 동 동행하다, 동반하다

admission 명 입장

advocate 명 옹호자, 동 지지하다

anonymous 형 익명의, 이름을 모르는

antique 명 골동품

appeal 동 관심[흥미]를 끌다, 명 매력

appear 동 나타나다, 출현하다

archive 명 기록(문서) 보관소, 공문서

attentively 부 주의 깊게, 조심스럽게

audience 명 청중, 관객

author 명 작가, 저자

avid 형 열심인, 열렬한

brochure 명 (홍보용) 소책자, 상품 안내 책자

capacity 명 용량, 수용력, 수용 인원

celebrity 명 유명인사, 명사

collection 명 소장(품), 수집(물), 징수, 수금

commit 동 헌신하다, 전념하다

complete 동 완료하다, 완성하다, 형 완전한, 완료된

condensed 형 응축한, 요약한, 간결한

contributor 명 공헌자, 기부자

controversial 형 논쟁의, 논란이 많은

cover 동 취재하다, 보도하나, 명 (책, 잡지 등의) 표지

credit 동 (공적, 명예 따위를)~에게 돌리다,
　　　명 신용, 인정

critically 부 비평[비판]적으로, 결정적으로

culminate 동 절정에 이르다, (결국) 끝이 나다

defy 동 저항하다, (설명, 묘사 등이) 거의 불가능하다

devoted 형 헌신적인, 충실한

diversify 동 다각화하다, 다양화하다, 다양해지다

drawing 명 그림, 데생

edition 명 (간행물의) 판

editor 명 편집자

eliminate 동 없애다, 제거하다

emerge 동 부상하다, 나타나다

encouraging 형 장려하는, 유망한

engage 동 관여하다, 종사하다

enlightening 형 계몽적인, 깨우치는

exclusive 형 독점적인, 배타적인

exhibition 명 전시회

expire 동 만료되다, 끝나다

extend 동 (기한 따위를) 연장하다, 늘리다

fascinating 형 매혹적인, 황홀한

figure 명 인물, 사람, 모습, 수치, 숫자

host 명 진행자, 주최자, 동 진행하다, 주최하다

improvise 동 즉흥적으로 하다, 즉석에서 만들다

inaugural 형 개시의, 취임(식)의

informative 형 유익한, 정보를 주는

inspiration 명 영감, 영감을 주는 것(사람)

issue 명 (잡지 등의) 호, 문제, 쟁점
　　　동 발표하다, 발행하다

journal 명 (전문적인) 잡지[신문], 학술지, 정기 간행물

layout 명 배치, 구획

manuscript 명 원고

media 명 언론 매체, 매스 미디어

moderate 동 사회를 보다, 조정하다, 형 중간의, 적당한

network 명 방송망, 방송국, 네트워크

note 동 주목하다, 유의하다, 언급하다 명 주목, 유의, 언급

notice 동 알아차리다, 주목하다, 명 주목, 통보, 공고문

observe 동 관찰하다, 주시하다, 준수하다, 지키다

outgoing 동 (장소를) 출발하는, 떠나는, (지위를) 떠나는

overwhelming 형 압도적인, 굉장한

particularly 부 특히

perform 동 (과제, 의무 등을) 행하다, 실행하다

placement 명 배치, 놓기

popular 형 인기 있는

post 동 (안내문 등을) 게시하다, 공고하다

prefer 동 선호하다, 더 좋아하다

preliminary 형 예비의, 준비의 명 예비 행위, 사전 준비

premier 형 으뜸의, 첫째의

premises 명 건물, 점포, 구내

present 동 제공하다, 명 선물, 현재 형 현재의, 참석한

prior 형 이전의, 먼저의

proliferation 명 급증, 확산

promising 형 전도유망한, 장래성 있는

publication 명 출판(물), 발행

publisher 명 출판인, 출판사

recreational 형 여가의, 기분 전환용의

remind 동 상기시키다, 다시 한번 알려주다

required 형 필수의, 의무적인

respective 형 각자의, 각각의

rest 동 쉬다, 휴식을 취하다, 명 휴식, 나머지

resume 동 재개하다, 다시 시작하다

review 명 논평, 비평, 동 논평하다, 비평하다

schedule 명 일정, 동 일정을 잡다

showing 명 (영화, 연극의) 상영, 상연, 전시

station 명 방송국, 방송 (프로)

subscribe 동 (신문, 잡지 등을) 구독하다

talented 형 (타고난) 재능이 있는

temporarily 부 일시적으로, 임시로

unavailable 형 이용할 수 없는, 손에 넣을 수 없는

upcoming 형 곧 있을, 다가오는

valid 형 유효한, 타당한

value 명 가치, 값, 동 가치 있게 생각하다, 평가하다

valuable 형 가치 있는, 소중한

variety 명 다양성, 변화

## • 주거, 일상생활 관련 필수 VOCA

reside 동 살다, 거주하다

residence 명 주택, 주거

resident 명 거주자

residential 형 주거의

dwell 동 살다, 거주하다

dweller 명 거주자

dwelling 명 주거(지), 주택

inhabit 동 살다, 거주하다

inhabitable 형 거주할 수 있는

inhabitant 명 주민

habitat 명 서식지, 거주지

habitation 명 거주지, 주소

habitant 명 주민, 거주자

## • 건설, 공사 관련 필수 VOCA

adhere 동 들러붙다, 부착되다

adjacent 형 인접한

affix 동 붙이다, 부착하다

allocate 동 할당하다, 배정하다

appropriate 형 적당한, 적합한

architect 명 건축가

arrange 동 배열하다, 정돈하다

assessment 명 평가(한 내용)

authority 명 당국, 권한, 권위(자)

authorization 명 공식 허가, 허가증, 면허

casually 부 약식으로, 우연히, 무심코

cause 동 야기시키다, 초래하다, 명 원인, 이유

choose 동 선택하다, 고르다

coincide 동 (일이) 동시에 일어나다

community 명 지역 사회, 공동체

compartment 명 구획, 구분, 칸

compulsory 형 의무적인

conceive 동 (생각, 계획) 마음에 품다, 상상하다

consist 동 구성되다, 이루어지다

construction 명 건설, 공사

contractor 명 계약자, 도급업자

defer 동 미루다, 연기하다

delay 동 미루다, 지연시키다, 명 지연, 연기

demolish 동 철거하다, 허물다

densely 부 빽빽이, 밀집하여

develop 동 개발하다, 발전시키다

district 명 지역, 지구

drape 동 직물 등으로 장식하다

durable 형 내구성이 있는, 오래 가는

enclosed 형 둘러싸인, 동봉된

encounter 동 맞닥뜨리다, 마주치다, 명 만남, 접촉

enlarge 동 확장하다, 확대하다

entrance 명 입구, 입장

equipment 명 장비, 설비

excavation 명 굴착, 땅파기, 발굴(지)

expansion 명 확대, 확장

expose 동 드러내다, 노출시키다

facility 명 시설, 설비

foundation 명 (건물의) 토대, 기초

furnished 형 가구가 비치된

generosity 명 너그러움, 관대

inclusion 명 포함(된 것)

installation 명 설치, 장치, 시설

insulation 명 절연체, 단열, 절연

integrate 동 (부분, 요소를) 통합하다, 통합되다

interfere 동 방해하다, 해치다

interrupt 동 중단시키다, 방해하다, 차단하다

lease 명 임대차 계약, 동 임대하다

location 명 장소, 위치

maintain 동 유지하다, 관리하다

minimal 형 최소(한도)의, 아주 적은

opposition 명 반대, 항의

permit 명 허가(증), 동 허락하다, 허가하다

pose 동 (문제를) 제기하다, 포즈를 취하다

power 명 전기, 동력, 에너지, 동 동력을 공급하다

presently 부 현재

primarily 부 주로, 첫째로, 본래

procedural 형 절차상의

propose 동 제안하다, 제의하다

reconsider 동 재고하다

regularly 부 정기적으로

relocate 동 이동하다, 이전하다

relocation 명 이전, 재배치

renewal 명 재개발, 갱신

renovate 동 개조하다, 보수하다

renovation 명 보수 공사, 혁신, 개혁

repair 동 수리하다

restore 동 회복시키다, 복원하다

search 동 찾다, 수색하다, 검색하다(for)

skillfully 부 솜씨 있게, 교묘하게

solely 부 오로지, 단독으로

spacious 형 (공간이) 넓은

splendor 명 훌륭함, 탁월함, 동 화려하게 장식하다

storage 명 저장(소), 창고

structure 명 구조(물), 건축물, 동 조직하다, 구축하다

tenant 명 세입자, 거주자, 동 임차해서 살다

thoroughly 부 철저히, 완전히

unprecedented 형 전례가 없는, 비길 데 없는

welcome 형 반가운, 환영받는
        동 환영하다, 맞이하다

# 동의어 50제

This service <u>addresses</u> the inconvenience of carrying workout clothes to the gym and washing them at home every day. If you put the clothes in a designated area after your workout, they will be washed and placed in your locker for you to wear again. This service costs only $5 a month.

1. In the context of the passage, <u>addresses</u> means _____.
(a) speaks
(b) proposes
(c) requires
(d) resolves

A baby was born from a transplanted uterus from a <u>deceased</u> donor, which was the first time ever in North America. The mother successfully delivered a healthy baby girl.

2. In the context of the passage, <u>deceased</u> means _____.
(a) declined
(b) dead
(c) living
(d) finished

Ms. Timberlake always strives to <u>identify</u> the needs of her students in the class.

3. In the context of the passage, <u>identify</u> means _____.
(a) notify
(b) initiate
(c) determine
(d) prescribe

Jenny's Lab is the next generation of pop-up restaurant. The restaurant's <u>objective</u> is to give young staff who cook in the kitchens an opportunity to create their own art that customers can enjoy.

4. In the context of the passage, <u>objective</u> means _____.
(a) goal
(b) suggestion
(c) demand
(d) claim

Rural American towns are quite empty and dark after 10 p.m., so providing light is essential for security. Thus, the government is planning to add green and blue light on the streets to <u>enhance</u> residents' safety.

5. In the context of the passage, <u>enhance</u> means _____.
(a) lift
(b) emerge
(c) save
(d) boost

---

John had been writing for years, but his big <u>break</u> came when his third novel became a huge international bestseller.

6. In the context of the passage, <u>break</u> means _____.
(a) pause
(b) recess
(c) crack
(d) opportunity

---

As health and support networks decline in the community, older people with chronic diseases can face <u>perilous</u> situations where they don't get any medical care in an emergency.

7. In the context of the passage, <u>perilous</u> means _____.
(a) incomplete
(b) endangered
(c) sudden
(d) risky

---

We are happy to announce that effective from June 15th, Ms. Hwang will <u>assume</u> her new role as assistant manager of the branch in Chicago.

8. In the context of the passage, <u>assume</u> means _____.
(a) guess
(b) pretend
(c) begin
(d) apply

Copernicus's central theory was that the Earth rotates daily on its axis and revolves yearly around the sun. He also argued that the other planets orbited the Sun.

9. In the context of the passage, orbited means _____.
(a) circled
(b) navigated
(c) treated
(d) rendered

Researchers in California found out that there were fewer flu patients with eyeglasses in a hospital ward in the region, so they speculated that wearing glasses might offer protection against the flu virus.

10. In the context of the passage, speculated means _____.
(a) suggested
(b) insisted
(c) concluded
(d) hypothesized

At this moment, you must be wondering what your first step should be to avoid further damage to your company's reputation and market standing.

11. In the context of the meaning, step means _____.
(a) stair
(b) command
(c) action
(d) law

Stephanie L. Kwolek received many accolades, including the Lemelson — MIT Lifetime Achievement Award, which recognizes the nation's most talented inventors and innovators.

12. In the context of the passage, accolades means _____.
(a) representations
(b) prizes
(c) distinctions
(d) promotions

The Oscar nominated actress hopes that she will be able to <u>nurture</u> the budding young actors that were cast in her upcoming TV series.

13. In the context of the meaning, <u>nurture</u> means _____.
(a) lift
(b) flourish
(c) increase
(d) mentor

A network of affordable private schools is <u>emerging</u>, prominently featuring the City Schools system, which is directed by a retired professor.

14. In the context of the passage, <u>emerging</u> means _____.
(a) helping
(b) increasing
(c) appearing
(d) adding

Irwin was a passionate conservationist and he chose to <u>promote</u> environmentalism by sharing his enthusiasm about the natural world rather than preaching to people.

15. In the context of the meaning, <u>promote</u> means _____.
(a) encourage
(b) ease
(c) announce
(d) protect

Studies have found that breathing practices can help <u>reduce</u> symptoms associated with anxiety, insomnia, post-traumatic stress disorder, depression, and attention deficit disorder.

16. In the context of the passage, <u>reduce</u> means _____.
(a) eliminate
(b) eradicate
(c) relieve
(d) prevent

For some <u>tips</u> on purchasing a used car that satisfies all your needs, please visit our website.

17. In the context of the meaning, <u>tips</u> means _____.
(a) objectives
(b) method
(c) boundaries
(d) suggestions

Elephants have <u>keen</u> noses. They have more smell receptors than any mammal and can sniff out food that is several miles away.

18. In the context of the passage, <u>keen</u> means _____.
(a) flexible
(b) sensible
(c) enormous
(d) sensitive

Alex ended his speech by expressing his heartfelt <u>appreciation</u> to all involved with the production of the recent action film.

19. In the context of the meaning, <u>appreciation</u> means _____.
(a) advice
(b) impression
(c) gratitude
(d) recognition

Peter invited a friend to the party, but she <u>turned down</u> the offer because she had to go to London the morning after.

20. In the context of the passage, <u>turned down</u> means _____.
(a) returned
(b) declined
(c) accepted
(d) lowered

This package offered by JN Cable appeals to a wide range of programming <u>tastes</u>, including sports channels and cooking shows.

21. In the context of the passage, <u>tastes</u> means _____.
(a) preferences
(b) additions
(c) flavors
(d) samples

Many Korean pop stars, especially girl groups, are <u>gaining</u> popularity all over the world.

22. In the context of the passage, <u>gaining</u> means _____.
(a) benefiting
(b) attracting
(c) accepting
(d) inspiring

Some of the specific types of sharks that are known to be <u>susceptible</u> to tonic immobility are white tip reef sharks and blacktip reef sharks.

23. In the context of the meaning, <u>susceptible</u> means _____.
(a) capable
(b) easy
(c) subject
(d) responsive

Although it was Jenny's first time leading a project, her supervisor was very impressed with her <u>performance</u>.

24. In the context of the passage, <u>performance</u> means _____.
(a) conduct
(b) affection
(c) complication
(d) succession

The president of NT Technology has done nothing to <u>resolve</u> the conflict between the management and workers.

25. In the context of the meaning, <u>resolve</u> means _____.
(a) settle
(b) conclude
(c) decide
(d) eliminate

Last night, Jonathan broke Helen's glasses by mistake. He <u>resolved</u> not to tell her the truth as she might get upset.

26. In the context of the passage, <u>resolved</u> means _____.
(a) anticipated
(b) reached
(c) decided
(d) succeeded

In Seoul, the city government will increase subway operations in the morning and <u>extend</u> the rush hour operation times to facilitate the transportation of workers.

27. In the context of the meaning, <u>extend</u> means _____.
(a) escalate
(b) enlarge
(c) continue
(d) prolong

I <u>extend</u> my sincere condolences to those who have mourned the untimely loss of their loved ones.

28. In the context of the passage, <u>extend</u> means _____.
(a) lengthen
(b) expand
(c) express
(d) choose

Jason is team leader with the flexibility and ability to <u>adapt</u> to different situations and locations as needed.

29. In the context of the meaning, <u>adapt</u> means _____
(a) access
(b) connect
(c) adjust
(d) modify

Even though six items were on the agenda, the HR team <u>covered</u> them all within two hours.

30. In the context of the passage, <u>covered</u> means _____.
(a) discussed
(b) eradicated
(c) dismissed
(d) hid

Recently, Jenny started her own business. By selling her handmade winter hats and mittens, she has <u>turned</u> her hobby into a business.

31. In the context of the meaning, <u>turned</u> means _____
(a) earned
(b) transformed
(c) proclaimed
(d) triggered

Despite <u>reservations</u> about validity of the study, the term has become widely used in psychology, economics, business, and other areas.

32. In the context of the passage, <u>reservations</u> means _____.
(a) bookings
(b) checks
(c) advances
(d) doubts

Mark started his new career by writing scripts and directing in the mid-50s, <u>honing</u> his skills across various genres.

33. In the context of the passage, <u>honing</u> means _____.
(a) creating
(b) concentrating
(c) improving
(d) highlighting

The objective for this seminar is to <u>cultivate</u> leadership skills deeply and broadly in a company's workforce.

34. In the context of the passage, <u>cultivate</u> means _____.
(a) prepare
(b) lift
(c) emerge
(d) strengthen

Jane <u>declined</u> the management position at NY Consulting as she did not want to commute far from her home.

35. In the context of the passage, <u>declined</u> means _____.
(a) decreased
(b) plummeted
(c) rejected
(d) turned

If you fail to pay your <u>outstanding</u> electric bill, we will have no choice but to shut off your electricity.

36. In the context of the passage, <u>outstanding</u> means _____.
(a) unpaid
(b) capable
(c) exceeding
(d) affordable

Jenny had too many absences to pass an algebra class that was a <u>prerequisite</u> for college graduation. She even missed taking the final test.

37. In the context of the passage, <u>prerequisite</u> means _____.
(a) preparation
(b) prediction
(c) requirement
(d) retreat

Black Bears tend to lose weight during hibernation as they <u>subsist</u> on their body fat stored during the preceding fall.

38. In the context of the passage, <u>subsist</u> means _____.
(a) stay
(b) delay
(c) survive
(d) create

An expert on ancient Rome will <u>assess</u> the value of the artifacts that were discovered last weekend.

39. In the context of the passage, <u>assess</u> means _____.
(a) govern
(b) handle
(c) judge
(d) use

<u>Effective</u> from following Monday, all employees at JN financial will be required to wear ID badges at all times on the premises.

40. In the context of the passage, <u>effective</u> means _____.
(a) enhancing
(b) starting
(c) thriving
(d) helpful

I had hoped he would have embraced the <u>opportunity</u> as a newly appointed leader to offer something fresh to the voters.

41. In the context of the passage, <u>opportunity</u> means _____.
(a) slot
(b) popularity
(c) chance
(d) discussion

JN Entertainment mentioned that the music and performance of the rock band Metalian have matured and that they are ready to <u>captivate</u> global audiences.

42. In the context of the passage, <u>captivate</u> means _____.
(a) bring
(b) attract
(c) affect
(d) manage

Henry told audiences how his interest <u>developed</u> and how he found inspiration in the challenges posed by his disability.

43. In the context of the passage, <u>developed</u> means _____.
(a) added
(b) grew
(c) lengthened
(d) transformed

Branch Rickey wanted to break major league baseball's rigid rule, which barred Black players. He knew the insults and taunts that Robinson would <u>endure</u>.

44. In the context of the passage, <u>endure</u> means _____.
(a) carry
(b) undergo
(c) prolong
(d) continue

These days, several companies are adopting the strategy called Retro marketing, which is a type of marketing strategy that focuses on using a nostalgic approach to make products more <u>attractive</u>.

45. In the context of the passage, <u>attractive</u> means _____.
(a) pleasant
(b) flourishing
(c) appealing
(d) delightful

It is essential to maintain a healthy diet to lower blood pressure. Research has shown that including certain foods in one's diet, especially foods that are <u>high</u> in specific nutrients like potassium and magnesium, reduces blood pressure levels.

46. In the context of the passage, <u>high</u> means _____.
(a) wealthy
(b) tall
(c) rich
(d) tasty

The South Korean alphabet, known as Hangul, is the modern official writing system, and it is <u>deemed</u> to be scientific writing.

47. In the context of the passage, <u>deemed</u> means _____.
(a) looked
(b) notified
(c) discovered
(d) considered

Our company <u>partnered</u> with three other producers to invest in a manufacturing plant we commissioned in 2022.

48. In the context of the passage, <u>partnered</u> means _____.
(a) collaborated
(b) provided
(c) connected
(d) helped

I am grateful for your <u>affirmative</u> response and for your assurance of my ability.

49. In the context of the passage, <u>affirmative</u> means _____.
(a) realistic
(b) positive
(c) adverse
(d) immediate

Jenny has a heavenly voice and outstanding acting skills. However, she couldn't <u>debut</u> in a movie because of her parents' opposition to being an actress.

50. In the context of the passage, <u>debut</u> means _____.
(a) appear
(b) accept
(c) confirm
(d) enter

# MEMO

# MEMO

# MEMO

# MEMO

# MEMO

시원스쿨 LAB

**2025** 최신 G-TELP KOREA 공식 기출 문제

# 지텔프 G-TELP
# 공식
# 기출독해

LEVEL 2

## 정답 및 해설

시원스쿨 **LAB**

# 지텔프 G-TELP
# 공식
# 기출독해

LEVEL 2

## 정답 및 해설

시원스쿨 LAB

# PART 01

## BIOGRAPHICAL ARTICLE

### PART 1 공략 연습

**정답**

53. (c)　54. (a)　55. (c)　56. (b)　57. (b)
58. (a)　59. (c)

---

### 마리아 미첼

마리아 미첼은 미국의 천문학자이자 사서, 그리고 교수로서, 53 그녀를 기리기 위해 결국 "미스 미첼의 혜성"이라는 명칭이 붙게 되는 혜성을 발견한 것으로 가장 널리 기억되고 있다. 그녀는 천문학 교수로서 그리고 전문 천문학자로서 모두 고용된 것으로 전 세계적으로 알려진 최초의 여성이었다.

미첼은 1818년, 8월 1일에, 매사추세츠의 낸터킷에서 태어났다. 그녀의 어머니 리디아는 공공 도서관에서 일했으며, 54 아버지 윌리엄은 학교 교사이자 아마추어 천문학자였다. 미첼이 일찍이 천문학에 관심을 드러냈기 때문에, 아버지가 망원경과 크로노미터, 그리고 육분의 같은 다양한 천문학 기구를 사용하는 방법을 가르쳐주었다. 미첼은 밤하늘을 관찰하는 아버지를 주기적으로 도왔으며, 심지어 1831년에는 일식의 정확한 58 순간을 계산하기도 했다. 1836년에, 미첼은 낸터킷 애서니엄의 사서로서 일자리를 얻었는데, 이후 20년 동안 이 자리를 유지했다. 근무 시간 외에는, 근처 은행의 지붕에 지어진 작은 관측소에서 계속 아버지를 도왔다.

1847년 10월 1일에, 미첼은 처음에 혜성 1847이라고 알려졌던 것을 발견했다. 그녀는 아버지의 이름으로 된 기사를 통해 1848년 1월에 『실리먼의 저널』에 자신이 발견한 것을 처음 발표했다. 약 한 달 후에, 그녀는 이 혜성의 궤도 계산 결과를 실었으며, 자신이 최초 발견자임을 공식적으로 주장했다. 55 그녀의 주장은 마찬가지로 혜성 1847을 발견했던 프란체스코 드 비코에 의해 잠시 반박되었다. 하지만, 그가 미첼보다 앞서 결과물을 제출하기는 했지만, 실제로 그녀보다 이틀 늦게 발견했다는 사실이 밝혀졌다. 그녀는 동료 천문학자인 캐롤라인 허셜과 마리아 마가레테 커크의 뒤를 이어 혜성을 발견한 세 번째에 불과한 여성이 되었다.

그 발견 이후에, 미첼은 높은 수준의 명성을 얻었으며, 수없이 많은 신문과 잡지 기사들이 그녀에 관해 쓰여졌다. 1849년에, 그녀는 미국 해안 측량단에서 일하기 시작하면서, 행성들의 움직임을 59 추적하고 그 데이터를 이용해 항해 중인 선원들에게 도움을 주었다.

한 번도 직접 대학교를 다니지 않았음에도 불구하고, 그녀는 1865년에 배서 대학교 천문학 교수로 임명되었다. 그녀는 최초의 여성 천문학 교수였으며, 20년 넘게 그 직책을 유지했다. 56 미첼의 인기와 교육자로서의 유능함은 수학과와 천문학과에 대한 등록 학생수를

상당히 높이는 데 도움이 되었다.

1889년 6월 28일에, 미첼은 70세의 나이에 뇌 질환으로 사망했다. 57 마리아 미첼 협회가 미첼의 중요한 업적을 보존 및 기념하는 것뿐만 아니라 반드시 다른 사람들이 그것을 인식하고 그로 인해 혜택을 받도록 하기 위해 낸터킷에 설립되었다. 오늘날, 이 협회는 과학 도서관과 연구 센터, 마리아 미첼 생가 박물관, 그리고 마리아 미첼 관측소를 운영하고 있다.

**어휘**

astronomer 천문학자 librarian (도서관의) 사서 discover ~을 발견하다 comet 혜성 eventually 결국, 마침내 be named A A라는 이름이 붙다, A라고 명명되다 in one's honor ~을 기리기 위해 employ ~을 고용하다 astronomy 천문학 display (자질, 감정 등) ~을 드러내다 interest in ~에 대한 관심 how to 동사원형 ~하는 방법 astronomical 천문학의 instrument 기구 telescope 망원경 chronometer 크로노미터(항해용 정밀 시계) sextant 육분의(두 물체 간의 거리를 측정하는 기구) help A with B B에 대해 A를 돕다 observation 관찰 calculate ~을 계산하다 precise 정확한 solar eclipse 일식 remain 유지되다, 남아 있다 decade 10년 continue to 동사원형 계속 ~하다 assist ~을 돕다 observatory 관측소 be known as ~라고 일러지다 initially 처음에 under one's name ~의 이름으로 approximately 약, 대략 orbit 궤도 make a claim 주장하다 formal 공식적인, 정식의 dispute ~에 반박하다, ~에 이의를 제기하다 submit ~을 제출하다 finding 결과물 fellow 동료의, 같은 처지에 있는 attain ~을 이루다, ~에 이르다 fame 명성 track ~을 추적하다 planet 행성 navigation 항해, 운항 appoint A B A를 B로 임명하다 popularity 인기 effectiveness (사람) 유능함, (사물 등) 효과적임 help A 동사원형 ~하는 데 A에게 도움이 되다 significantly 상당히, 많이 boost ~을 높이다, ~을 촉진하다 enrollment 등록 die of ~로 사망하다 disease 질환, 질병 found ~을 설립하다 preserve ~을 보존하다 celebrate ~을 기념하다 make sure that 반드시 ~하도록 하다 be aware of ~을 인식하다, ~을 알고 있다 benefit from ~로부터 혜택을 받다, ~로부터 이득을 보다 association 협회 run ~을 운영하다

---

## 53.

**세부정보**

마리아 미첼은 무엇으로 가장 잘 알려져 있는가?

(a) 최초의 천문학 학위를 받은 것
(b) 혁신적인 망원경을 발명한 것
(c) 천문학상의 발견을 이룬 것
(d) 최초의 여성 우주비행사가 된 것

**해설**

첫 단락에 "미스 미첼의 혜성"이라는 명칭이 붙은 혜성을 발견한 것으로 가장 널리 기억되고 있다고(~ who is most widely remembered for discovering a comet that would eventually be named "Miss Mitchell's Comet" in her honor) 언급되어 있다. 이는 그러한 발견을 한 것으로 가장 잘 알려져 있다는 뜻이므로 (c)가 정답이다.

**패러프레이징**

discovering a comet 혜성을 발견한 것 ⇒ making an astronomical discovery 천문학상의 발견을 이룬 것

**어휘**

degree 학위 invent ~을 발명하다 innovative 혁신적인 discovery 발견(된 것) astronaut 우주비행사

## 54.

추론

미첼이 왜 처음에 천문학에 대한 관심을 키웠을 것 같은가?

(a) 아버지가 그 분야에 열정적이었기 때문에
(b) 어머니가 그 주제로 책을 집필했기 때문에
(c) 학교에서 그에 관해 배웠기 때문에
(d) 일식을 관찰했기 때문에

해설

두 번째 단락에 아버지가 학교 교사이자 아마추어 천문학자였다는 말과 함께 미첼이 천문학에 관심을 보이자 아버지가 다양한 천문학 기구 사용법을 가르쳐 주었다는(~ her father, William, was a schoolteacher and amateur astronomer. Mitchell displayed an early interest in astronomy ~) 내용이 언급되어 있다. 이를 통해 천문학에 열정적이었던 아버지가 미첼에게도 영향을 미친 것으로 볼 수 있으므로 (a)가 정답이다.

어휘

be enthusiastic for ~에 대해 열정적이다, ~에 대해 열광하다 field 분야 subject 주제, 대상 observe ~을 관찰하다

## 55.

추론

미첼의 주장이 왜 즉시 받아들여지지 않았을 것 같은가?

(a) 엉뚱한 기관에 제출되었다.
(b) 데이터가 충분하지 않았다.
(c) 동료 천문학자에 의해 반박되었다.
(d) 아버지의 이름으로 제기되었다.

해설

세 번째 단락에 미첼의 주장이 마찬가지로 혜성 1847을 발견한 프란체스코 드 비코에 의해 반박되었다는(Her claim was briefly disputed by Francesco de Vico, who had also discovered Comet 1847) 내용이 언급되어 있다. 이는 같은 천문학자에 의해 반박된 사실을 말하는 것이므로 (c)가 정답이다.

어휘

claim 주장 immediately 즉시 accept ~을 받아들이다 submit ~을 제출하다 authority 기관, 당국 lack ~이 없다, ~이 부족하다 sufficient 충분한 dispute ~을 반박하다

## 56.

세부정보

미첼은 어떻게 배서 대학교를 도왔는가?

(a) 천문학과를 설립함으로써
(b) 아주 많은 학생들을 유치함으로써
(c) 학생들의 평균 합격률을 높임으로써
(d) 그 기관에 돈을 기부함으로써

해설

다섯 번째 단락에 미첼의 인기와 교육자로서의 유능함이 수학과와 천문학과 등록 학생수를 상당히 높이는 데 도움이 되었다는(Mitchell's popularity and effectiveness as an educator helped Vassar College significantly boost student enrollment in mathematics and astronomy) 내용이 언급되어 있다. 이는 미첼이 많은 학생들을 유치하는 데 도움이 되었다는 뜻이므로 (b)가 정답이다.

패러프레이징

boost student enrollment 등록 학생수를 증가시키다 ⇒ attracting a large number of students 많은 수의 학생들을 유치함

어휘

establish ~을 설립하다 attract ~을 유치하다, ~을 끌어들이다 increase ~을 높이다, ~을 증가시키다 pass rate 합격률 donate ~을 기부하다 institution 기관, 단체, 협회

## 57.

세부정보

마리아 미첼 협회가 왜 설립되었는가?

(a) 지역 자선 단체를 위한 자금을 만들기 위해
(b) 미첼의 업적에 대한 관심을 불러일으키기 위해
(c) 뇌 질환에 대한 인식을 높이기 위해
(d) 아이들에게 장학금을 제공하기 위해

해설

마지막 단락에 마리아 미첼 협회가 미첼의 중요한 업적을 보존하고 기념하기 위해 설립되었다는(The Maria Mitchell Association was founded in Nantucket to preserve and celebrate Mitchell's important work ~) 말이 쓰여 있으므로 (b)가 정답이다.

패러프레이징

celebrate 기념하다 ⇒ bring attention 관심을 불러일으키다

어휘

generate ~을 만들어내다, ~을 발생시키다 local 지역의, 현지의 charity 자선 (단체) bring attention to ~에 대한 관심을 불러일으키다, ~에 주목시키다 raise awareness of ~에 대한 인식을 높이다 scholarship 장학금

## 58.

동의어

해당 단락의 문맥에서 moment가 의미하는 것은?

(a) 때, 시간
(b) 부분, 부문, 구역
(c) (시간, 공간적) 간격, 사이
(d) 지연, 지체

해설

해당 문장에서 moment 앞뒤 부분을 읽어 보면, 일식과 관련해 정확히 계산할 수 있었던 대상을 나타내기 위해 moment가 쓰였다는 것을 알 수 있

다. 이는 결국 일식이 일어나는 시점과 관련된 것으로 볼 수 있으므로 '때, 시간' 등을 뜻하는 (a) time이 정답이다.

## 59.
동의어

해당 단락의 문맥에서 <u>tracking</u>이 의미하는 것은?
(a) 찾는, 구하는
(b) 개발하는, 발전시키는
(c) 관찰하는
(d) 인지하는, 인식하는

해설

해당 문장에서 tracking 뒤에 '행성들의 움직임'을 뜻하는 명사구가 목적어로 쓰여 있어 그 움직임을 관찰하고 연구하는 일을 한 것으로 생각할 수 있으므로 '관찰하다'를 뜻하는 monitor의 현재분사형 (c) monitoring이 정답이다.

## PARAPHRASING PRACTICE

### 1.

> 세레나 윌리엄스는 역대 최고의 테니스 선수 중 한 명으로 인정받는 미국의 프로 운동선수이다. 그녀는 그녀의 세대의 여성 테니스 선수 중에서 그랜드 슬램으로 알려진 대부분의 메이저 대회를 우승한 것으로 가장 잘 알려져 있다.

(a) 그녀는 역대 최연소 프로 테니스 선수인 것으로 가장 유명하다.
(b) 그녀는 다른 동료 선수들 보다 더 많은 대회 우승을 확보한 것으로 유명하다.
(c) 그녀는 선수들 중 가장 오래 프로 테니스 경력을 가지고 있는 것으로 유명하다.
(d) 그녀는 다른 동료 선수들 보다 1년 내에 더 많은 대회에서 우승한 것으로 유명하다

어휘

professional 전문적인, 프로의 athlete 운동 선수 recognized 인정 받는 of all time 역대 major (스포츠의) 메이저의, 주요한 tournament 토너먼트, 시합, 대회 Grand Slam 테니스 대회 중 4개의 메이저 대회 전체 우승 female 여성의 generation 세대 secure 확보하다, 얻다 victory 우승, 승리 peer 동료 single 하나의

### 2.

> 성장하면서, 왕가리 마타이는 시냇물에서 놀기도 하고 가족을 위해 물과 땔감을 가져 가면서 시간을 보냈다. 그녀의 가족이 자연 세계에서 대부분의 필수품을 얻었기 때문에, 자연을 신과 연관 지었으며, 나무가 자신들의 땅에서 재해가 발생하지 않게 막아 준다고 생각했다.

(a) 그녀의 가족은 주기적으로 교회에 다녔다.
(b) 그녀의 가족은 일상에서 필요한 것들에 대해 그것에 의존했다.

(c) 그녀의 가족은 자주 재난을 경험했다.
(d) 그녀의 가족은 일상 생활 속에서 그에 대한 접근 기회가 부족했다.

어휘

grow up 성장하다, 자라다 stream 시내, 개울 fetch ~을 가져 오다 obtain ~을 획득하다, ~을 얻다(= earn) necessity 필수품 associate A with B A를 B와 연관 짓다 prevent + 목적어 + from -ing (목적어)가 ~하게 못하게 막다 disaster 재난, 재해 depend on ~에 의존하다 experience ~을 경험하다 frequently 자주, 빈번히 lack ~이 부족하다 access to ~에 대한 접근 (기회)

### 3.

> 2000년에, 빌리 홀리데이는 로큰롤 명예의 전당에 헌액되었으며, 그것이 그녀의 영향력 있는 지위를 공고히 해 주었다.

(a) 그녀는 유명 콘서트 홀을 그녀의 이름을 따서 명명되게 하였다.
(b) 그녀는 그녀의 음악이 유명 영화에 특별히 포함되게 하였다.
(c) 그녀는 예술 단체에 의해 영예를 얻었다.
(d) 그녀는 유명 조각가에 의해 기념되었다.

어휘

be inducted into ~에 헌액되다 cement ~을 공고히 하다 status 지위, 상태, 상황 have + 목적어 + 과거분사 (목적어)를 ~되게 하다 name A after B B의 이름을 따서 A를 명명하다 honor ~에게 영예를 주다 organization 단체, 기관 feature ~을 특별히 포함하다, ~을 특징으로 하다 commemorate ~을 기념하다 renowned 유명한 sculptor 조각가

### 4.

> 달은 매일밤 자신의 딸들에게 이야기를 해 주었으며, 아이들이 즐거워하는 것으로 알고 있는 세부 요소들, 즉 기괴한 요소들과 함께, 마법과 모험을 포함하려 했다. 그가 밤마다 해 준 이야기는 자신의 어렸을 적 노르웨이 여행에 대한 기억을 포함하고 있었는데, 그곳에서 그는 트롤과 마법사에 관한 환상적인 이야기들을 발견했다.

(a) 달은 잘 알려진 동화 속의 교훈을 각색하여 그의 이야기를 개선시켰다.
(b) 달은 어머니와 함께 나눈 기억을 이야기함으로써 그의 이야기를 통합시켰다.
(c) 달은 세상의 일상적인 사건들을 관찰함으로써 그의 이야기를 정교하게 만들 수 있었다.
(d) 달은 잠자리에 드는 시간에 자신의 아이들을 즐겁게 해 줌으로써 그의 이야기를 발전시킬 수 있었다.

어휘

details 세부 요소 grotesque 기괴한, 기이한 element 요소 tale 이야기 sorcerer 마법사 adapt ~을 각색하다 well-known 잘 알려진 fairytale 동화 incorporate ~을 포함하다, 통합시키다 recount ~을 이야기하다 elaborate 정교하게 만들다, 상세히 말하다 observe ~을 관찰하다 develop ~을 개발하다, ~을 발전시키다 entertain ~을 즐겁게 해 주다

정답

| 1. (b) | 2. (a) | 3. (d) | 4. (d) | 5. (a) |
|--------|--------|--------|--------|--------|
| 6. (b) | 7. (d) | 8. (b) | 9. (b) | 10. (c) |

### 스벤 마그누스 칼센

스벤 마그누스 칼센은 노르웨이의 체스 그랜드 마스터로서, 다섯 차례나 체스 세계 챔피언의 자리에 오른 현 챔피언이다.

칼센은 1990년 11월 30일에 태어났다. 아마추어 체스 선수였던 그의 아버지는 그가 겨우 5살 밖에 되지 않았을 때 체스 두는 법을 가르쳤지만, 처음에는 거의 관심을 보이지 않았다. 2010년에, [1] 칼센은 가장 처음 체스 실력이 향상되는 데 있어 동기 부여가 되었던 것이 체스에서 자신의 누나를 이기고자 하는 욕심이었다고 언급했다. 그는 벤트 라센의 『파인드 더 플랜』과 에두아르드 구펠드의 『더 컴플리트 드래곤』 같은 체스에 관한 다양한 서적을 읽기 시작했다. 어렸을 때, 칼센은 하루의 대부분을 혼자 두면서 체스 실력을 연마해, 전략을 개발하고 아버지가 가르쳐 준 여러 가지 수를 반복해서 두었다.

1999년에, 노르웨이 체스 선수권 대회의 최연소자 부문에 참가해 인상적인 점수를 달성했다. [2] 이듬해에는, 전국 최고의 체스 선수이자 그랜드 마스터인 시멘 아그데스테인이 노르웨이 엘리트 스포츠 대학에서 칼센을 지도하기 시작했다. 2000년 말 무렵에, 그의 점수는 904점에서 1907점으로 올랐다. 그가 2000년 9월에 열린 노르웨이 주니어 팀 선수권 대회에서 전국 최고의 주니어 선수들을 상대로 3½/5 점(5전 3승 1무)을 기록했을 때 특출한 그의 재능에 대한 전국적인 [4] 인지도를 얻게 되었다.

2000년대와 2010년대에 걸쳐, 칼센은 계속해서 세계 체스 경기 대회를 [5] 지배했으며, [3] 전통 체스의 최상위 수준에서 최장기 무패 행진 기록을 보유하고 있다. 그는 또한 2011년, 7월 1일 이후로 FIDE 세계 체스 선수 순위에서 1위 자리를 유지해 오고 있다. 오직 세계적으로 유명한 그랜드 마스터인 개리 카스파로프만이 더 오랜 기간 전 세계 최고 순위의 선수라는 지위를 유지했었다.

어휘

grandmaster (체스의) 그랜드 마스터, 대가 reigning 현재 챔피언 자리에 있는, 현재 군림하는 show little interest in ~에 거의 관심을 보이지 않다 note that ~라고 언급하다 hone (실력 등)을 연마하다 develop ~을 개발하다, ~을 발전시키다 replay ~을 반복해서 하다, ~을 재연하다 strategy 전략 move (체스 등의) 수, 움직임 take part in ~에 참가하다 achieve ~을 달성하다 impressive 인상적인 rating 점수, 순위, 등급 recognition 인지(도), 인정 extraordinary 특출한, 비범한 continue to 동사원형 계속해서 ~하다 dominate ~을 지배하다 competition 경기대회 hold ~을 보유하다 unbeaten streak 무패 행진 world-renowned 세계적으로 유명한

### 1.

세부정보

무엇이 마그누스 칼센에게 초기의 체스 실력을 발전시키도록 영감을 주었는가?
(a) 같은 반 친구들을 이기려던 욕심
(b) 손윗 누이를 이기고자 했던 충동

(c) 아버지가 체스 대회에서 거둔 성공
(d) 물리적인 스포츠에 대한 능력 부족

해설

두 번째 단락에 가장 처음 체스 실력 향상과 관련해 동기 부여가 되었던 것이 누나를 이기고자 했던 욕심이었다고(Carlsen noted that his earliest motivation to improve at chess was his desire to beat his elder sister at the game) 쓰여 있으므로 (b)가 정답이다.

패러프레이징

desire to beat his elder sister 누나를 이기려는 욕망 ⇒ urge to beat his older sibling 손윗 형제/자매를 이기려는 충동

어휘

desire to 동사원형 ~하려는 욕심 urge 충동 sibling 형제, 자매 lack 부족 physical 물리적인, 신체적인

### 2.

세부정보

아그데스테인의 지도가 어떻게 마그누스 칼센에게 이득이 되었는가?
(a) 체스 점수가 향상되었다.
(b) 대학 입학 허가를 받았다.
(c) 자신감이 늘었다.
(d) 더 많은 돈을 벌었다.

해설

아그데스테인이 언급되는 세 번째 단락에 1999년 다음 해인 2000년을 The next year로 지칭해 그 당시에 아그데스테인이 마그누스 칼센을 지도한 사실과 함께 점수가 904점에서 1907점으로 오른 사실이(The next year, the country's top player, Grandmaster Simen Agdestein, began coaching Carlsen ~ By the end of 2000, his rating had risen from 904 to 1907) 쓰여 있으므로 (a)가 정답이다.

패러프레이징

had risen 올랐다 ⇒ improved 향상되었다

어휘

gain access to ~에 대한 입학 허가를 받다, ~에 대한 출입 허가를 받다 confidence 자신감 earn money 돈을 벌다

### 3.

세부정보

기사 내용에 따르면, 마그누스 칼센이 체스에서 어떤 기록을 보유하고 있는가?
(a) 체스 선수권 대회 경기에서 가장 빠른 승리
(b) 모든 체스 선수들 사이에서 가장 빠른 순위 상승
(c) FIDE 순위에서 가장 오래 1위를 유지한 기간
(d) 최상위 수준의 체스 경기에서 가장 오래 지지 않은 기간

## 해설

네 번째 단락에 전통 체스의 최상위 수준에서 최장기 무패 행진 기록을 보유하고 있다고(he holds the record for the longest unbeaten streak at the elite level in classical chess) 알리는 내용이 있으므로 이를 언급한 (d)가 정답이다.

## 패러프레이징

the longest unbeaten streak at the elite level in classical chess 전통 체스의 최상위 수준에서 최장기 무패 행진 ⇒ longest time spent without losing an elite-level chess match 최상위 수준의 체스 경기에서 가장 오래 지지 않은 기간

## 어휘

rise 상승, 오름  without -ing ~하지 않고, ~하지 않은 채

## 4.

**동의어**

해당 단락의 문맥에서 recognition이 의미하는 것은?
(a) 반영, 반사
(b) 신원 확인, 식별
(c) 협회, 연합, 연계, 연관
(d) 인정

## 해설

해당 문장에서 recognition은 전국 최고의 주니어 선수들을 상대하면서 기록한 점수로 인해 칼센의 특출한 재능과 관련해 전국적으로 나타난 일을 의미해야 한다. 전국 최고의 선수들을 이기면 유명세를 타게 되고 인지도가 올라가게 되는데, 이는 결국 사람들의 인정을 받는 것과 같으므로 '인정'을 뜻하는 (d) acknowledgement가 정답이다.

## 5.

**동의어**

해당 단락의 문맥에서 dominate가 의미하는 것은?
(a) 선두를 달리다
(b) 간과하다, (건물 등이) 내려다보다
(c) 조종하다, 조작하다
(d) 넘어서다, 초과하다

## 해설

해당 문장에서 dominate 뒤에 칼센이 전통 체스의 최상위 수준에서 최장기 무패 행진 기록을 보유하고 있다는 말이 쓰여 있다. 이를 통해 그가 세계 체스 대회에서 계속 우승했다는 사실을 알 수 있는데, 이는 세계 대회에서 선두를 달린다는 의미로 생각할 수 있으므로 이러한 뜻으로 쓰이는 동사 (a) lead가 정답이다.

---

### 랄프 로렌

랄프 로렌은 미국이 패션 디자이너이자, 자선가이며, 억만장자 사업가이다.

로렌은 1939년, 10월 14일에 랄프 리프시츠라는 이름으로 태어났다. 그의 부모님인 프리다와 프랭크는 유대인 이민자로서 벨라루스에서 도망쳐 뉴욕 시의 브롱크스에 정착했다. 6 16세의 나이에, 랄프는 학교에서 일어난 주기적인 집단 괴롭힘을 견디다 못해 자신의 성을 로렌으로 바꿨다. 십대였음에도 불구하고, 그는 프레드 애스테어와 캐리 그랜트 같은 영화계 우상들에게서 영감을 얻은 9 독특한 빈티지 패션 스타일로 알려졌다. 패션 업계에 입문하기에 앞서, 그는 바루크 대학교에서 2년 동안 경영학을 공부한 뒤에 짧은 기간 군대에 입대했다.

1967년에, 로렌은 "폴로"라는 브랜드 이름으로 자신만의 남성용 넥타이 제품 라인을 디자인하기 시작했다. 블루밍데일즈를 포함한 여러 대형 백화점이 로렌에게 각자의 지점에서 그의 넥타이를 판매하게 해주었다. 2년 만에, 로렌은 3만 달러의 대출금 덕분에 자신의 디자인을 전체 남성복 제품 라인으로 넓힐 수 있었다. 1970년에, 로렌은 자신의 작업물에 대해 권위 있는 코티상을 수상했으며, 그 직후에는 자신의 고전적인 남성복 디자인 요소들을 포함한 여성 정장 제품 라인을 출시했다. 1972년에, 7 로렌은 그의 가장 인지도 높은 의류 제품 라인인, 24가지 색상으로 구입 가능한 다양한 반팔 면 셔츠를 선보였다. 이 셔츠는 프로 테니스 선수 르네 라코스테가 디자인한 그 회사의 상징적인 폴로 선수 로고를 자랑했으며, 전 세계적으로 대단히 큰 선망의 대상이 되었다.

비록 로렌의 패션 아이디어가 단순하고 접근하기 쉬운 스타일을 선호하는 수백 만 명의 사람들에게 인기 있는 것으로 드러나긴 했지만, 8 특별히 혁신적이지는 않다는 이유로 일부 사람들에게 비난을 받기도 했다. 로렌은 결국 자신의 브랜드를 10 확장해 고급 의류 제품 라인과 가정용품 컬렉션, 그리고 일련의 향수를 포함시켰다. 오늘날, 폴로는 전 세계에 수백 개의 매장을 운영하고 있으며, 남성과 여성, 그리고 아동용 의류를 생산하고 있다.

## 어휘

philanthropist 자선가, 독지가  immigrant 이민자  flee ~에서 도망치다 (과거형 fled)  settle in ~에 정착하다, ~에 자리잡다  endure ~을 견디다  bullying 집단 괴롭힘  be known for ~로 알려지다  distinctive 독특한  draw inspiration from ~에서 영감을 얻다  prior to ~에 앞서, ~ 전에  enlist 입대하다  including ~을 포함한  allow A to 동사원형 A에게 ~하게 해주다  location 지점  be able to 동사원형 ~할 수 있다  widen ~을 넓히다  thanks to ~ 덕분에, ~ 때문에  receive ~을 받다  prestigious 권위 있는, 명성 높은  launch ~을 출시하다  incorporate ~을 포함하다  element 요소  unveil ~을 선보이다, ~을 공개하다  recognizable 인지도 있는, 쉽게 인식 가능한  a range of 다양한  available 구입 가능한, 이용 가능한  boast ~을 자랑하다  highly 대단히, 매우, 아주  desirable 선망의 대상이 되는  prove 형용사 ~한 것으로 드러나다, ~한 것으로 판명되다  millions of 수백 만 명의, 수백 만 개의  prefer ~을 선호하다  approachable 접근하기 쉬운  look 스타일, 모습  criticize ~을 비난하다  particularly 특별히  innovative 혁신적인  eventually 결국  broaden ~을 확대하다, ~을 넓히다  include ~을 포함하다  home-furnishing 가정용품  fragrance 향수  worldwide 전 세계에, 전 세계적으로

**6.**

세부정보

로렌은 왜 자신의 성을 바꿨는가?

(a) 배우가 되고 싶었기 때문에

(b) 반 친구들한테 놀림을 당했기 때문에

(c) 아버지와 의견 차이가 있었기 때문에

(d) 미국의 가정에 입양되었기 때문에

해설

두 번째 단락에 16살에 학교에서 일어난 주기적인 집단 괴롭힘 때문에 성을 로렌으로 바꿨다고(At the age of 16, Ralph changed his last name to Lauren after enduring regular bullying at school) 알리는 말이 쓰여 있다. 이는 친구들의 놀림으로 인해 성을 바꾸게 된 사실을 말하는 것이므로 (b)가 정답이다.

패러프레이징

regular bullying at school 주기적인 집단 괴롭힘 ⇒ was teased by classmates 반 친구들에게 놀림을 받았다

어휘

tease ~을 놀리다  disagreement 의견 차이, 의견 충돌  adopt ~을 입양하다

**7.**

사실 확인

폴로 반팔 면 셔츠와 관련해 사실인 것은 무엇인가?

(a) 1970년대 말에 출시되었다.

(b) 코티 상을 받았다.

(c) 소재가 대단히 내구성이 뛰어나다.

(d) 로고가 스포츠 선수에 의해 만들어졌다.

해설

세 번째 단락 후반부에 24가지 색상으로 구입 가능한 반팔 면 셔츠를 언급하면서 프로 테니스 선수 르네 라코스테가 디자인한 상징적인 폴로 선수 로고를 자랑했다는(a range of short-sleeved cotton shirts that were available in 24 colors. The shirts boasted the company's iconic polo player logo, which was designed by tennis pro René Lacoste) 말이 쓰여 있다. 이를 통해 테니스 선수가 로고를 만들었다는 것을 알 수 있으므로 (d)가 정답이다.

패러프레이징

was designed by tennis pro 테니스 프로 선수에 의해 고안되었다 ⇒ was created by a sportsman 스포츠 선수에 의해 만들어졌다

어휘

material 소재, 재료  durable 내구성이 좋은  create ~을 만들어내다

**8.**

세부정보

기사에 따르면, 로렌의 의류가 어떤 비판을 받았는가?

(a) 대부분의 사람들이 감당할 수 없는 가격이다.

(b) 혁신성이 부족하다.

(c) 너무 적은 색상으로만 구입 가능하다.

(d) 다른 의류 브랜드들을 모방한다.

해설

네 번째 단락에 로렌의 패션 아이디어와 관련해 특별히 혁신적이지 않아서 일부 사람들에게 비난을 받은(they have also been criticized by some for not being particularly innovative) 사실이 언급되어 있으므로 (b)가 정답이다.

패러프레이징

not being particularly innovative 특별히 혁신적이지 않음 ⇒ lacking in innovation 혁신 부족

어휘

criticism 비판  affordable 구입할 수 있는, 감당할 수 있는  lack 부족하다  innovation 혁신(성)  copy ~을 모방하다

**9.**

동의어

해당 단락의 문맥에서 distinctive가 의미하는 것은?

(a) 유명한

(b) 독특한, 특별한

(c) 영향력이 큰

(d) 비싼

해설

해당 문장에서 distinctive는 vintage fashion style을 수식해 로렌이 십대였을 때 어떤 패션 스타일로 알려졌는지 그 특성을 나타내야 한다. 십대였음에도 불구하고 패션 스타일로 알려졌다는 말로 볼 때, 평범하지 않았던 것으로 생각할 수 있으므로 '독특한, 특별한'을 뜻하는 (b) unique가 정답이다.

**10.**

동의어

해당 단락의 문맥에서 broadened가 의미하는 것은?

(a) 출시했다, 시작했다

(b) 이전했다

(c) 확장했다, 확대했다

(d) 부풀렸다, 과장했다

해설

해당 문장에서 broadened 뒤에 고급 의류 제품 라인과 가정용품 컬렉션, 그리고 향수를 포함시켰다는 말이 쓰여 있다. 이는 브랜드의 적용 범위를 넓힌 것에 해당되므로 '확장하다'를 뜻하는 expand의 과거형 (c) expanded가 정답이다.

## 정답

| 1. (d) | 2. (c) | 3. (b) | 4. (c) | 5. (a) |
|--------|--------|--------|--------|--------|
| 6. (d) | 7. (a) | 8. (d) | 9. (c) | 10. (b) |
| 11. (c) | 12. (c) | 13. (b) | 14. (c) | 15. (c) |
| 16. (c) | 17. (b) | 18. (d) | 19. (d) | 20. (b) |
| 21. (a) | | | | |

### J.M. 배리

제임스 매튜 배리 경은 스코틀랜드의 소설가이자 극작가로서, 1 가장 많이 사랑 받는 그의 여러 작품 속에 주인공으로 등장하는 캐릭터인 피터 팬의 창작자로 가장 많이 기억되고 있다.

J.M. 배리는 1860년, 5월 9일에 커리뮤어에서 태어났으며, 10명의 형제들 중 아홉 번째 아이였다. 어렸을 때도, 배리는 작가가 되는 꿈을 꿨다. 중등학교를 마친 후, 에딘버러 대학에 등록했고, 그곳에서 문학 석사 학위를 받았다. 2 여가 시간에, 그는 『에딘버러 이브닝 쿠란트』에 연극 평론을 기고했고, 이것이 주기적인 소득 수단이 되었다. 그가 한 전국 일간지에 제출한 첫 번째 이야기는 그의 어머니가 자랐던 마을에 관해 그에게 들려주시곤 했던 이야기들을 바탕으로 했다. 이 일간지의 편집자가 그 작품에 깊은 인상을 받아 배리에게 이 이야기 시리즈를 집필하도록 6 권했고, 이는 결국 1888년과 1891년 사이에 배리의 첫 번째 소설로 출간되기에 이르렀다. 3 문학 평론가들은 이 초기 작품에 별다른 인상을 받지 못했고, 가혹하고 산업화된 19세기 스코틀랜드에 대한 비현실적이고 감상적이고 향수 어린 묘사에 대해 비난했다. 그럼에도 불구하고, 이 소설은 잘 팔렸고 배리가 성공적인 작가로 자리잡는 데 도움이 되었다.

1901년에, 배리는 런던으로 이사해, 아주 많은 인기를 얻은 다수의 소설과 희곡을 집필했다. 이 무렵에, 4 그는 이웃인 루엘린 데이비스 가족을 만났는데, 그 가족의 어린 아들들이 그에게 한 마법 소년과 웬디라는 이름의 평범한 소녀가 떠나는 환상적인 모험에 관한 희곡 『피터 팬, 자라지 않는 소년』을 쓰도록 영감을 주었다. 이 희곡은 1904년, 12월 27일에 런던의 웨스트 엔드에 위치한 듀크 오브 요크 극장에서 처음 공연되었다. "피터 팬"이라는 캐릭터는 사실 배리의 초기 소설 『작은 하얀 새』에서 처음 소개되었다. 1911년에, 배리는 피터 팬 희곡을 소설 『피터와 웬디』로 개작했는데, 이는 엄청난 성공작으로 드러났다.

배리의 후기 작품들이 좋은 평가를 받기는 했지만, 그의 다른 소설과 희곡에 그림자를 드리웠던 피터 팬이 지닌 상징적인 7 위치에 전혀 이르지 못했다. 1937년 6월 19일에, 배리는 폐렴에 의해 초래된 건강 합병증으로 인해 사망했다. 5 사망하기 전에, 그는 런던에 위치한 그레이트 오몬드 스트리트 아동 병원에 피터 팬 작품들에 대한 권리를 넘겼으며, 이곳은 오늘날까지 그로 인해 재정적으로 혜택을 받고 있다. 배리는 커리뮤어 공동 묘지에 위치한 가족 소유의 터에 부모님 및 여러 형제자매들과 나란히 묻혔으며, 그가 자란 집은 방문객들이 그의 삶과 작품에 관해 배울 수 있는 박물관으로 개조되었다.

---

**어휘**

playwright 극작가 creator 창작자, 만든 사람 feature 주인공으로 등장하다 beloved 사랑 받는 work 작품, 작업물 enroll 등록하다 obtain ~을 받다, ~을 얻다 review 평론, 후기 play 희곡, 연극 provide A with B A에게 B를 제공하다 regular 주기적인, 정기적인 means 수단 income 소득, 수입 submit ~을 제출하다 be based on ~을 바탕으로 하다 tale 이야기 used to 동사원형 (전에) ~하곤 했다 grow up 자라다 be impressed with ~에 깊은 인상을 받다(↔ be unimpressed with) piece 작품 encourage A to 동사원형 A에게 ~하도록 권하다 end up -ing 결국 ~하게 되다 publish ~을 출간하다 critic 평론가, 비평가 criticize ~을 비난하다 unrealistically 비현실적으로 sentimental 감상적인 nostalgic (과거에 대한) 향수가 어린 depiction 묘사 harsh 가혹한 industrialized 산업화된 in spite of ~에도 불구하고 establish ~을 자리잡게 하다, ~을 확립하다 relocate to ~로 이사하다 numerous 다수의 inspire A to 동사원형 A에게 ~하도록 영감을 주다 ordinary 평범한, 보통의 named A A라는 이름의 introduce ~을 소개하다 adapt ~을 개작하다, ~을 각색하다 prove to be A A인 것으로 드러나다 tremendous 엄청난 well received 좋은 평가를 받는 attain ~에 이르다, ~을 이루다 iconic 상징적인 status 지위, 상태, 상황 overshadow ~에 그림자를 드리우다 pass away 사망하다 due to ~로 인해 complication 합병증 bring on ~을 초래하다 pneumonia 폐렴 prior to ~에 앞서, ~ 전에 award A to B A를 B에게 주다, 수여하다 financially 재정적으로 benefit from ~로부터 혜택을 받다, ~에서 이득을 얻다 to this day 오늘날까지 sibling 형제자매 convert A into B A를 B로 개조하다, 전환하다

---

## 1.

**세부정보**

J.M. 배리는 무엇으로 가장 잘 알려져 있는가?

(a) 성공적인 출판사를 설립한 것
(b) 아동 자선 단체에 기부한 것
(c) 신문에 이야기를 기고한 것
(d) 인기 있는 문학적 인물을 만든 것

**해설**

첫 단락에 J.M. 배리가 그의 여러 작품 속에 주인공으로 등장하는 캐릭터인 피터 팬의 창작자로 가장 많이 기억되고 있다고(~who is best remembered as the creator of Peter Pan, a character that featured in several of his most beloved works) 알리는 말이 쓰여 있다. 이는 인기 있는 캐릭터를 만든 것으로 가장 잘 알려져 있다는 뜻이므로 (d)가 정답이다.

**패러프레이징**

a character that featured in several of his most beloved works
가장 많이 사랑 받는 그의 여러 작품 속에 나온 등장 인물
⇒ a popular literary character 인기 있는 문학적 인물

**어휘**

found ~을 설립하다 firm 회사, 업체 make a donation 기부하다 charity 자선 (단체) contribute ~을 기고하다, ~을 기부하다 literary 문학의, 문학적인

---

## 2.

**세부정보**

J.M. 배리는 대학에서 공부하면서 어떻게 돈을 벌었는가?

(a) 문학 작품을 편집함으로써
(b) 가족이 운영하는 업체에서 일함으로써
(c) 연극 평론을 작성함으로써
(d) 학생들에게 글 쓰는 방법을 가르침으로써

해설
J.M. 배리의 대학 생활이 언급된 두 번째 단락에 연극 평론을 쓴 것이 주기적인 소득을 제공해 주었다는(In his spare time, he wrote reviews of plays for the *Edinburgh Evening Courant*, providing himself with a regular means of income) 내용이 제시되어 있으므로 (c)가 정답이다.

패러프레이징
providing himself with a regular means of income 자신에게 주기적인 소득을 제공함 ⇒ earn money 돈을 벌다

어휘
edit ~을 편집하다 how to 동사원형 ~하는 방법

## 3.
세부정보
J.M. 배리의 초기 소설이 왜 좋지 못한 평가를 받았는가?
(a) 당시에 인기 있던 이야기들과 달랐기 때문에
(b) 스코틀랜드에 대해 현실적인 묘사를 제공하지 않았기 때문에
(c) 복잡한 서사 구조를 포함했기 때문에
(d) 흥미로운 캐릭터를 특징으로 하지 않았기 때문에

해설
두 번째 단락 후반부에 문학 평론가들이 J.M. 배리의 초기 작품이 가혹하고 산업화된 19세기 스코틀랜드에 대한 비현실적으로 감상적이고 향수 어린 묘사를 담고 있어 비난했다는(~ criticizing them for their unrealistically sentimental and nostalgic depictions of Scotland during the harsh, industrialized nineteenth century) 말이 쓰여 있다. 이는 그 묘사가 현실적이지 못했다는 뜻이므로 (b)가 정답이다.

패러프레이징
unrealistically sentimental and nostalgic depictions 비현실적으로 감상적이고 향수 어린 묘사 ⇒ not offer realistic depictions 현실적인 묘사를 제공하지 않음

어휘
poorly received 좋지 못한 평가를 받는 at the time 당시에 contain ~을 포함하다 complicated 복잡한 narrative 서사 (구조) feature ~을 특징으로 하다

## 4.
세부정보
기사에 따르면, 무엇이 J.M. 배리에게 피터 팬을 쓰도록 영감을 주었는가?
(a) 인기 소설을 읽은 것
(b) 좋지 못한 문학적 평가를 받은 것
(c) 몇몇 지역 아이들을 만난 것
(d) 스코틀랜드로 돌아간 것

해설
세 번째 단락에 런던으로 이사해 만난 루엘린 데이비스 가족의 어린 아들들이 피터 팬을 주인공으로 하는 작품을 쓰도록 영감을 주었다고(he met

his neighbors, the Llewelyn Davies, whose young sons inspired him to write *Peter Pan, or The Boy Who Wouldn't Grow Up*, ~) 알리는 내용이 쓰여 있다. 이는 그 지역 아이들을 만난 것이 영감을 주었다는 뜻이므로 (c)가 정답이다.

어휘
local 지역의, 현지의

## 5.
세부정보
J.M. 배리는 사망 후에도 어떻게 계속 아이들에게 도움을 주었는가?
(a) 작품에 대한 권리를 병원에 넘겼다.
(b) 작가 지망생들을 위한 학교를 설립했다.
(c) 유년 시절의 집에 박물관을 만들었다.
(d) 수익을 루엘린 데이비스 가족에게 남겼다.

해설
마지막 단락에 J.M. 배리가 사망 전에 런던의 그레이트 오몬드 스트리트 아동 병원에 피터 팬 작품들에 대한 권리를 넘긴 사실과 그 병원이 오늘날까지 그로 인한 혜택을 받고 있다는 사실이(~ he awarded the rights to his Peter Pan works to Great Ormond Street Hospital for Children in London, which financially benefits from them to this day) 쓰여 있다. 따라서, 보기 중에 작품에 대한 권리를 병원에 넘긴 사실을 언급한 (a)가 정답이다.

어휘
continue to 동사원형 계속 ~하다 establish ~을 설립하다, ~을 확립하다 aspiring 장차 ~가 되려는 found ~을 만들다, ~을 설립하다 earnings 수익, 소득

## 6.
동의어
해당 단락의 문맥에서 <u>encouraged</u>가 의미하는 것은?
(a) 칭찬했다
(b) 고려했다
(c) 허가했다
(d) 권장했다

해설
해당 문장에서 동사 encouraged 뒤에 시리즈로 만드는 일이 언급된 것으로 볼 때, 배리의 이야기에 깊은 인상을 받은 신문사 편집자가 시리즈를 만들도록 권한 것으로 생각할 수 있다. 따라서, 이러한 의미에 해당되는 또 다른 동사로서 '권장하다, 조언하다'를 뜻하는 advise의 과거형 (d) advised가 정답이다.

## 7.
동의어
해당 단락의 문맥에서 <u>status</u>가 의미하는 것은?
(a) 지위, 위치
(b) 능력

(c) 동기 부여
(d) 목표, 목적

해설
해당 문장에서 status 앞에 '상징적인'을 뜻하는 형용사 iconic이 쓰여 있는 것으로 볼 때, status가 피터 팬이라는 캐릭터의 상징적인 역할이나 상태와 관련된 명사임을 알 수 있다. 이는 그러한 상징적인 위치나 지위 등을 의미하는 것으로도 볼 수 있으므로 '지위, 위치'를 뜻하는 (a) position이 정답이다.

## 짐 헨슨

짐 헨슨은 미국의 인형극 공연자이자 애니메이션 제작자, 만화가, 그리고 영화 감독으로서, [8] 자신의 독특한 인형 캐릭터들을 특징으로 하는 텔레비전 프로그램 <더 머펫>과 <프래글 록>의 창작자로 세계적인 명성을 얻었다.

헨슨은 1936년 9월 24일에 미시시피의 그린빌에서 태어났으며, 1940년대 후반에 가족과 함께 메릴랜드의 유니버시티 파크로 이사했다. [9] 그는 고등학교에 다니는 동안 인형에 대한 관심을 키웠으며, 그곳에서 대부분의 시간을 인형 디자인 스케치 및 시제품 제작에 쏟아 부었다. 메릴랜드 대학 신입생 시절에, WRC-TV를 위해 5분짜리 인형극 <샘과 친구들>을 만들었다. <샘과 친구들>에 나온 많은 캐릭터들이 나중에 머펫이 되는 것의 초기 버전이었으며, 여기에는 헨슨의 가장 유명한 캐릭터인 개구리 커밋의 전신도 포함되어 있었다.

<샘과 친구들> 작업을 하면서, 헨슨은 인형극 기술이 텔레비전에서 활용된 방식에 대변혁을 일으킨 여러 가지 기술을 개척했다. 예를 들어, 조작 담당자들이 카메라에 잡히지 않으면서 인형을 움직일 수 있게 해주는 카메라 프레임을 이용하기 시작했다. 게다가, 당시에 TV에서 일반적으로 쓰였던 목재 인형들이 생기와 감수성이 부족하다고 강하게 느껴서, [10] 유연한 발포 고무로 인형을 제작하기 시작했는데, 이는 조작 담당자가 더 다양한 얼굴 표정과 감정을 전달할 수 있게 해주었다. 이렇게 더 뛰어난 [13] 수준의 움직임과 조작성은 또한 그의 머펫 캐릭터들이 정확하게 대화를 전달할 수 있도록 더 자연스러우면서 자세히 입을 움직일 수 있게 해주기도 했다.

이후의 20년 동안에 걸쳐, 헨슨은 텔레비전 광고를 주로 작업했으며, 그의 머펫을 전 세계적인 주류 현상으로 만드는 데 초점을 맞추기로 결정하기 전까지, 그 광고들 중 많은 것이 그의 창작 인형을 특징으로 했다. <머펫 브로드웨이> 공연을 비롯해, 1976년에는 주간 텔레비전 시리즈에 대한 콘셉트도 개발했지만, 미국 내의 방송사들이 오직 아주 어린 시청자들의 마음만 사로잡을까 우려한 나머지, 그 콘셉트를 거부했다. 하지만, [11] 영국 방송사들이 그 프로그램의 잠재력을 알아보면서, 영국 내에서 촬영해 세계적으로 배급되도록 조치했다. 헨슨은 지체 없이 자신의 브로드웨이 공연에 대한 계획을 포기하고, 조작 담당 팀과 함께 영국으로 자리를 옮겨 <더 머펫 쇼>의 개발을 시작했다.

이 프로그램은 전 세계적인 히트작이 되었으며, 개구리 커밋과 미스 피기, 그리고 포지 베어 같이 지금은 누구나 아는 이름을 지닌 캐릭터를 수백 만 명의 시청자들에게 선보였다. <더 머펫 무비>가 1979년에 그 뒤를 이었는데, 이는 엄청난 흥행 성공작이었으며, 당시에 61번째로 높은 수익을 낸 영화가 되었다. 1981년에, 헨슨은 속편인 <더 그레이트 머펫 케이퍼>를 감독했으며, <더 머펫 쇼>의 개발을 멈추기로 결정했다. 하지만 그 캐릭터들은 계속해서 아주 다양한 TV 영화와 특별 시즌 프로그램에 출연했다.

1980년대에 걸쳐, 헨슨은 <프래글 록>과 만화판 <머펫 베이비> 같이 더 인기 있는 아동용 텔레비전 프로그램을 만들었다. 그는 1990년 5월 16일에 뉴욕 시에서 사슬알균 독성 쇼크 증후군으로 사망했다. [12] 인형극 기술과 영화, 아동용 텔레비전 프로그램에 대한 그의 공헌은 업계 내에서 널리 인정 받고 있으며, 사후인 1991년에 할리우드 명예의 거리에 입성하는 영예를 얻었다.

어휘
puppeteer 인형극 공연자 cartoonist 만화가 attain ~에 이르다, ~을 이루다 fame 명성 feature ~을 특징으로 하다, ~을 주인공으로 하다 distinctive 독특한 puppet 인형 interest in ~에 대한 관심 devote A to B (시간, 노력 등) A를 B에 쏟다, 바치다 prototype 시제품 precursor 전신, 선구자 pioneer ~을 개척하다 revolutionize ~에 대변혁을 일으키다 puppetry 인형 조종(술) enable A to 동사원형 A에게 ~할 수 있게 하다 operate ~을 조작하다, ~을 가동하다 off-camera 카메라에 잡히지 않는 traditionally 일반적으로, 전형적으로 lack ~이 부족하다 sensitivity 감수성 flexible 유연한, 탄력 있는 foam rubber 발포 고무 allow + 목적어 + to 동사원형 (목적어)에게 ~할 수 있게 해주다 in more detail 더 자세히 in order to 동사원형 ~하기 위해 accurately 정확하게 communicate (말 등) ~을 전달하다 dialogue 대화 decade 10년 commercial 광고 방송 creation 창작물, 만든 것 decide to 동사원형 ~하기로 결정하다 focus on ~에 초점을 맞추다 mainstream 주류, 대세 phenomenon 현상 in addition to ~을 비롯해, ~뿐만 아니라 reject ~을 거부하다, ~을 거절하다 fear that ~할까 우려하다 appeal to ~의 마음을 끌다 potential 잠재성 arrange for A to 동사원형 A가 ~하도록 조치하다 distribute ~을 배급하다, ~을 배부하다 promptly 지체 없이 abandon ~을 포기하다, ~을 버리다 relocate to ~로 자리를 옮기다, ~로 이전하다 introduce A to B A에게 B를 소개하다 millions of 수백 만 명의, 수백 만 개의 household name 누구나 아는 이름 follow 뒤를 잇다, 뒤따르다 box office success 흥행 성공작 grossing 수익을 내는 sequel 속편 continue to 동사원형 계속 ~하다 a wide range of 아주 다양한 due to ~로 인해, ~ 때문에 streptococcal toxic shock syndrome 사슬알균 독성 쇼크 증후군 contribution 공헌, 기여 be widely recognized 널리 인정 받다 industry 업계 posthumously 사후에 award A B A에게 B를 수여하다

## 8.

세부정보
짐 헨슨은 무엇으로 가장 유명한가?
(a) 여러 성공적인 영화를 감독한 것
(b) 인형극 예술을 더 인기 있게 만든 것
(c) 전 세계에서 인형극을 상연한 것
(d) 인형 기반의 TV 프로그램을 개발한 것

해설
첫 번째 단락에 짐 헨슨이 독특한 인형 캐릭터들을 특징으로 하는 텔레비전 프로그램 <더 머펫>과 <프래글 록>의 창작자로 세계적인 명성을 얻은(~ attained worldwide fame as the creator of The Muppets and Fraggle Rock, television shows featuring his distinctive puppet characters) 사실이 쓰여 있다. 이는 인형 캐릭터 기반의 TV 프로그램을 만든 것으로 가장 유명하다는 뜻이므로 (d)가 정답이다.

패러프레이징
television shows featuring his distinctive puppet characters 그의

독특한 인형 캐릭터들을 특징으로 하는 텔레비전 프로그램
⇒ puppet-based TV programs 인형 기반의 TV 프로그램

어휘
be famous for ~로 유명하다  direct ~을 감독하다  put on ~을 상연하다
A-based A 기반의, A를 바탕으로 하는

## 9.
세부정보
헨슨은 고등학생 시절에 어떻게 시간을 보냈는가?
(a) 인형 조작 방법을 공부하면서
(b) 지역 인형 공연을 보러 다니면서
(c) 인형을 디자인하고 제작하면서
(d) 텔레비전 방송국에서 일하면서

해설
헨슨의 고등학생 시절이 언급된 두 번째 단락에 대부분의 시간을 인형 디
자인 스케치 및 시제품 제작에 쏟아 부었다고(~ while attending high
school, where he devoted much of his time to sketching designs
of puppets and building prototypes) 알리는 말이 쓰여 있으므로 (c)가
정답이다.

어휘
how to 동사원형 ~하는 방법  attend ~에 다니다  local 지역의, 현지의

## 10.
세부정보
헨슨은 전통적인 인형에 비해 어떻게 자신의 인형을 향상시켰는가?
(a) 더 저렴한 재료를 이용함으로써
(b) 더욱 표현력이 풍부하게 만듦으로써
(c) 동물을 디자인의 기반으로 삼음으로써
(d) 원격 조종이 되는 상태로 만듦으로써

해설
세 번째 단락에 헨슨이 유연한 발포 고무로 인형을 제작하기 시작하면
서 더 다양한 얼굴 표정과 감정을 전달할 수 있게 되었다는(~ he began
constructing puppets from flexible foam rubber, which allowed
a performer to convey a wider range of facial expressions and
emotions) 내용이 제시되어 있다. 이는 인형의 표현력이 더 좋아졌다는
뜻이므로 (b)가 정답이다.

패러프레이징
convey a wider range of facial expressions and emotions 더 다양한
얼굴 표정과 감정을 전달하다 ⇒ more expressive 더 표현력이 있는

어휘
improve ~을 향상시키다, ~을 개선하다  compared with ~에 비해, ~와 비교해
affordable 저렴한, 가격이 알맞은  material 재료, 자재, 물품  expressive
표현력이 풍부한, 표현적인  base A on B B를 A의 기반으로 삼다  remote-
controlled 원격 조종이 되는

## 11.

추론
헨슨은 왜 자신의 브로드웨이 쇼를 추진하지 않았을 것 같은가?
(a) 재정적 투자의 부족 때문에
(b) 조작 담당자들과 관련된 문제 때문에
(c) 영국에서 일할 기회 때문에
(d) 머펫에 대한 흥미 감소 때문에

해설
네 번째 단락에 영국 방송사들이 헨슨의 프로그램이 지닌 잠재력을 알아보
면서 영국 내에서 촬영해 세계적으로 배급되도록 조치한 사실과 헨슨이 지
체 없이 자신의 브로드웨이 공연에 대한 계획을 포기한 사실이(~ British
networks saw potential in the show, arranging for it to be shot
in the UK and distributed globally. Henson promptly abandoned
plans for his Broadway show, ~) 쓰여 있다. 이는 영국에서 일할 수 있
는 기회로 인해 자신의 브로드웨이 공연을 포기한 것을 의미하므로 (c)가
정답이다.

패러프레이징
arranging for it to be shot in the UK 영국에서 촬영되도록 조치 ⇒ a
work opportunity in the UK 영국에서 일할 기회

어휘
proceed with ~을 추진하다, ~을 계속 진행하다  lack 부족  financial 재정의,
재무의  investment 투자(금)  opportunity 기회  decline in ~의 감소, ~의
하락

## 12.
세부정보
여섯 번째 문단에 따르면, 1990년대에 무슨 일이 있었는가?
(a) 헨슨이 새로운 아동용 프로그램을 개발했다.
(b) 헨슨이 뉴욕 시로 자리를 옮겼다.
(c) 헨슨이 업적에 대해 인정 받았다.
(d) 헨슨이 <더 머펫 쇼>의 종료를 발표했다.

해설
마지막 단락에 인형극 기술과 영화, 아동용 텔레비전 프로그램에 대한
헨슨의 공헌이 업계 내에서 널리 인정 받고 있다는 사실과 함께 사후인
1991년에 할리우드 명예의 거리에 입성하게 된 사실(His contribution
to puppetry, film, and children's television is widely recognized
in the industry, and he was posthumously awarded a star on the
Hollywood Walk of Fame in 1991)이 쓰여 있다. 이는 사망 이후인
1990년대에 그의 업적이 인정 받았다는 뜻이므로 (c)가 정답이다.

패러프레이징
awarded a star on the Hollywood Walk of Fame 할리우드 명예의 거
리에 입성되다 ⇒ was recognized 인정 받았다

어휘
occur 일어나다, 발생되다  recognize ~을 인정하다, ~에게 표창하다
achievement 업적, 달성, 성취

## 13.
동의어

해당 단락의 문맥에서 <u>degree</u>가 의미하는 것은?

(a) 자격
(b) 수준, 정도
(c) 각도, 관점
(d) 부분, 일부

해설

해당 문장에서 degree 앞뒤에 더 뛰어나다는 말과 함께 인형의 움직임과 조작성을 의미하는 말이 각각 쓰여 있다. 따라서, 그 수준이 더 뛰어나다는 의미를 나타내기 위해 degree가 쓰인 것으로 볼 수 있으므로 '수준, 정도'를 뜻하는 또 다른 명사 (b) level이 정답이다.

## 14. 동의어

해당 단락의 문맥에서 <u>shot</u>이 의미하는 것은?

(a) 발사된, 해고된
(b) 주인공이 된
(c) 촬영된
(d) 촉진된, 홍보된, 승진된

해설

해당 문장에서 to부정사 to be shot의 의미상 주어를 나타내기 위해 바로 앞에 위치한 for it의 it은 그 앞에 언급된 프로그램 the show를 가리킨다. 또한, to be shot 뒤에 세계적으로 배급된다는 말이 쓰여 있는데, 이는 프로그램 촬영을 마친 후의 과정에 해당되므로 to be shot이 촬영되는 일을 나타낸다는 것을 알 수 있다. 따라서, '촬영하다'를 뜻하는 또 다른 동사 film의 과거분사인 (c) filmed가 정답이다.

---

### 아멜리아 에어하트

아멜리아 메리 에어하트는 미국 항공 분야의 개척자이자 작가였다. 15 에어하트는 대서양을 홀로 비행한 최초의 여성 비행사였다. 그녀는 다른 많은 기록도 수립했으며, 상업 항공 여행을 촉진한 최초의 비행사들 중 한 명이었고, 자신의 비행 경험에 관한 베스트셀러 도서도 집필했다.

에어하트는 1897년 7월 24일에 캔자스의 애치슨에서 태어났으며, 어린 시절의 대부분은 아이오와의 디 모인에서 보냈다. 1920년 12월 28일에, 16 에어하트는 아버지인 에드윈과 함께 캘리포니아에서 열린 에어 쇼에 갔다. 그녀는 경험 많은 조종사와 함께 하는 동승 비행을 신청했는데, 이는 그녀의 삶을 영원히 바꾸게 되는 비행이었다. 그 후에, 그녀는 아버지에게 비행기 조종 방법을 배우기 시작할 수 있는지 물었고, 아버지는 마지못해 동의했다. 에어하트는 사진사와 트럭 기사로 일해 비행기 조종 레슨에 필요한 1천 달러의 돈을 모았고, 1921년 1월 3일에 키너 필드에서 첫 레슨을 수강했다. 에어하트는 즉시 비행에 대한 소질을 보였고, 부지런히 항공기 조작 기술을 연습했다. 1922년 10월 22일에, 그녀는 14,000피트 고도로 비행기를 운행함으로써 여성 조종사 기록을 세웠다. 1923년 5월 16일에는, 미국 내에서 국제 항공 연맹(FAI)에 의해 20 발급된 조종사 자격증을 받은 16번째에 불과한 여성이 되었다.

신기원을 이룬 찰스 린드버그의 1927년 단독 대서양 횡단 비행 이후에, 에어하트는 대서양을 횡단 비행하는 최초의 여성이 되는 데 대한 관심을 표현했다. 17 1928년 6월 17일에, 그녀는 동승자로서 대서양 횡단 비행을 떠나는 조종사 윌머 스털츠와 동행했다. 대서양을 횡단하는 동승자 비행으로 인해 명성을 얻기는 했지만, 에어하트는 조종사로서 직접 그 여행을 완수할 수 있기를 갈망했다. 1932년 5월 20일 아침에, 18 비행 날짜를 증명하기 위해 「텔레그래프 저널」한 부와 함께 뉴펀들랜드에서 출발했다. 비행은 거의 15시간 동안 지속되었으며, 그 과정에서 그녀는 기계적인 문제와 강한 바람, 그리고 몹시 차가운 기온과 싸웠다. 그녀의 업적을 기리기 위해, 에어하트는 의회로부터 수훈 십자 훈장을, 프랑스 정부로부터 레지옹 도뇌르 훈장의 기사 십자 훈장을, 그리고 내셔널 지오그래픽 협회 금장을 수여 받았다.

1930년과 1935년 사이에, 에어하트는 일곱 번이나 여성 비행 기록을 경신했기 때문에, 19 그녀는 세계 일주 비행을 완수하는 최초의 여성이 되겠다는 가장 큰 목표로 시선을 돌리게 된다. 1937년, 6월 1일에, 에어하트와 항해사 프레드 누넌은 마이애미에서 출발했지만, 이후에 하울랜드 섬 근처의 태평양 중부 상공에서 사라졌다. 그녀와 누넌이 모습을 감춘 지 거의 1년 반이 지나서, 에어하트는 사망한 것으로 공식 공표되었다. 에어하트와 누넌에게 무슨 일이 있었는지에 대해 많은 21 추측이 있었다. 대부분의 역사가들은 비행기가 바다에 추락했다고 추정하고 있지만, 여러 다른 원인이 제시되었으며, 여기에는 많은 음모론도 포함되어 있다.

어휘

aviation 항공 pioneer 개척자, 선구자 aviator 비행사 promote ~을 촉진하다 commercial 상업의, 상업적인 sign up for ~을 신청하다, ~에 등록하다 passenger flight 동승 비행 experienced 경험 많은 how to 동사원형 ~하는 방법 reluctantly 마지못해 agree 동의하다 immediately 즉시 aptitude 소질, 적성 practice ~을 연습하다 aerial 항공의, 공중의 maneuver 조종(술) diligently 부지런히 altitude 고도 issue A B: A에게 B를 발급하다, A에게 B를 지급하다 groundbreaking 신기원을 이룬, 획기적인 express (감정, 생각 등) ~을 표현하다 interest in ~에 대한 관심 accompany ~와 동행하다, ~을 동반하다 transatlantic 대서양 횡단의 gain ~을 얻다 fame 명성 long to 동사원형 ~하기를 갈망하다 complete ~을 완료하다 journey (긴) 여행 set off 출발하다, 떠나다 verify ~을 증명하다, ~을 입증하다 last (동) 지속되다 contend with (곤란 등) ~와 싸우다 mechanical 기계적인 issue 문제, 사안 in recognition of ~을 인정 받아 achievement 업적, 달성, 성취 award A B A에게 B를 수여하다 set one's sights on ~로 시선을 향하다, ~을 목표로 삼다 circumnavigational (세계) 일주의 disappear 사라지다(= vanish) nearly 거의 officially 공식적으로 declare ~을 공표하다 speculation 추측 historian 역사가 presume that ~라고 추정하다 crash 추락하다, 충돌하다 cause 원인 propose ~을 제시하다, ~을 제안하다 conspiracy 음모 theory 이론

## 15.
세부정보

아멜리아 에어하트는 무엇으로 가장 잘 알려져 있는가?

(a) 최초의 대서양 횡단 비행을 조종한 것으로
(b) 다양한 항공기를 설계한 것으로
(c) 여러 항공 기록을 수립한 것으로
(d) 최초의 상업 항공기 조종사가 된 것으로

해설

첫 번째 단락에 에어하트가 대서양을 홀로 비행한 최초의 여성 비행사였다는 말과 함께 다른 많은 기록도 수립한 사실이(Earhart was the first female aviator to fly solo across the Atlantic Ocean. She set many other records ~) 쓰여 있으므로 여러 항공 관련 기록을 수립한 점을 말한 (c)가 정답이다. 여성으로서 최초로 대서양을 비행한 것일 뿐, 최초의 대서양 횡단 비행을 조종한 것은 아니므로 (a)는 오답이다.

어휘

be best known for ~로 가장 잘 알려져 있다 pilot ⑧ ~을 조종하다
a variety of 다양한 aircraft 항공기

## 16.

세부정보

에어하트는 어떻게 비행에 처음 관심을 갖게 되었는가?
(a) 항공기에 관한 책을 읽음으로써
(b) 아버지의 이야기에 귀 기울임으로써
(c) 항공 관련 행사에 참석함으로써
(d) 몇몇 유명 조종사를 만남으로써

해설

두 번째 단락에 아버지와 함께 캘리포니아에서 열린 에어 쇼에 가서 경험 많은 조종사와 함께 하는 동승 비행을 신청한 것이 그녀의 삶을 영원히 바꾸었다고(Earhart went to an air show ~ signed up for a passenger flight with an experienced pilot, and it was a flight that would change her life forever) 언급되어 있다. 이는 항공 관련 행사에 참석한 것이 비행에 관심을 갖게 된 계기였음을 뜻하는 내용이므로 (c)가 정답이다.

패러프레이징

went to an air show 에어쇼에 갔다 ⇒ attending an aviation event 항공 관련 행사에 참석

어휘

interested in ~에 관심이 있는 attend ~에 참석하다

## 17.

추론

에어하트는 왜 자신의 1928년 비행에 완전히 만족하지 못했을 것 같은가?
(a) 그 여행이 예상보다 더 오래 걸렸기 때문에
(b) 자신이 직접 비행기를 조종하지 않았기 때문에
(c) 어떤 인정도 받지 못했기 때문에
(d) 엉뚱한 목적지에 착륙했기 때문에

해설

1928년 비행이 언급된 세 번째 단락에 동승자로 함께 한 것으로 인해 명성을 얻기는 했지만 조종사로서 직접 그와 같은 비행을 하기를 갈망했다는(On June 17, 1928, she accompanied pilot Wilmer Stultz on a transatlantic flight as a passenger. Although she gained fame for her transatlantic passenger flight, Earhart longed to complete the

journey herself as a pilot) 내용이 언급되어 있다. 이는 직접 비행기를 조종하지 못해 만족하지 못했음을 의미하므로 (b)가 정답이다.

어휘

be satisfied with ~에 만족하다 fully 완전히, 전적으로 take long 오래 걸리다 than expected 예상보다 oneself (부사처럼 쓰여) 직접 receive ~을 받다 recognition 인정, 표창 land 착륙하다 destination 목적지, 도착지

## 18. 세부정보

에어하트는 자신이 대서양 횡단 비행을 완수했음을 증명하기 위해 무엇을 했는가?
(a) 일지에 자신의 비행에 관해 기록했다.
(b) 착륙했을 때 사진을 촬영했다.
(c) 한 기자에게 동행하게 해주었다.
(d) 신문을 한 부 가져갔다.

해설

세 번째 단락에 비행 날짜를 증명하기 위해 「텔레그래프 저널」 한 부와 함께 뉴펀들랜드에서 출발한(~ she set off from Newfoundland, with a copy of the *Telegraph-Journal* to verify the date of the flight) 사실이 언급되어 있는데, 텔레그래프 저널은 신문의 이름이므로 (d)가 정답이다.

패러프레이징

with a copy of the *Telegraph-Journal* 「텔레그래프 저널」 한 부를 가지고 ⇒ brought a copy of a newspaper 신문을 한 부 가져갔다

어휘

prove (that) ~임을 증명하다 journal 신문, 잡지 allow + 목적어 + to 동사원형 (목적어)에게 ~할 수 있게 해주다

## 19.

세부정보

에어하트의 일생 중에 가장 큰 목표는 무엇이었는가?
(a) 가장 짧은 시간에 대서양을 횡단 비행하는 것
(b) 여성을 위한 최초의 항공 학교를 여는 것
(c) FAI로부터 조종사 자격증을 받는 것
(d) 세계 일주 비행을 하는 최초의 여성이 되는 것

해설

마지막 단락에 세계 일주 비행을 완수하는 최초의 여성이 되는 것이 가장 큰 목표였음을(~ she set her sights on her biggest goal – to become the first woman to complete a circumnavigational flight of the globe) 언급하는 말이 쓰여 있으므로 (d)가 정답이다.

패러프레이징

complete a circumnavigational flight of the globe 세계 일주 비행을 완료하다 ⇒ fly around the world 세계를 비행하다

## 20.

동의어

해당 단락의 문맥에서 issued가 의미하는 것은?

(a) 분류된

(b) 제공된

(c) 문서에 기록된

(d) 추천된

해설

해당 문장에서 issued 뒤에 조종사 자격증을 뜻하는 a pilot's license와 행위 주체를 나타내는 「by 전치사구」에 국제 항공 연맹(FAI)이 쓰여 있다. 따라서, issued가 국제 항공 연맹에서 조종사 자격증을 발급 받은 일을 나타내는 단어인 것으로 볼 수 있는데, 이는 제공 받는 것과 같으므로 '제공하다'를 뜻하는 provide의 과거분사 (b) provided가 정답이다.

## 21.

동의어

해당 단락의 문맥에서 speculation이 의미하는 것은?

(a) 추측

(b) 감사, 감상, 올바른 인식

(c) 거부, 거절

(d) 전문 지식

해설

speculation이 속한 문장을 읽어 보면, 에어하트와 누넌에게 일어난 일과 관련해 많은 것이 있었다는 의미를 나타낸다. 앞선 문장에 에어하트와 누넌이 비행 중에 갑자기 사라진 사실이 언급된 것으로 볼 때, 그 이유에 대해 많은 추측이나 짐작이 있었다는 의미로 생각할 수 있으므로 '추측'을 뜻하는 (a) conjecture가 정답이다.

# CHAPTER 2

# PART 02

## NEWSPAPER/ MAGAZINE ARTICLE

**PART 2 공략 연습**

**정답**

60. (c)  61. (c)  62. (c)  63. (b)  64. (d)
65. (a)  66. (c)

### 재택 근무: 실패한 실험인가?

마이크로소프트가 최근 실시한 연구에 따르면, 코로나 19 전염병으로 인해 필요해진 원격 근무로의 전환은 장기적으로 실행 가능한 근무 관련 조치가 되지 못할 수도 있다. 이 기업이 아주 다양한 회사에 속한 10만 명이 넘는 직원들을 포함하는 광범위한 연구를 실시했으며, ⑥⓪ 거의 3분의 2에 해당되는 직원들이 현재 소속 팀원들과 함께 하는 "직접적인 시간"의 부족함에 대해 만족하지 못한다는 사실을 밝혀냈다. 게다가, ⑥⓪ 이 연구에 포함된 사람들의 거의 40퍼센트는 각자의 회사가 재택 근무를 하고 있을 때 자신들에게 너무 많은 것을 요구하고 있었다는 불만을 제기했다.

설문 조사를 받은 사람들의 대략 절반은 업무량이 과도하다고 느끼고 있고, 40퍼센트에 조금 못 미치는 사람들은 원격 근무 역할로 옮긴 이후로 정신적, 신체적 피로감에 시달려 왔다고 생각하고 있다. 여기에는 여러 요소가 원인으로 작용해 왔다. 회의 시간은 상당히 더 길어졌고, 온라인 업무 채팅의 빈도가 48%나 증가했으며, ⑥① 2년 전에 매달 발송된 평균 수치에 비해 3천 5백만 통의 더 많은 이메일이 매달 책임자들에 의해 발송되고 있다.

⑥② 이 연구에서 한 가지 다소 놀라운 결과물은 원격 근무에 대한 불만족이 더 젊은 세대의 직원들에게 더 크게 영향을 미치는 것으로 보인다는 점이다. 실제로, 35세에서 55세 사이에 해당되는 직원들의 60퍼센트가 자신들의 원격 근무 역할을 잘 해내고 있다고 밝힌 반면, 18세에서 25세 사이에 해당되는 사람들은 겨우 32%만 같은 ⑥⑤ 관점을 지니고 있었다. 이 더 젊은 직원들의 대부분은 친목 및 가족을 위한 시간과 일 사이의 균형을 잡기 힘겹고, 일에 대해 몰두하거나 흥미로운 느낌을 갖는 것이 어려우며, 업무 회의 시간에 자신들의 의견을 제공할 기회를 찾기 힘겹다고 언급했다. ⑥③ 이 결과물에 따르면 원격 근무가 혁신성에 해로운 영향을 미치고 있다는 점이 분명히 나타난다. 팀원들과의 밀접한 교류가 시간이 흐를수록 약화되면, 직원들이 새로운 아이디어를 제시할 수 있을 정도로 충분히 자신감을 갖기 점점 더 어려워지며, 이는 새로운 아이디어가 권장되고 환영 받는 것이 아니라 집단 순응 사고 방식에 의해 지배되는 업무 환경이라는 결과를 낳는다.

여러 대기업들은 이렇게 우려되는 풍조를 해결하기 위한 조치를 이미 취했다. ⑥④ 시티그룹은 최근 일주일에 한 번씩 화면에서 벗어나

있는 시간을 직원들에게 더 많이 제공하기 위해 "줌 없는 금요일" 정책을 시행했으며, 링크드인은 원격 근무로 인해 초래되는 추가 스트레스에 대처할 수 있도록 연간 휴가에 일주일의 추가 유급 휴가를 소속 직원들에게 제공했다.

하지만, 원격 근무 풍조는 계속될 가능성이 있는데, 대체로 구글이나 아마존, 그리고 심지어 마이크로소프트 자체와 같은 대기업들에게 유익한 것으로 드러났기 때문이다. 이런 회사들에게는, 직원들에게 원격 근무를 시키면 고객들을 자사의 클라우드 기반 공동 구독 모델에 훨씬 더 많이 묶어 놓게 된다. 추가로, 대형 미디어 회사들과 온라인 소매업체들은 지루함을 느끼고 감독 받지 않는 직원들의 증가로 인해 초래되는 접속량 증가 및 구매량 ⑥⑥ 급증을 즐기고 있다.

**어휘**

failed 실패한 experiment 실험 according to ~에 따르면 recent 최근의 conduct ~을 실시하다, ~을 수행하다(= carry out) remote working 원격 근무 necessitate ~을 필요하게 만들다 pandemic 전염병, 유행병 viable 실행 가능한 long-term 장기적인 arrangement 조치, 준비, 방식 extensive 대대적인, 광범위한 involve ~을 포함하다, ~을 수반하다, ~을 관련시키다 a wide variety of 아주 다양한 two-thirds 3분의 2 be dissatisfied with ~에 만족하지 못하다 lack 부족, 결핍 in-person 직접 만나는 currently 현재 furthermore 게다가, 더욱이 complain that ~라고 불만을 제기하다 respective 각각의 place demands on ~에게 요구하다 far too 너무 많이 approximately 약, 대략 survey 설문 조사하다 overworked 업무량이 과도한, 혹사당하는 suffer from ~에 시달리다, ~로 고통 받다 mental 정신적인, 마음의 physical 신체적인 exhaustion 피로감, 기진맥진함 factor 요소, 요인 contribute to ~의 원인이 되다, ~에 기여하다 considerably 상당히, 크게(= significantly) frequency 빈도 compared with ~에 비해, ~와 비교해 somewhat 다소 finding 결과물 dissatisfaction with ~에 대한 불만족 seem to 동사원형: ~하는 것 같다, ~하는 것처럼 보이다 affect ~에 영향을 미치다 thrive in ~을 잘 해내다 share ~을 공유하다, 같은 ~을 갖다 view 관점, 시각 struggle to 동사원형: ~하는 것을 힘겨워하다 balance A with B A와 B의 균형을 잡다 have difficulty -ing ~하는 데 어려움이 있다 engaged 몰두한, 열중한 opportunity to 동사원형: ~할 수 있는 기회 input 의견(의 제공) indicate that ~임을 나타낸다, ~임을 가리키다 have a detrimental effect on ~에 해로운 영향을 미치다 innovation 혁신(성) interaction 교류, 상호 작용 diminish 약해지다, 줄어들다 increasingly 점점 더 confident 자신감 있는, 확신하는 enough to 동사원형 ~하기에 충분히 put forward ~을 제시하다 result in ~라는 결과를 낳다, ~을 초래하다 govern ~을 지배하다 groupthink mentality 집단 순응 사고 방식(집단의 논리 등에 순응함으로써 개인의 창의성이나 책임감 등이 결여됨) rather than ~가 아니라, ~대신 encourage ~을 권장하다 take steps 조치를 취하다 address ⑤ (문제 등) ~을 해결하다, ~을 다루다 implement ~을 시행하다 free 없는 policy 정책 provide A with B A에게 B를 제공하다 additional 추가적인 annual 연례적인, 해마다의 deal with ~에 대처하다, ~을 처리하다 result from ~로 인해 초래되다 be likely to 동사원형 ~할 가능성이 있다 continue 계속되다 largely 대체로, 주로 prove A A인 것으로 드러나다 beneficial 유익한 tie A to B A를 B에 묶어 놓다, A를 B와 연관시키다 A-based A 기반의 collaboration subscription model 공동 구독 모델 in addition 추가로 retailer 소매업체 increased 증가된, 늘어난 traffic 접속량 surge in ~의 급증 bring about ~을 초래하다, ~을 유발하다 unsupervised 감독 받지 않는

## 60.

세부정보

연구는 무엇을 밝혀냈는가?

(a) 더 많은 직원들이 재택 근무를 원한다는 점

(b) 고객들이 직접 직원들을 대하는 것을 선호한다는 점

(c) 재택 근무가 직원들에게 부정적으로 영향을 미친다는 점
(d) 원격 근무 직원들이 사무실 직원들보다 더 생산적이라는 점

해설
연구 결과가 제시된 첫 단락에 재택 근무로 인해 팀원들과 함께 하는 시간의 부족 문제와(~ almost two-thirds of workers were dissatisfied with the lack of "in-person time" ~) 회사의 요구가 너무 많은 것에 대한 불만이(~ complained that their respective companies were placing far too many demands ~) 언급되어 있다. 이는 재택 근무로 인해 나타난 부정적인 영향을 말하는 것이므로 (c)가 정답이다.

패러프레이징
were dissatisfied 불만족했다 / complained 불만을 제기했다 ⇒ negatively affecting 부정적으로 영향을 주는

어휘
prefer to 동사원형 ~하는 것을 선호하다  deal with ~을 대하다  in person 직접 (만나서)  negatively 부정적으로  productive 생산적인

## 61.
세부정보
원격 근무가 왜 일부 직원들에게 피로감을 초래했는가?
(a) 직원들이 야간에 걸쳐 자주 일하기 때문에
(b) 직원들이 회의에 참석할 시간이 없기 때문에
(c) 직원들이 처리해야 할 이메일이 더 많기 때문에
(d) 직원들이 일반적으로 더 일찍 일어나야 하기 때문에

해설
직원들이 느끼는 피로감 및 그 원인이 제시된 두 번째 단락에 2년 전에 매달 3천 5백만 통의 더 많은 이메일이 책임자들에 의해 발송되고 있다는(~ 35 million more e-mails are sent out per month by managers compared with the average number sent per month two years ago) 말이 쓰여 있다. 이는 결국 직원들이 더 많은 이메일을 처리해야 한다는 뜻이므로 (c)가 정답이다.

어휘
cause ~을 초래하다, ~을 유발하다  attend ~에 참석하다  typically 일반적으로, 전형적으로

## 62.
세부정보
나이가 더 많은 직원들과 비교할 때 더 젊은 직원들과 관련해 놀라운 점은 무엇인가?
(a) 일반적으로 더 생산적이다.
(b) 재택 근무 경험이 더 많다.
(c) 원격 근무에 덜 만족한다.
(d) 회의 중에 더 몰두하는 경향이 있다.

해설
세 번째 단락에 원격 근무에 대한 불만족이 더 젊은 세대의 직원들에게 더 크게 영향을 미치는 것으로 보인다는 점이 놀랍다고(One somewhat surprising finding of the study is that dissatisfaction with remote working seems to more significantly affect younger generations of workers) 알리면서 젊은 직원들이 겪는 몇 가지 어려움을 설명하고 있다. 이는 젊은 직원들이 원격 근무에 덜 만족한다는 뜻이므로 (c)가 정답이다.

패러프레이징
dissatisfaction 불만족 ⇒ less satisfied 덜 만족하는

어휘
tend to 동사원형 ~하는 경향이 있다

## 63. 세부정보
밀접한 교류의 부족이 어떻게 업무팀에 영향을 미칠 수 있는가?
(a) 독립적인 사고를 권장하게 됨으로써
(b) 혁신성을 감소시킴으로써
(c) 화상 회의 능력을 향상시킴으로써
(d) 논쟁을 초래함으로써

해설
밀접한 교류 부족의 문제를 말하는 세 번째 단락에 원격 근무가 혁신성에 해로운 영향을 미치고 있다고 알리면서 밀접한 교류가 약해지면 직원들이 새로운 아이디어를 제시하기 더 어려워진다고(~ remote working is having a detrimental effect on innovation. ~ it is increasingly hard for employees to feel confident enough to put forward new ideas ~) 언급하고 있다. 이는 혁신성이 감소되도록 영향을 미친다는 뜻이므로 (b)가 정답이다.

패러프레이징
hard for employees to feel confident enough to put forward new ideas 직원들이 새로운 아이디어를 제안할 만큼 자신감을 느끼는 것이 어려운 ⇒ decreasing innovation 혁신성을 감소시킴

어휘
independent 독립적인  decrease ~을 감소시키다, ~을 줄이다  improve ~을 향상시키다, ~을 개선하다  teleconferencing 화상 회의  dispute 논쟁, 분쟁, 반박

## 64.
세부정보
시티그룹이 원격 근무 직원들을 돕기 위해 어떤 조치를 취했는가?
(a) 추가로 일주일의 휴무를 제공하는 것
(b) 연봉을 인상해 주는 것
(c) 주기적인 친목 행사에 초대하는 것
(d) 컴퓨터에서 벗어날 수 있는 시간을 허용하는 것

해설
시티그룹이 언급된 네 번째 단락에 일주일에 한 번씩 화면에서 벗어나 있는 시간을 직원들에게 더 많이 제공하기 위해 "줌 없는 금요일" 정책을 시행했다고(Citigroup recently implemented a "Zoom Free Friday" policy to give its employees more time away from their screens

once a week ~) 쓰여 있다. 이는 회사가 직원들에게 컴퓨터에서 벗어날 수 있는 시간을 허용했다는 뜻이므로 (d)가 정답이다.

**패러프레이징**
giving its employees more time away from their screens 직원들에게 스크린으로부터 벗어나 있는 시간을 더 많이 주는 것 ➡ allowing them time away from their computers 컴퓨터로부터 벗어나는 시간을 허용하는 것

**어휘**
extra 추가의, 여분의  annual salary 연봉  regular 주기적인, 정기적인  allow A B A에게 B를 허용하다

## 65.
**동의어**
해당 단락의 문맥에서 underline{view}가 의미하는 것은?
(a) 의견
(b) 이점, 장점
(c) 시력, 시야, 광경
(d) 도표

**해설**
해당 문장에서 접속사 whereas 앞에 위치한 주절에 나이가 더 많은 직원들의 생각이 언급되어 있고 view가 속한 whereas절은 그와 대비되는 의견을 말하는 내용으로 볼 수 있다. 따라서, shared the same view가 오직 32%의 더 젊은 직원들만 나이가 더 많은 직원들과 생각이 같았다는 의미임을 알 수 있으며, 이는 의견이 같았다는 말에 해당되므로 '의견'을 뜻하는 (a) opinion이 정답이다.

## 66.
**동의어**
해당 단락의 문맥에서 underline{surge}가 의미하는 것은?
(a) 지출 (비용), 경비
(b) 청구 요금, 책임
(c) 증가, 상승
(d) 균형

**해설**
해당 문장은 직원들이 재택 근무를 할 때 미디어 회사들과 온라인 소매업체들이 누리는 이점을 말하고 있다. 따라서, surge in purchases가 그 앞에 and로 연결된 the increased traffic(늘어난 접속량)과 같은 변화, 즉 재택 근무를 하면서 제품 구매가 늘어난 것을 의미해야 자연스러우므로 '증가, 상승'을 뜻하는 (c) rise가 정답이다.

**1.**

두뇌가 어떻게 작동하는지 아는 것으로, 사람들은 더 쉽게 결심한 것을 달성할 수 있다. 새로운 습관을 형성하고 그 습관을 하는 것에 대해 기분이 좋아지기 위한 가장 좋은 방법 중 하나는 한번에 하나의 목표에만 집중하는 것이다. 그리고 그 목표의 규모가 크다면, 그것을 더 작고, 달성하기 더 쉬운 일로 쪼개는 것이다.

(a) 사람들은 새로운 습관을 만들기 위해 한번에 너무 많은 것을 바꾸지 않도록 노력해야 한다.
(b) 사람들은 그들의 결심을 달성하기 위해 가장 복잡한 일을 먼저 완료해야 한다.
(c) 사람들은 하나의 목표에 집중하기 위해 더 작은 움직임을 통해 급히 움직이는 것을 피해야 한다.
(d) 사람들은 그들의 결심에 대해 긍정적으로 느끼기 위해 가능한 많은 사람들과 계획을 공유해야 한다.

**어휘**
form 형성하다  focus on ~에 집중하다  goal 목표  at a time 한번에  break down into ~로 쪼개다, ~로 부수다  achieve 달성하다  task 일  make a change 변화시키다  at once 한번에  complete 완료하다  complicated 복잡한  rush 급히 움직이다  step (목표 달성을 위한) 움직임, 조치  share 공유하다  as ~ as possible 가능한 한

**2.**

워싱턴 대학에서 학교 시작 시간을 조정하는 것의 영향을 확인하기 위한 연구에 착수했다. 2주의 기간에, 연구진은 각각 두 곳의 서로 다른 고등학교에 속한 약 90명의 학생들로 구성된 두 개의 그룹과 협업했다. 한 그룹은 오전 7시 50분에 시작하는 일반적인 수업 일정을 따랐고, 나머지 그룹은 거의 한 시간이나 더 늦은 오전 8시 45분에 시작했다.

(a) 그 연구는 줄어든 과제의 영향을 평가하기 위해 수행되었다.
(b) 그 연구는 휴대폰 사용과 수면 사이의 연관성을 확인하기 위해 수행되었다.
(c) 그 연구는 지연된 학교 시작 시간의 이점을 입증하기 위해 수행되었다.
(d) 그 연구는 학급의 크기와 성적 사이의 연관성이 틀렸음을 입증하기 위해 수행되었다.

**어휘**
set out 착수하다, 시작하다  confirm ~을 확인해 주다  effect 영향, 효과  adjust ~을 조정하다, ~을 조절하다  approximately 약, 대략  follow ~을 따르다  conduct ~을 실시하다  assess ~을 평가하다  effect 영향, 효과  connection 연관성(= link)  verify ~을 입증하다, ~을 확인하다  disprove ~이 틀렸음을 입증하다

## 3.

> 업체들에 대한 또 다른 주된 이점은 운영비를 줄일 수 있는 잠재성이다. 직원들이 재택 근무를 하면서, 사무실 공간 임대를 위한 예산을 잡을 필요가 없다. 이는 특히 임대료가 높은 지역에서 운영될 수 있는 더 작은 업체들에게 유익하다. 한 연구에서는 업체들이 정규직 원격 근무 옵션으로 직원 1인당 연간 평균 10,000달러를 아낄 수 있는 것으로 추정했다.

(a) 원격 근무 모델을 가진 중소 기업은 적합한 사무 공간을 찾는 데 시간을 덜 소비할 수 있다.
(b) 재택 근무는 직원들에게 개인 컴퓨터를 이용하도록 장려할 수 있다.
(c) 원격 근무 모델은 중소기업이 불필요하게 높은 운영비에 직면하는 것을 피하는 것을 도울 수 있다.
(d) 시간제 재택 근무로 일하는 근무자들이 있는 중소 기업은 관리자들에게 각자의 부서를 확대하는 데 초점을 맞출 수 있게 해 줄 수 있다.

어휘

potential 형 잠재적인 명 잠재성 operating cost 운영비 no need to 동사원형 ~할 필요가 없다 budget 통 예산을 정하다 rent ~을 임대하다 handy 유익한, 유용한 operate 운영되다 estimate that ~라고 추정하다 save 절약하다, 아끼다 average 평균의 per ~당, ~마다 remote 원격의 option 옵션, 선택사항 suitable 적합한, 알맞은 encourage + 목적어 + to 동사원형 (목적어)에게 ~하도록 장려하다 avoid -ing ~하는 것을 피하다 face ~에 직면하다 unnecessarily 불필요하게 focus on ~에 초점을 맞추다 expand ~을 확대하다, ~을 확장하다

## 4.

> 인류 역사의 대부분 동안, 생일은 전혀 기념되지 않았다. 이러한 기념 행사에 대한 최초의 참고 자료는 기원전 3000년경에 열렸던 한 이집트 파라오의 생일에 대한 성경의 묘사이다. 하지만, 이 기념 행사는 그 파라오의 생일을 기념한 것이 아니라, 그가 이집트의 통치자가 되어 그 결과로 한 명의 신으로서 다시 태어난 날을 기념한 것일 가능성이 있다.

• 생일 기념 행사에 대한 최초의 역사적 언급은 _____였다.
(a) 한 고대 명판에 새겨진 이야기
(b) 한 종교 서적에서 전해지는 이야기
(c) 한 유명 통치자가 쓴 편지
(d) 신들에게 바치는 시

어휘

celebrate ~을 기념하다, ~을 축하하다(= commemorate) reference 참고 (자료) description 설명, 묘사 take place (행사 등) 열리다, 개최되다, 진행되다 it is likely that ~할 가능성이 있다 celebration 기념 행사, 축하 행사 ruler 통치자 historical 역사적인 mention 언급 tale 이야기 inscribe ~을 새기다 tablet 명판 text 서적, 문서, 글, 문자 poem 시 dedicated to ~에게 바치는

---

**정답**

| 1. (c) | 2. (a) | 3. (b) | 4. (b) | 5. (d) |
| 6. (b) | 7. (d) | 8. (b) | 9. (d) | 10. (b) |

### 연구를 통해 드러난 일반 개업의의 위험성

최근 출간된 연구 자료에 따르면 [1] 일반 개업의(GPs)가 일반적으로 대다수의 다른 직장인 및 전문가들보다 더 오래 앉아서 시간을 보내기 때문에 자신의 생명을 위험에 처하게 하고 있는 것으로 나타나 있다.

이 연구는 덴마크 남부 대학교와 얼스터 대학교, 그리고 벨파스트 퀸즈 대학교 사이에서 이뤄진 공동 작업이었다. 연구원들은 일반적인 근무일 중에, 일반 개업의가 10시간 넘게 앉은 채로 있다는 사실을 알게 되었다. 이는 과도하게 앉아 있는 행위에서 비롯될 수 있는 심혈관 질환 및 기타 건강 문제에 대단히 취약한 상태로 만든다.

장시간 앉은 자세로 있으면 신진 대사율을 떨어뜨리는 것으로 알려져 있는데, 이는 지방을 분해하고 혈당을 조절하는 신체 능력에 [4] 부정적인 영향을 미친다. 이전의 광범위한 연구에 따르면 신체 활동 부족과 비만, 제2형 당뇨병, 그리고 여러 치명적인 건강 상태 사이에 명확한 연관성이 있는 것으로 나타났다. 일반 개업의가 신체적으로 활동이 부족한 상태로 보내는 시간의 양을 관찰하기 위해, [2] 연구원들은 350명이 넘게 참여한 일반 개업의들과 주기적인 인터뷰를 실시했고, 그들 각각에게 일주일 동안 가속도계 기기를 착용하도록 요청했다. 평균적으로, 일반 개업의는 책상 앞에 앉은 채로 하루에 10시간 반을 보냈는데, 이는 통신 및 교육 업계에서 근무하는 사람들과 유사하다.

연구가들은 일반 개업의들 사이에서 높은 수준으로 나타나는 좌식 활동 시간의 가장 큰 요인은 업무량이라는 점을 [5] 밝혀냈다. 이 연구에 따르면 좌식 활동 시간은 [3] 코로나 19 전염병 이후에 환자들과 갖게 된 전화 상담 시간의 상당한 증가로 인해 크게 늘어났던 것으로 나타나 있다.

어휘

risk 위험(성) general practitioner 일반 개업의 indicate that ~라고 나타나다, ~임을 가리키다 put A at risk A를 위험에 처하게 하다 typically 일반적으로, 전형적으로 the majority of 대다수의, 대부분의 professional 명 전문가 collaboration 공동 작업, 협업 remain 형용사 ~한 상태로 계속 있다 susceptible to ~에 취약한, ~의 대상이 되기 쉬운 cardiovascular disease 심혈관 질환 stem from ~에서 비롯되다 excessive 과도한 sedentary 주로 앉아서 하는, 좌식의 prolonged 장시간의 reduce ~을 떨어뜨리다, ~을 감소시키다 metabolic rate 신진 대사율 have an adverse effect on ~에 부정적인 영향을 미치다 ability to 동사원형 ~할 수 있는 능력 break down ~을 분해하다 regulate ~을 조절하다 blood sugar 혈당 extensive 광범위한, 대규모의 prior 과거의, 이전의 link 연관성 inactivity 활동 부족 diabetes 당뇨병 fatal 치명적인 in order to 동사원형 ~하기 위해 monitor ~을 관찰하다 conduct ~을 실시하다 participating 참여하는 ask + 목적어 + to 동사원형 (목적어)에게 ~하도록 요청하다 accelerometer 가속도계 device 기기, 장치 similar to ~와 유사한 individual 명 사람, 개인 determine that ~임을 밝혀내다, ~라고 결정하다 factor 요인 significantly 크게, 상당히 increase 늘어나다, 증가하다 due to ~로 인해, ~ 때문에 rise in ~의 증가, 상승 patient 환자 following ~ 후에 pandemic 전염병, 유행병

18   5일 단기공략 지텔프 공식 기출독해

# 1.

**세부정보**

일반 개업의가 왜 심각한 건강 상태의 위험에 처해 있는가?

(a) 일주일에 너무 많은 일자에 일한다.

(b) 전염병 환자와 접촉하게 된다.

(c) 일하면서 오랜 시간 앉아 있는다.

(d) 장시간 화면을 응시한다.

**해설**

첫 번째 단락에 일반 개업의들(GPs)이 일반적으로 오래 앉아서 시간을 보내기 때문에 자신의 생명을 위험에 처하게 하고 있는 것으로 나타났다는 (~ general practitioners (GPs) are putting their own lives at risk because they typically spend more time sitting down) 연구 내용이 쓰여 있으므로 (c)가 정답이다.

**패러프레이징**

spend more time sitting down 더 많은 시간을 앉아 있는데 보낸다 ⇒ sit for long periods 긴 시간 동안 앉아 있다

**어휘**

come into contact with ~와 접촉하게 되다  infectious 전염되는  stare at ~을 응시하다

# 2.

**세부정보**

연구원들이 데이터를 얻은 한 가지 방법은 무엇인가?

(a) 일반 개업의들과 이야기한 것

(b) 혈액 테스트를 실시한 것

(c) 환자들에게 설문 조사한 것

(d) 카메라를 설치한 것

**해설**

세 번째 단락에 연구원들의 연구 방법과 관련해 350명이 넘게 참여한 일반 개업의와 주기적인 인터뷰를 실시한(~ the researchers conducted regular interviews with more than 350 participating GPs) 사실이 언급되어 있다. 이는 연구원들이 일반 개업의들과 직접 이야기를 나눴다는 뜻이므로 (a)가 정답이다.

**패러프레이징**

conducted regular interviews 주기적인 인터뷰를 실시했다 ⇒ talking 이야기 하는 것

**어휘**

obtain ~을 얻다  survey 통 ~에게 설문 조사하다  install ~을 설치하다

# 3.

**세부정보**

코로나 19가 어떻게 일반 개업의의 업무량에 영향을 미쳤는가?

(a) 근무일이 더 길다.

(b) 환자들의 전화를 더 많이 받는다.

(c) 보고서를 완료하는 시간이 더 줄어든다.

(d) 환자 자택 방문을 더 많이 한다.

**해설**

마지막 단락에 코로나 19 전염병 이후에 환자들과 갖게 된 전화 상담 시간이 상당히 증가했다는(~ a significant rise in telephone consultations with patients following the Covid-19 pandemic) 말이 쓰여 있으므로 (b)가 정답이다.

**패러프레이징**

a significant rise in telephone consultations 전화 상담의 상당한 증가 ⇒ more calls from patients 환자들의 더 많은 전화

**어휘**

affect ~에 영향을 미치다  complete ~을 완료하다

# 4.

**동의어**

해당 단락의 문맥에서 adverse가 의미하는 것은?

(a) 반대의, 반대편의

(b) 부정적인

(c) 알려지지 않은

(d) 극도의, 극심한

**해설**

해당 문장에서 adverse는 effect를 수식해 어떤 영향을 미치는지를 나타낸다. adverse가 속한 which절은 그 앞에 위치한 주절에 언급된 '장시간 앉아 있어서 신진 대사율이 떨어지는 것'을 가리킨다. 따라서, 신진 대사율이 떨어질 경우에 지방 분해 능력 및 혈당 조절 능력에 좋지 못한 영향을 미치는 것으로 생각할 수 있으므로 '부정적인'을 뜻하는 또 다른 형용사 (b) negative가 정답이다.

# 5.

**동의어**

해당 단락의 문맥에서 determined가 의미하는 것은?

(a) 애썼다

(b) 권했다, 장려했다

(c) 생각했다, 추정했다

(d) 결론을 내렸다

**해설**

해당 문장에서 determined 앞에 주어로 연구원들을 뜻하는 The researchers가 쓰여 있고, determined 뒤에 위치한 that절에는 일반 개업의들이 앉아서 보내는 시간이 많은 이유가 업무량이라는 말이 쓰여 있다. 이는 연구원들이 연구를 통해 밝혀낸 결과에 해당되며, 연구원들이 그러한 결론을 내린 것과 같으므로 '결론을 내리다'를 뜻하는 conclude의 과거형 (d) concluded가 정답이다.

## 종 개체군의 심각한 감소

　　종 개체군의 극심한 변화는 지구의 건강 상태에 대한 중요한 [9]지표이며, 종종 인간과 자연계 사이의 관계에 나타나는 심각한 문제를 보여준다. 지난 50년 동안에 걸쳐, 포유류와 어류, 조류, 파충류, 그리고 양서류의 [6]전 세계적인 개체군 규모가 평균 68% 감소해 왔으며, 라틴 아메리카와 카리브해 지역 전체에 걸친 개체군은 평균적으로 94% 감소해 왔다.

　　인류가 이 종 개체군 감소의 근원적인 주 원인이다. 빠르게 늘어나는 인간 소비, 인구수, 그리고 도시화로 인해, 천연 자원은 다시 보충될 수 있는 것보다 더 빨리 고갈되고 있다. 이는 생물 다양성 및 생태계 내 구력에 심각한 영향을 미친다. [7]생물 다양성 소실의 이면에 존재하는 주된 이유는 [10]자연 그대로인 숲과 초지를 포함함, 자연 서식지에 대한 농업 목적의 토지 용도 전환이다. 더욱이, 기후 변화가 아직 생물 다양성 소실의 중요한 발생 요인이 아니기는 하지만, 향후 몇 십년에 걸쳐 주요 원인이 될 것으로 예상되고 있다.

　　비록 자연 서식지가 전례 없는 속도로 파괴되면서 변경되고 있기는 하지만, 전문가들은 특정 조치가 취해진다면 종 개체군의 감소 추세가 급격히 둔화되어 상황이 역전될 수 있다고 주장한다. 예를 들어, 전 세계적인 규모로, 인류는 반드시 식품 생산 및 소비를 줄이고, 공격적으로 기후 변화를 해결하면서, [8]환경 보존 및 보호에 더 많이 투자해야 한다.

### 어휘
species (동식물의) 종 population (동식물의) 개체군, 인구(수) decline 명 감소, 하락 통 감소하다, 하락하다 indicator 지표 planetary 지구의, 행성의 severe 심각한, 가혹한 relationship 관계 mammals 포유류 reptiles 파충류 amphibians 양서류 on average 평균적으로 humanity 인류 underlying 근원적인 due to ~로 인해, ~ 때문에 consumption 소비 urbanization 도시화 use up ~을 고갈시키다, ~을 다 쓰다 replenish ~을 보충하다 impact 영향 biodiversity 생물 다양성 ecosystem 생태계 conversion of A into B A에 대한 B로의 전환 habitat 서식지 including ~을 포함해 pristine 자연 그대로인 agricultural 농업의 significant 중요한, 상당한 driver 발생 요인, 동력 be expected to 동사원형 ~할 것으로 예상되다 primary 주요한 decade 10년 destroy ~을 파괴하다 alter ~을 변경하다 unprecedented 전례 없는 rate 속도, 비율, 등급, 요금 expert 전문가 dramatically 급격히 reverse ~을 역전시키다, ~을 뒤바꾸다 specific 특정한, 구체적인 action 조치, 움직임 scale 규모 reduce ~을 줄이다, ~을 감소시키다 aggressively 공격적으로, 적극적으로 tackle (문제 등) ~을 해결하다 invest A in B A를 B에 투자하다 conservation 보존

## 6.
### 사실 확인
기사 내용에 따르면, 라틴 아메리카와 관련해 사실인 것은 무엇인가?
(a) 전 세계의 다른 지역들보다 더 많은 종이 있다.
(b) 극심한 개체군 감소를 겪었다.
(c) 카리브해 지역과 많은 종을 공유해 왔다.
(d) 포유류보다 더 많은 양서류의 서식지이다.

### 해설
라틴 아메리카가 언급된 첫 번째 단락에 라틴 아메리카와 카리브해 지역 전체에 걸친 개체군이 평균적으로 94% 감소했다는(~ populations throughout Latin America and the Caribbean have declined by

94% on average) 말이 쓰여 있다. 이는 개체군 감소 수준이 극심하다는 점을 나타내는 것이므로 (b)가 정답이다.

### 어휘
region 지역, 지방 experience ~을 겪다, ~을 경험하다 share ~을 공유하다

## 7.
### 세부정보
현재 생물 다양성 소실의 주된 이유는 무엇인가?
(a) 변화하는 세계 기후
(b) 강수량의 부족
(c) 멸종 위기 종에 대한 사냥
(d) 자연 서식지의 소실

### 해설
두 번째 단락에 생물 다양성 소실의 이면에 존재하는 주된 이유는 자연 그대로인 숲과 초지를 포함해, 자연 서식지를 농업 목적의 토지로 전환한 것이라고(The main reason behind the loss of biodiversity is the conversion of natural habitats, including pristine forests and grasslands, into land used for agricultural purposes) 알리고 있다. 이는 자연 서식지가 사라졌다는 뜻이므로 (d)가 정답이다.

### 패러프레이징
the conversion of natural habitats ~ into land 자연 서식지를 토지로의 전환 ⇒ The loss of natural habitats 자연 서식지의 소실

### 어휘
currently 현재 lack 부족 rainfall 강수(량) endangered 멸종 위기에 처한

## 8.
### 세부정보
무엇이 개체군 감소 비율을 줄일 수 있는가?
(a) 전 세계적인 식량 생산의 증가
(b) 환경 프로그램에 대한 투자
(c) 새로운 농장의 건설
(d) 종 사이의 이종 교배

### 해설
마지막 단락에 종 개체군 감소를 막기 위해 자연 서식지를 보호할 수 있는 방법으로 환경 보존 및 보호에 더 많이 투자해야 한다는(~invest more in environmental conservation and protection) 내용이 언급되어 있으므로 이에 해당되는 의미를 지닌 (b)가 정답이다.

### 어휘
investment in ~에 대한 투자 interbreeding 이종 교배

## 9.
동의어

해당 단락의 문맥에서 <u>indicators</u>가 의미하는 것은?

(a) 대안
(b) 방법
(c) 결과(물)
(d) 표시, 신호, 조짐, 징후

해설

해당 문장에서 be동사 are 뒤에 보어로 쓰인 important indicators는 주어인 Extreme changes in species populations가 지구의 건강과 관련해 어떤 중요한 의미를 지니고 있는지를 나타낸다. 바로 뒤에 흔히 인간과 자연계 사이의 관계에 나타나는 심각한 문제를 보여준다는 말이 쓰여 있어 그러한 문제의 발생이나 정도 등을 파악할 수 있는 일종의 표시에 해당되는 것으로 볼 수 있으므로 '표시, 신호' 등을 뜻하는 (d) signs가 정답이다.

## 10.
동의어

해당 단락의 문맥에서 <u>pristine</u>이 의미하는 것은?

(a) 외딴, 멀리 떨어진
(b) 이상적인
(c) 안전한
(d) 밀집한, 밀도 높은

해설

해당 문장에서 pristine은 forests and grasslands를 수식해 숲과 초지가 어떤 상태인지를 나타낸다. 바로 앞에 위치한 자연 서식지(natural habitats)에 속하는 것으로서 농지로 전환되기 전의 상태와 관련된 의미를 나타내야 하는데, 이는 손상되지 않은 자연 그대로의 이상적인 상태에 해당되는 것으로 볼 수 있으므로 '이상적인'을 뜻하는 (b) ideal이 정답이다.

---

## ACTUAL READING

정답

| 1. (c) | 2. (d) | 3. (a) | 4. (b) | 5. (c) |
|--------|--------|--------|--------|--------|
| 6. (b) | 7. (d) | 8. (b) | 9. (d) | 10. (a) |
| 11. (c) | 12. (c) | 13. (d) | 14. (c) | 15. (d) |
| 16. (b) | 17. (d) | 18. (d) | 19. (a) | 20. (d) |
| 21. (b) | | | | |

### 유럽 뱀장어 이주의 미스터리 해결

환경청이 이끄는 연구가들로 구성된 팀이 심각하게 멸종 위기에 처한 유럽 뱀장어의 수명 주기 및 그들의 감소를 둔화시키고 반전시킬 가능성이 있는 방법을 새롭게 조명해 왔다. 환경청은 [1] '유럽 뱀장어가 정확히 어디에서 산란하고 어떻게 그곳으로 가는가?'라는 자연의 가장 까다로운 질문 중 하나를 해결하는 데 도움이 되었던 획기적인 연구 프로젝트를 위해 런던 동물 학회, 환경 식품 농무부, 환경 수산 양식 과학 센터, 내추럴 잉글랜드, 아조레스 대학교, 그리고 덴마크 공과 대학교와 협업했다.

[2] 유럽 뱀장어는 현재 멸종 위기 종으로 분류되어 있는데, 유럽의 여러 강으로 돌아가는 뱀장어의 숫자가 1980년대 이후로 최소 95퍼센트 감소해 왔기 때문이다. 이 종 및 이들의 이주 습성과 관련해 이전에는 조사가 거의 실시되지 않았지만, 유럽 뱀장어는 전 세계적으로 중요한 종이며, 최근의 연구가 반드시 이 종의 개체수 감소를 방지하는 데 있어 효과적인 보호 조치가 시행되도록 해줄 것이다.

유럽 뱀장어는 사르가소해에 있는 번식 장소에 도달하기 위해 약 1만 킬로미터라는 놀라운 여행 길에 오른다. 이는 자연에서 관찰되는 동물 이주의 가장 인상적인 예시들 중 하나로 여겨지지만, 이러한 [6] 위업의 상세 정보는 수 세기 동안 과학자들을 당혹하게 했다. 사실, 이 현상에 관해 최초로 기록된 연구 증거는 기원전 4세기만큼이나 아주 오래 전으로 거슬러 올라간다. 현재, 환경청이 유럽 뱀장어가 이주 경로의 마지막 2,500 킬로미터를 어떻게 찾아가는지 보여주는 최초의 명확한 데이터를 출간했다. [3] 이 연구 프로젝트 이전에는, 이 산란 장소를 확인해줄 수 있는 어떠한 실제 뱀장어나 알도 발견되지 않았다.

[4] 이 연구팀 구성원들은 26마리의 대형 암컷 유럽 뱀장어에게 위성 태그를 부착한 다음, 이 뱀장어들을 아조레스에서 대서양으로 방사했다. 이 태그들 중 일부는, 이 뱀장어들이 떠나는 여행의 각 구간에서 얻는 소중한 데이터를 제공하기 위해, 6개월에서 1년의 범위에 이르는 다양한 기간에 대해 데이터를 분리해 전송하도록 프로그램되어 있었다. 연구가들이 전송 받은 데이터를 모아 정리했을 때, 이 뱀장어들이 지속적으로 사르가소해를 향해 이주했다는 사실을 알게 되었다. 하지만, 가장 주목할 만한 결과물은 번식 장소로 가는 이 여행이 1년 넘게 소요된다는 점이었다. 이 데이터에 따르면 사르가소해에서 산란한 후에, [5] 이 뱀장어의 유생이 북대서양 해류의 바다 물살을 활용해 다른 경로를 거쳐 영국 및 다른 유럽 지역의 수역으로 돌아갔다가 새끼 뱀장어일 때 여러 강으로 이주한다는 점도 드러났다.

항해 방식 및 이주 경로에 대한 더 명확한 이해를 얻음으로써, 연구팀은 유럽 뱀장어의 감소 이면에 존재하는 이유들을 밝혀내는 데 있어 엄청난 진전을 이뤄냈으며, 이 연구는 이 종을 보호하기 위한 표적 보존 조치를 확립하는 토대로서의 [7] 역할을 하게 될 것이다.

어휘

solve ~을 해결하다 eel 뱀장어 migration 이주 led by ~가 이끄는 Environment Agency 환경청 shed new light on ~을 새롭게 조명하다 lifecycle 수명 주기, 생활 주기 critically endangered 심각하게 멸종 위기에 처한 how to 동사원형 ~하는 방법 slow down ~을 둔화시키다, ~을 늦추다 reverse ~을 반전시키다 decline 감소, 하락 alongside ~와 함께 groundbreaking 획기적인, 신기원을 이룬 perplexing 까다로운, 당혹하게 하는 spawn 산란하다 categorize A as B A를 B로 분류하다 species (동식물의) 종 decrease 감소하다, 줄어들다 by (차이) ~만큼, (방법) ~함으로써, ~해서 at least 최소한, 적어도 prior 과거의, 이전의 conduct ~을 실시하다, ~을 수행하다 habit 습성 ensure that 반드시 ~하도록 하다, ~하는 것을 확실히 하다 put A in place A를 시행하다 combat (문제 등) ~을 방지하다 population 개체수, 개체군 embark on ~을 시작하다, ~에 착수하다 astonishing 놀라운 approximately 약, 대략 in order to 동사원형 ~하기

위해 reach ~에 도달하다, ~에 이르다 breeding 번식 be regarded as ~로 여겨지다 impressive 인상적인 observe ~을 관찰하다 details 상세 정보, 세부 사항 feat 위업, 개가 baffle ~을 당혹하게 하다 phenomenon 현상 date (시대 등과 관련해) 거슬러 올라가다 navigate ~의 방향을 찾아가다, ~에서 항해하다 prior to ~ 전에, ~에 앞서 confirm ~을 확인해 주다 attach A to B A를 B에 부착하다 satellite 위성 release ~을 방사하다, ~을 방출하다 detach ~을 분리하다 transmit ~을 전송하다 range from A to B (범위 등) A에서 B에 이르다 valuable 소중한, 귀중한 compile (자료 등) ~을 모아 정리하다 consistently 지속적으로 remarkable 주목할 만한 take ~의 시간이 걸리다 larvae 유생, 유충 utilize ~을 활용하다 ocean currents 바다 물살, 해류 North Atlantic Drift 북대서양 해류 via ~을 거쳐, ~을 통해 glass eel 새끼 뱀장어 gain ~을 얻다 mechanism (작용) 방식 take a step forward in ~에 있어 진전을 이뤄내다, ~에 있어 진일보하다 huge 엄청난 determine ~을 밝혀내다, ~을 결정하다 serve as ~의 역할을 하다 foundation 토대, 기반 establish ~을 확립하다 targeted 표적이 된, 겨냥한 conservation 보존 measures 조치

## 1.

### 주제 및 목적

연구 프로젝트의 한 가지 목적은 무엇이었는가?
(a) 유럽 뱀장어의 짝짓기 행위에 관해 파악하는 것
(b) 유럽 뱀장어를 더 안전한 서식지로 이전하는 것
(c) 유럽 뱀장어의 산란 장소를 확인하는 것
(d) 유럽 뱀장어의 전 세계적인 개체수를 계산하는 것

### 해설

첫 번째 단락에 연구를 통해 해결하고자 했던 것으로 '유럽 뱀장어가 정확히 어디에서 산란하고 어떻게 그곳으로 가는가?'(~ where exactly do European eels spawn and how do they get there?)라는 질문이 언급되어 있다. 이는 유럽 뱀장어의 산란 장소를 확인하는 일이 연구의 한 가지 목적이었음을 나타내는 것이므로 (c)가 정답이다.

### 패러프레이징

where exactly do European eels spawn 유럽 뱀장어가 정확히 어디에서 산란하는지 ⇒ spawning sites of European eels 유럽 뱀장어의 산란 장소

### 어휘

mating 짝짓기 behavior 행위, 행동 relocate ~을 이전하다 habitat 서식지 identify ~을 확인하다 calculate ~을 계산하다

## 2.

### 사실 확인

기사 내용에 따르면, 유럽 뱀장어와 관련해 무엇이 사실인가?
(a) 이주 경로가 많이 연구되었다.
(b) 새끼들이 생존할 가능성이 낮다.
(c) 서식지가 오염의 위협에 처해 있다.
(d) 숫자가 상당히 감소되었다.

### 해설

두 번째 단락에 유럽 뱀장어가 현재 멸종 위기 종으로 분류되어 있고 유럽의 여러 강으로 돌아가는 뱀장어의 숫자가 1980년대 이후로 최소 95퍼센트 감소한 사실이(The European eel is now categorized as an endangered species, as the number of eels returning to Europe's rivers has decreased by at least 95 percent since the 1980s) 언급되어 있으므로 (d)가 정답이다.

### 패러프레이징

decreased by at least 95 percent 최소 95퍼센트 감소했다 ⇒ have significantly declined 상당히 감소했다

### 어휘

heavily (정도 등이) 많이, 심하게, 크게 young 몡 새끼 survival 생존 threat 위협 pollution 오염 significantly 상당히, 많이

## 3.

### 세부정보

유럽 뱀장어의 이주와 관련해 왜 과거의 데이터가 부족했는가?
(a) 실제 증거가 뒷받침 되지 않았기 때문에
(b) 그 뱀장어들이 외딴 지역에 살기 때문에
(c) 이주 경로가 수기석으로 바뀌었기 때문에
(d) 그 종이 최근에야 확인되었기 때문에

### 해설

세 번째 단락에 해당 연구 프로젝트 이전에는 산란 장소를 확인해줄 수 있는 어떠한 실제 뱀장어나 알도 발견되지 않았다는(Prior to this research project, no actual eels or eggs had been found to confirm this spawning ground) 말이 쓰여 있다. 이는 실제 증거가 뒷받침되지 않았다는 뜻이므로 (a)가 정답이다.

### 패러프레이징

no actual eels or eggs had been found to confirm 확인하기 위한 실제 뱀장어나 알이 발견되지 않았다 ⇒ no actual evidence had been supported 실제 증거가 뒷받침되지 않았다

### 어휘

lack 부족, 결핍 previous 과거의, 이전의 evidence 증거(물) support 뒷받침하다, 지지하다 remote 외딴, 멀리 떨어진 region 지역 regularly 주기적으로 recently 최근에

## 4.

### 세부정보

연구진은 어떻게 뱀장어의 이동을 추적했는가?
(a) 여러 번식 장소를 방문함으로써
(b) 뱀장어들에게 추적 장치를 장착시킴으로써
(c) 과거의 연구 조사 내용을 비교함으로써
(d) 대서양에서 뱀장어들을 잡음으로써

### 해설

네 번째 단락에 연구원들이 26마리의 대형 암컷 유럽 뱀장어에게 위성 태그를 부착한 뒤에 대서양으로 방사했다고(Members of the research team attached satellite tags to 26 large female European eels and then released the eels ~) 언급되어 있으므로 (b)가 정답이다.

패러프레이징

attached satellite tags to eels 뱀장어에게 위성 태그를 부착했다
⇒ equipping eels with tracking devices 뱀장어에게 추적 장치를 장착
시킴

어휘

track ~을 추적하다, ~을 파악하다  equip A with B A에게 B를 장착시키다
device 장치

## 5.

세부정보

어린 뱀장어들은 산란 후에 어떻게 유럽으로 돌아가는가?
(a) 무리에 속한 더 나이 많은 뱀장어들을 따라간다.
(b) 해안 지대를 따라 이동한다.
(c) 바다의 물살을 이용한다.
(d) 태양의 위치를 활용해 항해한다.

해설

네 번째 단락에 뱀장어의 유생이 북대서양 해류의 바다 물살을 활용해
다른 경로로 영국 및 다른 유럽 지역의 수역으로 돌아간다는 사실을 밝
혀낸(~ the larvae of the eels utilize ocean currents on the North
Atlantic Drift to return to the United Kingdom and other European
waters ~) 내용이 쓰여 있다. 따라서, 바다의 물살을 이용하는 방법을 언
급한 (c)가 정답이다.

패러프레이징

utilize ocean currents on the North Atlantic Drift 북대서양 해류의 바
다 물살을 활용한다 ⇒ use the currents of the ocean 바다의 물살을 이
용한다

어휘

along (길 등) ~을 따라  coastline 해안 지대  position 위치, 자리

## 6.

동의어

해당 단락의 문맥에서 feat이 의미하는 것은?
(a) 기념 (행사)
(b) 성취, 달성, 업적
(c) 장애(물)
(d) 절차

해설

해당 문장에서 this feat은 수 세기 동안 과학자들을 당혹하게 만든 원인
으로서, 앞선 문장에서 유럽 뱀장어가 번식 장소로 가기 위해 약 1만 킬로
미터에 달하는 놀라운 여행을 한다고 설명한 것을 가리킨다. 따라서, this
feat이 그러한 여행을 완수하는 일, 즉 일종의 대단한 성과를 의미하는 것
으로 볼 수 있으므로 이와 유사한 단어로서 '성취, 달성' 등을 뜻하는 (b)
achievement가 정답이다.

## 7.

동의어

해당 단락의 문맥에서 serve가 의미하는 것은?
(a) 주문하다, 명령하다
(b) 얻다, 이루다
(c) 들어올리다, 인상하다
(d) 역할을 하다, 기능하다

해설

해당 문장에서 동사 serve 앞뒤에 각각 위치한 주어 research와 전치사구
as a foundation의 의미로 볼 때, '연구 = 토대'의 관계인 것으로 판단할
수 있다. 따라서, 동사 serve는 연구가 토대와 같은 역할을 한다는 의미를
나타내기 위해 사용된 것으로 볼 수 있으므로 '역할을 하다'를 뜻하는 또 다
른 동사 (d) function이 정답이다.

---

### 광고의 미래

디지털 광고의 미래를 고려할 때, 새롭고 혁신적인 기술이 역할을
할 수 있을 것으로 생각할지도 모르지만, 8 향후 10년 동안에 걸쳐
디지털 광고를 지배할 대부분의 트렌드들은 이미 시작되었다. 유일
하게 여전히 불확실한 상태인 부분은 이런 트렌드들 중 어느 것이 업
계에 가장 중요한 13 영향을 미칠 것인가 하는 점이다.

향후 10년 동안에 걸친 디지털 광고의 핵심적인 측면들 중 하나는
"스토리화" 전략일 것이다. 이는 이야기를 구현하는 광고를 일컬으며,
여기에는 그에 속하는 핵심적인 구성 요소들이 포함된다. 요즘, 광고
주들은 자사 제품의 기술적인 사양으로 고객들에게 공세를 퍼붓는 방
식에 별로 관심이 없으며, 소비자들이 자사의 제품에 관해 생각하거
나 그 제품과 상호 작용할 때 특정한 감정을 일으키도록 만드는 방식
에 더 큰 관심을 갖고 있다. 9 잠재 고객들에게서 격한 감정을 이끌
어내는 가장 흔한 방법은 인종 차별, 집단 괴롭힘, 그리고 성차별 문
제 같은 다양한 사회적인 문제를 다루는 광고 이야기를 구성하는 것
이다.

앞으로 디지털 광고를 지배할 또 다른 트렌드는 개인화 전략이다.
광고주들은 더 이상 모든 사람과 동일한 방식으로 교감하도록 고안되
는 폭넓은 광고 캠페인을 만들려 하지 않는다. 최근에, 10 우리는 규
모가 더 작고 개인화된 광고로의 전환을 보아 왔으며, 이는 점점 더
일반적이고 집중적으로 변할 가능성이 있다. 그 이유는 소비자들이
바로 자신들에게만 맞춰져 있는 것처럼 보이는 콘텐츠에 더 잘 반응
하기 때문이다. 이렇게 하기 위해, 광고주들은 인공 지능을 활용해 목
표 인구층의 검색 습관과 선호 대상을 관찰한다.

AI 활용 시스템의 이용은 문제적이면서 논란이 많은 것으로 드러날
수 있는 영역이다. AI 활용 시스템은 사용자가 14 동의했을 법한 것
보다 더 폭넓은 수준으로 사용자 행동을 예측할 수 있을 것이다. 현재,
사용자가 개인 데이터의 공유 및 저장이 허용되지 않도록 선택하는 것
은 여전히 비교적 쉽다. 하지만, 누군가의 데이터가 인공 지능을 훈련
시키는 데 사용된다면, 원천 데이터의 삭제로 충분하지 않을 수 있는
데, 11 이러한 AI가 전달하는 결과물이 한 회사가 더 이상 권리를 지
니고 있지 않은 데이터에 의해 여전히 영향 받을 수 있기 때문이다.

마지막으로, 디지털 마케팅에 대한 가장 큰 영향력들 중 하나는 슈퍼앱 개발업체의 지속적인 등장일 것이다. 슈퍼앱은 완전한 운영 시스템 같은 기능을 하는 모바일 애플리케이션으로서, 사용자들에게 한 환경 내에서 각자의 일상적인 온라인 활동 대부분을 할 수 있게 해준다. 지금까지, 이런 슈퍼앱의 대부분은 휴대전화 사용량이 대단히 높은 여러 아시아 국가에서 개발되어 왔으며, 가장 두드러지는 슈퍼앱은 위챗이다. 12 위챗 같은 슈퍼앱은 근본적으로 우버, 아마존, 그리고 에어비앤비 같은 것들을 하나의 앱으로 결합시킨다. 대부분의 사용자들을 대상으로, 이 슈퍼앱이 전체적인 인터넷 관련 요구 사항을 충족해 주며, 이는 사용자들이 대부분의 온라인 활동 시간을 그곳에서 보낸다는 것을 의미한다. 따라서, 누구든 이러한 슈퍼앱에서 나오는 광고를 운영하는 사람이 잠재적으로 전체 인구에 대한 마케팅을 통제한다.

## 어휘

advertising 광고 (활동) consider ~을 고려하다 assume that ~라고 생각하다, ~라고 추정하다 revolutionary 혁신적인, 획기적인 play a role 역할을 하다 trend 트렌드, 추세, 유행 dominate · 을 지배하다, · 의 가장 중요한 특징이 되다 decade 10년 remain A 여전히 A한 상태이다, 계속 A한 상태로 남아 있다 have a significant impact on ~에 중요한 영향을 미치다 industry 업계 aspect 측면, 양상 storitization 스토리화 전략(광고 등에서 이야기를 담은 스토리텔링 구성으로 소비자의 감성을 자극하는 방식) refer to ~을 일컫다, ~을 가리키다 incorporate ~을 구현하다, ~을 통합하다 narrative 이야기, 서사 include ~을 포함하다 plot 구성, 줄거리 attached to ~에 속하는 care about ~에 관심이 있다, ~에 대해 신경 쓰다 bombard (공격, 질문 등) ~에게 퍼붓다 specs (제품) 사양(=specifications) consumer 소비자 specific 특정한, 구체적인 interact with ~와 상호 작용하다, ~와 교류하다 way to 동사원형 ~하는 방법 elicit ~을 이끌어내다 potential 잠재적인 address 동 (문제 등) ~을 다루다 issue 문제, 사안 racism 인종 차별 bullying 집단 괴롭힘 gender 성, 성별 going forward 앞으로 personalization 개인화 no longer 더 이상 ~않다 attempt to 동사원형 ~하려 시도하다 broad 폭넓은, 광범위한 be designed to 동사원형 ~하도록 고안되다, ~하도록 만들어지다 connect with ~와 교감하다, ~와 연결되다 in the same way 동일한 방식으로 shift 전환, 변화 be likely to 동사원형 ~할 가능성이 있다 increasingly 점점 더 common 일반적인, 흔한 focused 집중적인 respond to ~에 반응하다 seem to 동사원형 ~하는 것 같다 be tailored for ~에게 맞춰지다 in order to 동사원형 ~하기 위해 utilize ~을 활용하다 artificial intelligence 인공지능(= AI) monitor ~을 관찰하다 browsing habit 검색 습관 preference 선호(하는 것) demographics 인구(층) prove to be A A한 것으로 드러나다 controversial 논란이 많은 be able to 동사원형 ~할 수 있다 predict ~을 예측하다 behaviour 행동, 행위 to a larger extent 더 폭넓은 수준으로, 더 크게, 더 많이 may have p.p. ~했을 수도 있다 consent to ~에 동의하다 relatively 비교적, 상대적으로 opt out of ~하지 않기로 선택하다 allow + 목적어 + to 동사원형 (목적어)에게 ~하도록 허용하다, (목적어)에게 ~할 수 있게 해주다 store ~을 저장하다, ~을 보관하다 train ~을 훈련시키다 deletion 삭제 source 원천, 근원 result 결과 influence 동 ~에 영향을 미치다 명 영향(력) have rights to ~에 대한 권리를 지니다 continued 지속적인 rise 등장, 출현, 떠오름 developer 개발업체 function 동 기능하다, 작용하다 complete 완전한 operating system 운영 시스템 task 일, 업무 so far 지금까지 exceedingly 대단히, 극도로 prominent 두드러진, 눈에 띄는 essentially 근본적으로 combine ~을 결합하다 the likes of ~ 같은 것들, ~ 같은 사람들 fulfill ~을 충족하다, ~을 이행하다 entire 전체의 accordingly 따라서, 그에 따라 whoever 누구든 ~하는 사람 operate ~을 운영하다, ~을 가동하다 potentially 잠재적으로 control ~을 통제하다, ~을 제어하다 population 인구(층), 사람들

## 8.

사실 확인

기사 내용에 따르면, 미래의 디지털 광고와 관련해 무엇이 사실인가?

(a) 점점 더 많은 비용이 들게 될 것이다.
(b) 기존의 트렌드들을 기반으로 할 것이다.
(c) 많은 고용 기회를 창출할 것이다.
(d) 더욱 진보한 하드웨어를 필요로 할 것이다.

해설

첫 번째 문단에 향후 10년 동안에 걸쳐 디지털 광고를 지배할 대부분의 트렌드들이 이미 시작되었다는(~ most of the trends that will dominate digital advertising over the next decade have already begun) 말이 쓰여 있다. 이는 이미 시작되어 존재하는 트렌드들이 지속된다는 뜻으로서, 기존의 트렌드가 기반이 된다는 말과 같은 것으로 볼 수 있으므로 (b)가 정답이다.

어휘

be based on ~을 기반으로 하다 existing 기존의 create ~을 만들어내다 employment 고용, 취업 opportunity 기회 require ~을 필요로 하다 advanced 진보한, 고급의

## 9.

세부정보

광고주들이 스토리화 전략을 이용하는 한 가지 방법은 무엇인가?

(a) 제품의 기술적인 사양을 홍보하는 것
(b) 과거의 고객들로부터 데이터를 수집하는 것
(c) 광고를 통해 수익을 늘리는 것
(d) 광고에서 사회적 문제에 초점을 맞추는 것

해설

스토리화 전략이 언급된 두 번째 문단에 가장 일반적인 방법이 인종 차별, 집단 괴롭힘, 그리고 성차별 문제 같은 다양한 사회적인 문제를 다루는 광고 이야기를 구성하는 것이라고(The most common way to elicit strong emotions in potential customers is to build advertising narratives that address various social issues ~) 쓰여 있다. 이는 사회적 문제를 중점적으로 다루는 방법을 의미하므로 (d)가 정답이다.

패러프레이징

build advertising narratives that address various social issues 다양한 사회적 문제를 다루는 광고 이야기를 만들다 ⇒ focusing on social issues in ads 광고에서 사회적 문제에 초점을 맞추는 것

어휘

promote ~을 홍보하다 specifications (제품) 사양 collect ~을 수집하다, ~을 모으다 increase ~을 늘리다, ~을 증가시키다 revenue 수익 ad 광고(=advertisement)

## 10.

세부정보

디지털 광고주들은 왜 폭넓은 광고 캠페인을 만드는 것을 중단했는가?

(a) 개인적인 광고가 더 효과적이기 때문에

(b) 인공 지능 시스템이 충분히 발전하지 않은 상태이기 때문에

(c) 제작하는 데 너무 많은 돈이 들어가기 때문에

(d) 해외 시장에서는 효과가 없기 때문에

**해설**

세 번째 문단에 개인화된 광고로의 전환을 언급하면서 소비자들이 자신들에게만 맞춰져 있는 것처럼 보이는 콘텐츠에 더 잘 반응한다고(~ we have seen a shift to smaller, personalized advertisements, ~ The reason for this is that consumers respond better to content that seems to be tailored just for them) 언급되어 있다. 이는 그러한 개인적인 광고가 더 큰 효과를 낸다는 의미이므로 (a)가 정답이다.

**패러프레이징**

consumers respond better 소비자가 더 잘 반응한다

⇒ more effective 더 효과적인

**어휘**

effective 효과적인(↔ ineffective)  cost ~의 비용이 들다  produce ~을 제작하다, ~을 생산하다

## 11.

세부정보

AI 활용 시스템은 어떻게 논란이 될 수 있는가?

(a) 개인 컴퓨터로 바이러스를 전파함으로써

(b) 회사의 경쟁사에서 데이터를 복제함으로써

(c) 회사가 법적으로 책임을 지지 않는 데이터를 이용함으로써

(d) 사용자의 개인 이메일 계정에 접속함으로써

**해설**

AI 활용 시스템과 관련된 정보가 제시된 네 번째 단락에 AI가 전달하는 결과물이 한 회사가 더 이상 권리를 지니고 있지 않은 데이터에 의해 영향 받을 수 있다는(~ the results such AI delivers will still be influenced by data that a company no longer has rights to) 문제가 언급되어 있다. 따라서, 권리가 없다는 것은 법적 책임이 없는 것을 의미하므로 (c)가 정답이다.

**패러프레이징**

no longer has rights to 권리가 더 이상 없는

⇒ not responsible legally 법적으로 책임이 없는

**어휘**

introduce ~을 전하다, ~을 도입하다  competitor 경쟁사, 경쟁자  be responsible for ~에 대해 책임을 지다, ~을 담당하다  access ~에 접속하다, ~을 이용하다  account 계정

## 12.

세부정보

슈퍼앱의 이점은 무엇인가?

(a) 개인 데이터 보안을 향상시키는 것

(b) 원하지 않는 광고를 없애는 것

(c) 여러 서비스를 하나의 앱으로 통합하는 것

(d) 인앱 구매 가격을 낮추는 것

**해설**

슈퍼앱을 설명하는 마지막 단락에 슈퍼앱이 우버와 아마존, 그리고 에어비앤비 같은 것들을 하나의 앱으로 결합시킨다고(Superapps like WeChat essentially combine the likes of Uber, Amazon, and Airbnb into one app) 언급되어 있으므로 이러한 특징을 언급한 (c)가 정답이다.

**패러프레이징**

combine the likes of Uber, Amazon, and Airbnb into one app 우버, 아마존, 에어비앤비와 같은 것들을 하나의 앱으로 결합하다 ⇒ incorporating several services into one app 여러 서비스를 하나의 앱으로 통합하는 것

**어휘**

eliminate ~을 없애다, ~을 제거하다  unwanted 원하지 않는  several 여럿의, 몇몇의  lower ~을 낮추다, ~을 내리다  in-app purchase 인앱 구매(애플리케이션 내에서 상품이나 서비스를 구매하는 것)  incorporate A into B A를 B로 통합하다

## 13.

동의어

해당 단락의 문맥에서 underline{impact}가 의미하는 것은?

(a) 충돌

(b) 결함, 흠

(c) 전략

(d) 영향, 효과

**해설**

해당 문장에서 impact가 속한 which절은 트렌드와 업계 사이의 관계를 나타내는 의미를 담고 있다. impact가 '가장 중요한'을 뜻하는 최상급 형용사 the most significant의 수식을 받는 것으로 볼 때 업계에 미치는 영향과 관련된 의미를 지니는 것으로 볼 수 있으므로 '영향, 효과' 등을 뜻하는 (d) effect가 정답이다.

## 14.

동의어

해당 단락의 문맥에서 underline{consented}가 의미하는 것은?

(a) 반박했다

(b) 제외했다

(c) 동의했다

(d) 추천했다

해당 문장에서 consented가 속한 than절 앞에 위치한 주절에 AI 활용 시스템이 더 폭넓은 수준으로 사용자 행동을 예측할 수 있을 것이라는 말이 쓰여 있는 것으로 볼 때, 사용자가 원하는 수준보다 더 폭넓게 예측할 수 있다는 의미로 생각할 수 있다. 이는 사용자가 그러한 시스템과 관련해 동의한 수준보다 더 폭넓게 예측할 수 있다는 뜻으로 볼 수 있으므로 '동의했다'를 뜻하는 (c) agreed가 정답이다.

---

### 생명체를 부양할 수 있는 새 행성

15 벨기에의 리에주 대학 연구원들이 생명체를 부양하는 데 필요한 필수 조건을 충족할 수 있는 새로운 "슈퍼 지구"를 최근 확인했다는 사실을 발표했다. 약 1,600개의 슈퍼 지구가 현재 알려져 있는데, 이 모두가 지구보다 더 크면서, 해왕성과 천왕성 같은 얼음 행성보다 더 가볍다.

리에주 대학 연구원들은, 미 항공우주국(NASA)의 통과 외계 행성 탐색 위성(TESS)에 의해 같은 태양계 내에서 처음 발견된, 다른 행성 LP 890-9b의 존재를 지구에 기반하는 망원경을 활용해 확인하던 중에 이 행성을 찾았고, 이 행성은 LP 890-9c라고 명명되었다. LP 890-9b는 지구보다 대략 35% 더 크며, 불과 2.7일만에 그곳의 태양 궤도를 일주한다. TESS는 수천 개의 별들이 지닌 광도를 추적하는 방식으로 가까운 별의 궤도를 도는 외행성들을 찾는다. 16 새로운 행성은 그런 별들 중 하나의 앞으로 지나갈 때 감지되는데, 이는 이 행성의 광도를 낮아지게 한다.

17 TESS가 새 행성을 감지할 때마다, 지상 기반의 망원경을 통한 후속 분석 작업이 그 잠재 행성의 크기 및 궤도 측정 정보를 향상시키는 데 필요하다. 리에주 대학 과학자들은 미 항공우주국(NASA)의 발견물을 가져가 칠레와 스페인에 있는 자신들의 망원경을 활용해 초정밀 카메라로 그 행성을 면밀히 조사했다. 그 분석 과정에서, 이들은 또 다른 행성 LP 890-9c를 발견했는데, 이는 지구보다 대략 40% 더 크며, 그곳의 태양 궤도를 도는 데 8.5일이 걸린다. 이 궤도 주기로 인해 LP 890-9c는 생명체를 지탱하는 데 필요한 보수적 생명체 거주 가능 영역에 속하게 된다.

이 발견은 안달루시아 천체 물리학 연구소의 연구가 프란치스코 포주엘로스가 공동 저술한 연구 논문을 통해 발표되었다. 포주엘로스는 그 행성이 그곳의 태양인 LP 890-9에서 불과 370만 마일 떨어진 곳에 있음에도 불구하고, 생명체에 적합할 수 있다는 가설을 세웠다. 이 거리를 원근법에 대입해 보면, 지구가 태양에서 9천 3백만 마일 넘게 떨어진 곳에 위치한 것과 같다. 포주엘로스에 따르면, "비록 LP 890-9c가 수성과 우리 태양 사이의 거리보다 10배는 더 짧게 그곳의 항성과 아주 가까운 궤도를 돌고 있기는 하지만, 18 항성 발광 에너지를 비교적 적게 받고 있는데, 이는 그 행성이 20 충분한 대기를 지니고 있다는 가정 하에, 액체 상태의 물이 행성 표면에 존재할 수 있다는 의미입니다." 그가 덧붙이길, "이렇게 항성 발광 에너지 수준이 낮은 이유는 LP 890-9이 우리 태양의 대략 절반에 해당되는 표면 온도를 지니고 있고, 약 6.5배 더 작기 때문입니다." 라고 하였다.

하지만, 일부 과학자들은 생명체 거주 가능 영역 내에 위치해 있다는 것이 반드시 생명체의 존재를 보장하는 것은 아니라는 점을 언급하면서, 주의를 21 촉구했다. 예를 들어, 우리 태양계에서, 19 금성은 우리 태양 주변의 소위 생명체 거주 가능 영역 내에 위치해 있기는 하지만, 이산화탄소가 많고 섭씨 500도에 달하는 행성으로서, 어떤

생명체도 지속시킬 수 없다. 버밍엄 대학의 천문학자 아마우리 트리오드 교수는 "생명체 거주 가능 영역은 단지 그 영역 내의 어떤 행성이든 수십어 년 동안 물이 액체 상태로 남아 있게 해 주는 표면 온도를 지니고 있을 잠재성을 설명하는 개념일 뿐이지만, 이는 그런 행성들이 지구와 유사한 지질학적 조건 및 대기 조건을 지니고 있다는 가정을 기반으로 합니다."라고 설명했다.

### 어휘

support ~을 부양하다, ~을 살게 하다  recently 최근에  identify ~을 확인하다, ~을 식별하다  planet 행성  meet (조건 등) ~을 충족하다  requirement 필수 조건, 요건  approximately 약, 대략(= roughly, about)  currently 현재  Neptune 해왕성  Uranus 천왕성  be named A A라고 명명되다  A-based A 기반의  telescope 망원경  confirm ~을 확인해 주다, ~을 확정하다  existence 존재  initially 처음에  discover ~을 발견하다  solar system 태양계  orbit 동 ~의 궤도를 돌다  exoplanet 외행성  track ~을 추적하다  detect ~을 감지하다, ~을 발견하다  cause + 목적어 + to 동사원형 (목적어)가 ~하도록 초래하다  dim 낮아지다, 약해지다  follow-up 후속적인  analysis 분석  required 필요한, 필수인  refine ~을 향상시키다, ~을 개선하다  orbital 궤도의  measurement 측정, 측량  potential 잠재적인  finding 결과물  examine ~을 조사하다  high-precision 초정밀의  place 동 ~을 두다, ~을 처하게 하다  conservative 보수적인  habitable zone 생명체 거주 가능 영역  discovery 발견(물)  research paper 연구 논문  co-author ~을 공동 저술하다  hypothesize that ~라는 가설을 세우다  be suitable for ~에 적합하다  despite ~에도 불구하고  perspective 원근법, 투시 화법  be located 위치해 있다(= be situated)  according to ~에 따르면  receive ~을 받다  relatively 비교적, 상대적으로  stellar 항성의, 별의  irradiation 발광, 방사  liquid 액체 형태의  present 존재하는, 있는  surface 표면  assume (that) ~라고 가정하다  sufficient 충분한  atmosphere 대기  urge ~을 촉구하다  caution 주의, 조심  note that ~라고 언급하다, ~임에 유의하다  necessarily 반드시, 꼭  guarantee ~을 보장하다  so-called 소위, 이른바  carbon dioxide 이산화탄소  sustain ~을 지속시키다  astronomer 천문학자  explain 설명하다  merely 단지  describe ~을 설명하다  potential 잠재성  remain 남아 있다, 계속 있다  be based on ~을 기반으로 하다, ~을 바탕으로 하다  assumption that ~라는 가정  similar 유사한  geological 지질학적인  atmospheric 대기의  condition 조건, 환경, 상태

---

## 15.

### 주제 및 목적

기사는 주로 무엇에 관한 것인가?
(a) 태양계의 역사
(b) 새 위성의 발사
(c) 별의 이름 변경
(d) 새 행성의 발견

### 해설

첫 번째 문단에 벨기에의 리에주 대학 연구원들이 생명체를 부양하는 데 필요한 필수 조건을 충족할 수 있는 새로운 "슈퍼 지구"를 최근 확인한 사실을 발표했다고(~ they recently identified a new "super-Earth" planet that may meet the requirements for supporting life) 언급한 뒤로 이 행성과 관련해 설명하고 있다. 따라서, 새 행성의 발견이 기사의 주제임을 알 수 있으므로 (d)가 정답이다.

### 패러프레이징

identified a new "super-Earth" planet 새로운 "슈퍼 지구" 행성을 확인했다 ⇒ discovery of a new planet 새로운 행성의 발견

어휘
launch 발사, 출시, 시작 satellite 위성 renaming 이름 변경, 개명

## 16.

세부정보
TESS는 어떻게 잠재 행성의 존재를 감지하는가?
(a) 멀리 떨어진 여러 태양계로 무인 우주 탐사선을 보냄으로써
(b) 별에서 나오는 빛의 감소를 관찰함으로써
(c) 궤도 경로의 변화를 추적함으로써
(d) 행성의 대기 샘플을 채취함으로써

해설
TESS가 외행성을 찾는 방법이 설명된 두 번째 문단 후반부에 새로운 행성은 별 앞으로 지나갈 때 감지되는데, 이는 그 행성의 광도를 낮아지게 한다는(New planets are detected when they pass in front of one of those stars, causing the light levels to dim) 말이 쓰여 있다. 이는 새 행성이 지나갈 때 별에서 나오는 빛이 감소되는 상태를 말하는 것이므로 (b)가 정답이다.

패러프레이징
the light levels to dim 광도가 약해지다 ⇒ decreases in light 빛의 감소

어휘
presence 존재, 있음 probe 무인 우주 탐사선 remote 멀리 떨어진, 외딴 monitor ~을 관찰하다 decrease in ~의 감소 planetary 행성의

## 17.

세부정보
TESS의 조사 결과물에 대해 왜 후속 분석 작업이 실시되는가?
(a) 모든 불필요한 데이터를 없애기 위해
(b) 출간용 데이터를 준비하기 위해
(c) 데이터를 받은 날짜를 확인하기 위해
(d) 측정 정보를 더 정확하게 확인하기 위해

해설
세 번째 문단 시작 부분에 TESS가 새 행성을 감지할 때마다 지상 기반의 망원경을 통한 후속 분석 작업이 그 잠재 행성의 크기 및 궤도 측정 정보를 향상시키는 데 필요하다고(~ a follow-up analysis with ground-based telescopes is required to refine the size and orbital measurements of the potential planet) 언급되어 있다. 이는 측정한 정보를 더 정확하게 확인하는 과정을 말하는 것이므로 (d)가 정답이다.

패러프레이징
refine the size and orbital measurements 크기 및 궤도 측정 정보를 향상시키다 ⇒ check measurements more accurately 측정 정보를 더 정확히 확인하다

어휘
eliminate ~을 없애다, ~을 제거하다 unnecessary 불필요한 prepare ~을 준비하다 publication 출간(물) receive ~을 받다 accurately 정확하게

## 18.

세부정보
프란치스코 포주엘로스는 왜 LP 890-9c가 생명체를 부양할 수 있다고 생각하는가?
(a) 그곳의 항성에서 9천 3백만 마일 떨어진 곳에 위치해 있기 때문에
(b) 산소가 많은 대기를 지니고 있기 때문에
(c) 수성과 지질학적 유사성을 지니고 있지 않기 때문에
(d) 비교적 낮은 수준의 발광 에너지를 받고 있기 때문에

해설
네 번째 문단에 포주엘로스가 한 말을 인용해 항성 발광 에너지를 비교적 적게 받고 있는 것이 행성 표면에 액체 상태의 물이 존재할 수 있다는 의미임을(~ it receives a relatively low amount of stellar irradiation, which means that liquid water may be present on the planet's surface ~) 알리는 내용이 제시되어 있다. 따라서, 비교적 낮은 수준의 발광 에너지를 받는다는 점을 언급한 (d)가 정답이다.

패러프레이징
a relatively low amount of stellar irradiation 비교적 적은 양의 항성 발광 에너지 ⇒ relatively low levels of radiation 비교적 낮은 수준의 발광 에너지

어휘
rich in ~가 많은, ~가 풍부한 oxygen 산소 similarity 유사성 radiation 발광, 방사(선)

## 19.

세부정보
기사에서 금성이 왜 언급되는가?
(a) 거주 불가능한 행성의 예시를 제공하기 위해
(b) 그 크기를 LP 890-9c와 비교하기 위해
(c) 더욱 깊이 있게 연구되어야 한다고 제안하기 위해
(d) 그곳 대기의 최근 변화를 설명하기 위해

해설
다섯 번째 문단에 금성이 우리 태양 주변의 생명체 거주 가능 영역 내에 위치해 있기는 하지만 이산화탄소가 많고 섭씨 500도에 달하기 때문에 어떤 생명체도 지속시킬 수 없다는(~ Venus is located in the so-called habitable zone around our Sun, yet it is a carbon dioxide-rich, 500-degree-Celsius planet that cannot sustain any life) 말이 쓰여 있다. 이는 거주 불가능한 행성의 예에 해당되는 정보이므로 (a)가 정답이다.

패러프레이징
a planet that cannot sustain any life 어떤 생명체도 지속시킬 수 없는 행성 ⇒ an uninhabitable planet 거주 불가능한 행성

어휘
give an example of ~의 예시를 제공하다 uninhabitable 거주할 수 없는 compare A to B A를 B와 비교하다 in greater depth 더욱 깊이 있게, 더 심층적으로 describe 설명하다, 묘사하다

## 20.

해당 단락의 문맥에서 <u>sufficient</u>가 의미하는 것은?

(a) 유능한

(b) 제한된

(c) 있을 법한

(d) 충분한

해설

해당 문장에서 assuming이 이끄는 절에 속한 sufficient는 행성 표면에 액체 상태의 물이 존재할 수 있는 조건을 가정하는 내용으로서 atmosphere를 수식해 대기가 어떤 상태인지를 나타낸다. 물이 존재할 수 있는 조건이 되려면 대기가 충분한 상태여야 하므로 '충분한'을 뜻하는 (d) adequate이 정답이다.

## 21.

동의어

해당 단락의 문맥에서 <u>urged</u>가 의미하는 것은?

(a) 애썼다, 노력했다

(b) 권했다, 부추겼다

(c) 이뤘다, 이르렀다

(d) 예측했다

해설

해당 문장은 일부 과학자들이 반박하는 내용을 담고 있으며, urged 뒤에 '주의'를 뜻하는 명사 caution이 목적어로 쓰여 있다. 따라서, 그 과학자들이 무엇을 주의해야 한다고 권하거나 당부했는지를 나타내는 말이라는 것을 알 수 있으므로 '권하다, 부추기다' 등을 뜻하는 encourage의 과거분사 (b) encouraged가 정답이다.

# CHAPTER 2

# PART 03

## ENCYCLOPEDIA ARTICLE

### PART 3 공략 연습

정답

67. (c)  68. (d)  69. (d)  70. (d)  71. (b)
72. (d)  73. (b)

#### 라 링코나다

라 링코나다는 페루 안데스 산맥의 아나네아 지구에 있는 한 대형 금광 옆에 자리잡고 있는 마을이다. 67 그곳은 그 위치로 유명한데, 해발 5,100미터 높이에 위치해 있다. 그리고 이곳은 전 세계에서 정착민들의 영구 거주지로서 역할을 하는 가장 높은 곳에 있는 마을이다. 때때로, 소식통들은 이곳이 거의 해발 5,300미터에 달한다고 잘못 주장하기도 한다. <내셔널 지오그래픽>은 이 마을의 인구가 2001년과 2009년 사이에 상당히 증가한 것으로 추정했다. 현재, 한때 작은 금 채굴자들의 캠프였던 이곳은 약 30,000명의 사람들이 거주하는 분주한 마을이 되었다.

높은 고도를 감안할 때, 라 링코나다는 고산 툰드라 기후에 해당한다. 일년 내내, 평균 온도가 나무 성장을 용이하게 할 만한 한계점인 섭씨 10도와 가까운 수준에 전혀 이르지 못한다. 수목 한계선 위로 아주 멀리 자리잡고 있는, 라 링코나다는 높은 해발 높이와 인구에 있어서 대단히 특별하다. 해발 높이 및 인구라는 측면에 있어 유일하게 비교할 만한 도시가 나취이며, 그곳은 해수면 500미터 더 가깝다. 68 라 링코나다의 기후 조건은 적도에서 14도밖에 되지 않는 곳에 위치한 어딘가 다른 곳보다 그린란드 서부 해안과 더 공통점이 많다. 여름은 일반적으로 비가 많이 내리고, 겨울은 다소 건조하며, 야간 기온이 일년 내내 영하로 내려가면서, 자주 폭설을 불러온다.

라 링코나다의 지역 경제는 주로 광업과 금 생산을 72 중심으로 하고 있다. 이 금광은 아나네아 회사가 소유하고 있으며, 수천 명의 지역 주민을 고용하고 있다. 그 작업자들 중 많은 이들이 이 광산에서 활용하고 있는 '까초레오' 근무 체계에 마음이 빼앗겨 있다. 이 체계 하에서, 광부들은 무급으로 30일 동안 일한 다음, 69 혼자 옮길 수 있을 만큼 많은 광석을 가져가도록 허용되는 하루 동안 전일 근무한다. 일반적으로 매달 마지막에 해당하는 이 날에는, 그 광산 회사가 금 덩어리 또는 값질 것으로 기대되는 광석 73 덩어리에 대한 착복을 묵인해 준다. 하지만, 이 덩어리들이 무엇이든 가치 있는 것을 포함하고 있는지는 운에 달린 문제이며, 많은 광부들이 결국 노동에 대해 보상 받지 못하게 된다. 여성이 광산 내에서 근무하는 것이 금지되어 있기는 하지만, 일부 여성은 광산 밖에서 '빠야께라스'로 고용되며, 이들이 하는 일은 가치 있는 뭔가를 발견하기 위한 노력의 일환으로 버려진 암석과 잔해를 샅샅이 뒤지는 것이다.

이 마을의 고립성과 가혹한 기후로 인해, 라 링코나다의 주민들은 일년 내내 여러 가지 고난에 직면한다. 게다가, 이 마을은 적절한 배관 및 위생 시스템이 부족하기 때문에, 쓰레기 축적 및 처리가 큰 문제들을 일으키고 있다. 70 또 다른 중요한 문제는 저산소증인데, 이는 사람의 혈액 조직 내에서 낮은 수준의 산소로 특징지어진다. 이는 그렇게 높은 고도의 낮은 산소 수준으로 인해 흔히 마을 사람들을 괴롭힌다. 광산에서 쓰이는 수은에 의한 중독 또한 긴급한 문제이다. 광석을 정련하기 위해, 지역 광부들은 수은을 이용해 갈아서 처리하며, 손으로 눌러 천을 통과시키는 방법으로 그 혼합물을 걸러낸다.

<내셔널 지오그래픽>이 작성한 보고서에 따르면, 2001년과 2009년 사이에 나타난 그 지역 인구의 빠른 증가는 해당 기간에 금 값이 235% 인상된 것에 따른 직접적인 결과였다. 하지만, 이 마을이 2009년 무렵에 30,000명의 영구 정착민을 자랑했다는 71 이 보고서의 주장은 여러 사람에 의해 반박되었는데, 2007년에 실시된 국가 인구 조사에서는 아나네아 지구 전체의 인구를 20,572명으로, 2017년에 실시된 국가 인구 조사에서는 겨우 12,615명의 인구를 기재했기 때문이다.

어휘

situated 자리잡고 있는, 위치해 있는(= located) mine 광산 above sea level 해발 serve as ~의 역할을 하다 permanent 영구적인 settler 정착민 occasionally 때때로, 가끔 source 소식통, 정보통 claim that ~라고 주장하다 falsely 잘못되게, 그릇되게 estimate that ~라고 추정하다 population 인구 increase 증가하다, 늘어나다 considerably 상당히 prospector 채굴하는 사람 be populated by A A가 거주하다 approximately 약, 대략 given ~을 감안할 때, ~을 고려할 때 altitude 고도 alpine tundra climate 고산 툰드라 기후 entire 전체의 mean temperature 평균 기온 close to ~와 가깝게 threshold 한계점 facilitate ~을 용이하게 하다 highly 대단히, 매우 unique 특별한, 독특한 elevation 고도, (해발) 높이 comparable 비교할 만한, 비슷한 in terms of ~의 측면에서, ~와 관련해서 condition 조건, 환경 have in common with ~와 공통점이 있다 equator 적도 generally 일반적으로 rather 다소, 오히려, 좀 fall below freezing 영하로 떨어지다 local 휑 지역의, 현지의 휑 지역 주민 economy 경제 be centered around ~을 중심으로 하다 largely 주로, 대부분 mining 광업 own ~을 소유하다 employ ~을 고용하다, ~을 이용하다 attract ~의 마음을 끌다 be allowed to 동사원형 ~하도록 허용되다 ore 광석 carry ~을 옮기다, ~을 나르다 for oneself 혼자, 스스로 tolerate ~을 묵인하다, ~을 용인하다 pocketing 착복, 횡령 nugget 금 덩어리 promising 기대되는, 유망한, 장차 ~가 될 chunk 덩어리 whether or not ~하든 아니든 contain ~을 담고 있다, ~을 포함하다 value 가치, 값어치 matter 문제, 일, 사안(= issue) end up (not) -ing 결국 ~하게(~하지 못하게) 되다 compensate ~에게 보상하다 prohibit A from -ing A가 ~하는 것을 금지하다 sift through ~을 샅샅이 뒤지다 discarded 버려진, 폐기된 debris 잔해, 쓰레기 in an effort to 동사원형 ~하기 위한 노력의 일환으로 due to ~로 인해, ~ 때문에 remoteness 고립성 harsh 가혹한 inhabitant 주민 face 휑 ~에 직면하다, ~와 맞닥뜨리다 hardship 고난, 어려움 lack ~가 부족하다 proper 적절한 plumbing 배관 sanitation 위생 build-up 축적(된 것) disposal 처리, 처분 pose a problem 문제를 일으키다 significant 상당한, 많은 hypoxia 저산소증 be characterized with ~로 특징지어지다 tissue (신체의) 조직 commonly 흔히 afflict ~을 괴롭히다, ~에게 고통을 주다 townsfolk 마을 사람들 contamination 오염 mercury 수은 pressing 긴급한 in order to 동사원형 ~하기 위해 refine ~을 정련하다, ~을 제련하다 grin ~을 갈다 filter ~을 거르다, ~을 여과하다 mixture 혼합물 according to ~에 따르면 growth in ~의 증가 result 결과 boast ~을 자랑하다 settler 정착민 dispute ~에 반박하다 individual 휑 사람, 개인 census 인구 조사 carry out ~을 실시하다, ~을 수행하다 list 휑 ~을 기재하다, ~을 목록에 올리다

## 67.

**세부정보**

라 링코나다는 무엇으로 알려져 있는가?

(a) 전 세계에서 가장 많은 양의 금을 생산하는 것
(b) 전 세계에서 가장 적은 인구가 있는 것
(c) 전 세계에서 가장 높은 영구 정착지가 된 것
(d) 전 세계에서 기온이 가장 추운 것

**해설**

첫 문단에 해발 5,100미터 높이에 위치해 있어 전 세계에서 정착민들의 영구 거주지로서 역할을 하는 가장 높은 곳에 있는 마을이라는(located 5,100 meters above sea level and it is the highest town in the world that serves as a permanent home to settlers) 내용이 언급되어 있으므로 (c)가 정답이다.

**패러프레이징**

the highest town 가장 높은 마을 ⇒ the highest permanent settlement 가장 높은 영구 정착지

**어휘**

be known for ~로 알려져 있다  produce ~을 생산하다

## 68.

**사실 확인**

두 번째 문단에 따르면, 라 링코나다의 기후와 관련해 무엇이 사실인가?

(a) 나무의 성장에 이상적이다.
(b) 나취보다 더 따뜻하다.
(c) 겨울철에 많은 강우량을 초래한다.
(d) 그린란드 서부와 유사하다.

**해설**

라 링코나다의 기후와 관련된 정보가 제시된 두 번째 문단에 그린란드 서부 해안과 공통점이 많다는 사실이(Climatic conditions in La Rinconada have more in common with the west coast of Greenland ~) 언급되어 있으므로 (d)가 정답이다.

**패러프레이징**

have more in common with ~와 공통점이 더 많다 ⇒ is similar to ~와 유사하다

**어휘**

ideal 이상적인  result in ~을 초래하다, ~라는 결과를 낳다  heavy (양, 정도 등이) 많은, 심한  similar to ~와 유사한

## 69.

**세부정보**

해당 광업 회사에서 작업자들에게 어떻게 보상하고 있는가?

(a) 월급을 제공하는 것으로
(b) 무료 숙소를 제공하는 것으로
(c) 일당을 지급하는 것으로
(d) 광석을 가져가도록 허용하는 것으로

**해설**

세 번째 문단에 광산 작업자들에 대한 보상으로 하루 동안 원하는 만큼 광석을 가져갈 수 있게 한다고(~ work for one full day on which they are allowed to take as much ore as they can carry for themselves) 알리는 말이 쓰여 있으므로 (d)가 정답이다.

**어휘**

monthly 매달의, 달마다의  wage 급여, 임금  provide A with B A에게 B를 제공하다  free 무료의  accommodation 숙소, 숙박 시설  daily allowance 일당, 일급  allow + 목적어 + to 동사원형 (목적어)에게 ~하도록 허용하다

## 70.

**세부정보**

네 번째 문단에 따르면, 무엇이 라 링코나다의 주민들에게 건강 문제를 초래하는가?

(a) 상하기 쉬운 음식의 부패
(b) 불충분한 급수
(c) 과도하게 긴 교대 근무
(d) 대기 속의 산소 부족

**해설**

네 번째 문단에 저산소증으로 인해 사람의 혈액 조직 내에서 산소 수준이 낮아지는 문제가 마을 사람들을 괴롭힌다는(Another significant problem is hypoxia, which is characterized by low levels of oxygen in one's blood tissues. This commonly afflicts townsfolk due to the low oxygen level ~) 정보가 제시되어 있다. 이는 대기 중의 산소가 부족하다는 문제를 말하는 것이므로 (d)가 정답이다.

**패러프레이징**

low oxygen level 낮은 산소 수준 ⇒ a lack of oxygen 산소 부족

**어휘**

cause ~을 초래하다  spoilage 부패, 손상  perishable 상하기 쉬운  insufficient 불충분한  supply 공급  excessively 과도하게  work shift 교대 근무(조)  lack 부족, 결핍  atmosphere 대기

## 71.

**세부정보**

<내셔널 지오그래픽>의 인구 추정치가 왜 반박되었는가?

(a) 임시 주민들을 포함했기 때문에
(b) 인구 조사 수치와 상충되기 때문에
(c) 과거의 데이터를 기반으로 했기 때문에
(d) 미숙한 사람들이 계산했기 때문에

**해설**

인구수와 관련된 정보가 제시된 마지막 단락에 <내셔널 지오그래픽>이 30,000명의 정착민 숫자를 보고했지만 국가 인구 조사에서는 2007년과 2017년에 각각 20,572명과 12,615명의 인구를 기재하였다는(~ the report's claim that the town boasted 30,000 permanent settlers by 2009 has been disputed ~ the National Census carried out in

2007 listed the population of the entire Ananea District as 20,572 people, and the National Census carried out in 2017 listed a population of only 12,615 people) 내용이 언급되어 있다. 이는 인구 조사 수치와 상이한 사실을 말하는 것이므로 이러한 문제를 의미하는 (b)가 정답이다.

어휘
estimate 몡 추정(치) include ~을 포함하다 temporary 임시의, 일시적인 conflict with ~와 상충되다, ~와 모순되다 figure 수치, 숫자 be based on ~을 기반으로 하다 previous 과거의, 이전의 calculate ~을 계산하다 inexperienced 미숙한, 경험이 부족한

## 72.
동의어
해당 단락의 문맥에서 centered가 의미하는 것은?
(a) 줄지어 선, 줄을 그은
(b) 조정된, 조절된, 적응한
(c) 감싸진, 봉해진, 덮인
(d) 중점을 둔, 집중된

해설
해당 문장에서 동사 is centered 앞뒤에 지역 경제를 뜻하는 주어와 광업 및 금 생산을 의미하는 around 전치사구가 쓰여 있다. 따라서, 지역 경제가 주로 광업 및 금 생산을 중심으로 한다는 말로 볼 수 있는데, 이는 그러한 산업에 중점을 두고 있다는 뜻이므로 '중점을 둔, 집중된'을 의미하는 (d) focused가 정답이다

## 73.
동의어
해당 단락의 문맥에서 chunks가 의미하는 것은?
(a) 부문, 분야, 영역, 지역
(b) 조각, 파편
(c) 무더기, 더미
(d) 부품, 구성 요소

해설
해당 문장에서 chunks는 앞에 or로 연결된 nuggets와 마찬가지로 광산 작업자들이 광석과 관련해 가져갈 수 있는 것을 의미한다. 따라서, 광석 덩어리나 조각 등을 가져간 것으로 볼 수 있으므로 '조각, 파편' 등을 뜻하는 (b) fragments가 정답이다.

**1.**

> 이 현상은 양호한 탈억제 또는 중독성의 탈억제라는 두 가지 방식 중 하나로 나타난다. 양호한 탈억제에서 온라인 상호교류는 관여되어 있는 사람들에게 긍정적인 효과를 미칠 수 있다. 예를 들어, 몇몇 사람들은 쑥스러움이나 불안감을 느끼지 않고 인터넷에 자신을 자유롭게 표현할 수 있다. 부끄러워 하거나 소외된 단체에 속한 사람들은 비슷한 관심사를 가진 사람들을 쉽게 찾을 수 있고, 우정을 키우고, 안도감을 느낄 수 있다.

(a) 몇몇 사람들은 온라인으로 의사 소통할 때 죄책감 없이 그들 자신을 표현할 수 있다.
(b) 몇몇 사람들은 공통 관심사를 가지고 다른 사람과 친구가 될 수 있기 때문에 온라인으로 의사 소통하는 것을 더 쉽다고 생각한다.
(c) 몇몇 사람들은 온라인으로 의사 소통할 때 낯선 사람들에게 도움을 더 많이 줄 수 있다.
(d) 몇몇 사람들은 인터넷에서 특정 단체와 교류를 하는 것을 피하는 경향이 있다.

어휘
manifest 나타내다, 분명하게 보이다 benign 양호한, 양성의 toxic 중독성의, 독성의, 유독한 have effects on ~에 영향을 미치다 involved 관여되어 있는 embarrassed 쑥스러운, 어색한 anxious 불안한 shy 부끄러운 belong to ~에 속하다 marginalized 소외된 interest 관심사 feel safe 안도감을 느끼다 express 표현하다 guilty 죄책감 befriend 친구가 되어주다, ~와 친구가 되다 shared 공유된, 공통의 concern 관심사 supportive 지원하는, 도와주는 stranger 낯선 사람, 이방인 tend to 동사원형 ~하는 경향이 있다 interact with ~와 상호 교류하다 certain 특정한

**2.**

> 앵무고기는 암초의 건강을 유지하는 데 있어 핵심적인 요소들 중 하나이다. 이 물고기는 아주 다양한 선명한 색상을 지니고 있는데, 녹색과 푸른색, 오렌지색, 그리고 노란색의 복잡한 조합을 포함하며, 이는 이들의 삶 전반에 걸쳐 바뀔 수 있다.

(a) 앵무고기는 극한의 깊이에서 가장 잘 생존할 수 있다.
(b) 앵무고기는 산호초 주변의 백색 모래를 먹을 수 있다.
(c) 앵무고기의 색은 자신을 주변 환경과 어울리게 해 준다.
(d) 앵무고기의 겉모습은 시간이 흐를수록 변할 수 있다.

어휘
factor 요소, 요인 maintain ~을 유지하다 reef 암초 a wide range of 아주 다양한 vivid 선명한, 생생한 including ~을 포함해 intricate 복잡한 combination 조합, 결합 survive 생존하다 extreme 극한의, 극도의 match ~와 어울리다, ~와 일치하다 surroundings 주변 (환경) appearance 겉모습, 외관 transform 변하다, 탈바꿈하다

## 3.

미국에는 그 깃발을 어떻게 다뤄야 하는지 간략히 나타내는 국기 조례, 즉 일련의 규칙이 있다. 에를 들어, 국기가 닳아서 못 쓰게 된 경우, 소각과 같이 위엄 있는 방식으로 파기해야 한다. 추가로, 국기는 의류나 침구류로 절대 사용하지 말아야 하며, 광고 목적으로도 쓰이지 말아야 한다. 아주 큰 위험에 대한 신호를 보내는 것이 아니라면 거꾸로 게양되지 말아야 하며, 그 아래에 지면 같은, 그 어떤 것도 닿지 말아야 한다.

(a) 국기는 광고용으로 적절히 쓰일 수 있다.
(b) 사람들은 국기에 대해 경의를 표해야 한다.
(c) 국기는 손상되는 경우에 수리될 수 있다.
(d) 사람들은 국기를 잘못 다룬 것에 대해 처벌 받아야 한다.

### 어휘

code 조례, 관례, 규범 outline ~을 간략히 설명하다, ~의 개요를 말하다 handle ~을 다루다, ~을 처리하다 worn out 닳아서 못 쓰게 된 destroy ~을 파기하다, ~을 파괴하다 dignified 위엄 있는 manner 방식 advertising 광고(활동) display ~을 게양하다, ~을 게시하다 upside down 거꾸로 unless ~가 아니라면, ~하지 않는다면 signal ~에 대한 신호를 보내다, ~을 암시하다 properly 적절히, 제대로 individual 몡 사람, 개인 respect 경의, 존경(심) repair ~을 수리하다 damaged 손상된, 피해를 입은 punish ~을 처벌하다 mistreat ~을 잘못 다루다

## 4.

카스트로가 잉글랜드에 도착했을 때, 로저보다 훨씬 더 작았으며, 훨씬 더 육중한 체격을 지니고 있었다. 그는 로저가 자라면서 말했던 언어인 프랑스어로 소통하지 못했다. 그럼에도 불구하고, 그는 특정 측면에 있어 로저를 닮았고, 로저의 사생활에 대한 특정 세부 사항을 알고 있었다.

(a) 카스트로는 로저보다 몸무게가 훨씬 더 가벼웠다.
(b) 카스트로는 로저가 말했던 것과 동일한 언어로 말했다.
(c) 카스트로는 로저보다 상당히 더 당당해 보였다.
(d) 카스트로는 오직 로저와 그의 가족에게만 알려져 있는 정보를 공유했다.

### 어휘

much (비교급 수식) 훨씬 frame 체격, 뼈대 be unable to 동사원형 ~할 수 없다 communicate 의사 소통하다 raise ~을 키우다, ~을 기르다 nonetheless 그럼에도 불구하고 resemble ~을 닮다 in certain ways 특정 측면에 있어 specific 특정한, 구체적인 details 세부 요소, 상세 사항 weigh 무게가 ~이다 stand tall 당당해 보이다, 자신만만해 보이다 significantly 상당히, 많이

---

## READING EXERCISE

### 정답

| 1. (b) | 2. (d) | 3. (b) | 4. (b) | 5. (d) |
|--------|--------|--------|--------|--------|
| 6. (d) | 7. (a) | 8. (c) | 9. (c) | 10. (d) |

### 켄터키 프라이드 치킨

대중적으로 KFC라고 알려진 켄터키 프라이드 치킨은 주로 프라이드 치킨을 제공하는 미국 패스트푸드 레스토랑 체인이다. 매출 규모로 평가할 때, 맥도날드의 뒤를 이어 전 세계에서 두 번째로 큰 레스토랑 체인이며, 135개가 넘는 국가 및 영토에서 23,000곳이 넘는 지점을 운영하고 있다.

KFC의 설립자인 커널 할랜드 샌더스는 대공황 시기에 자신의 작은 대로변 레스토랑에서 프라이드 치킨을 판매하면서 이 레스토랑 체인에 대한 [4] 개념을 생각해냈다. [1] 1952년에, 그는 당시에 햄버거 레스토랑들이 장악하고 있던 패스드푸드 업계를 다양화힐 수 있을 것이라는 믿음을 갖고, 유타 지역에 첫 번째 KFC 레스토랑을 개장했다. KFC의 치킨은 샌더스의 비밀 조리법으로 양념되는데, 이는 11가지 다른 허브와 향신료로 구성되는 것으로 전해진다. 1회 제공량이 더 많은 KFC 치킨은 전통적으로 [2] 판지 "바구니"에 담겨 제공되는데, 이는 1957년에 프랜차이즈 가맹점주 피트 하먼에 의해 처음 도입된 이후로 이 레스토랑에서 쉽게 알아볼 수 있는 특징이 되었다.

KFC는 전 세계적인 규모로 확장한 첫 미국 패스트푸드 체인들 중의 하나였다. 1960년대 중반 무렵에, 여러 KFC 레스토랑이 영국과 멕시코, 그리고 캐나다에서 개장되었다. 하지만, [3] 이 체인은 미국 내에서는 1970년대와 1980년대에 걸쳐 거의 성장을 하지 못했는데, 레스토랑 사업 분야에서 경험이 거의 없다시피 했던 새로운 소유주들에 의해 경영되었기 때문이었다. 해외 사업 확장은 빠른 [5] 속도로 지속되어, 1987년에 KFC는 현재 이 체인의 가장 큰 시장인 중국에서 매장을 연 첫 번째 서구 레스토랑 체인이 되었다. KFC의 메뉴는 1990년대 초반 이후로 상당히 확장되었으며, 현재 샌드위치와 치킨 랩 같은 다른 치킨 제품뿐만 아니라 코울슬로와 프렌치 프라이 같은 다양한 사이드 음식 제품도 포함하고 있다.

### 어휘

known as ~라고 알려진 primarily 주로 serve (음식 등) ~을 제공하다 measure ~을 평가하다, ~을 판단하다, ~을 측정하다 operate ~을 운영하다 branch 지점, 지사 territory 영토, 영역 founder 설립자 come up with (아이디어 등) ~을 생각해내다 diversify ~을 다양화하다 dominate ~을 장악하다, ~을 지배하다 season 통 ~에 양념하다 recipe 조리법 be said to 동사원형 ~하는 것으로 전해지다 consist of ~로 구성되다 spice 향신료 portion 분량, 1인분 traditionally 전통적으로 recognizable 쉽게 알아볼 수 있는 feature 특징 introduce ~을 도입하다, ~을 소개하다 franchisee 프랜차이즈 가맹점주 expand 확장되다, ~을 확장하다 scale 규모 growth 성장 however 하지만, 그러나 owner 소유주 barely any 거의 없다시피 한 expansion 확장, 확대 continue 지속되다 pace 속도 significantly 상당히, 많이 include ~을 포함하다 in addition to ~뿐만 아니라, ~ 외에도

# 1.

### 사실 확인

KFC 레스토랑 체인과 관련해 무엇이 사실인가?

(a) 가장 큰 패스트푸드 레스토랑 체인이다.

(b) 1950년대에 설립되었다.

(c) 레스토랑 숫자가 감소하고 있다.

(d) 설립자가 원래 햄버거를 판매했다.

### 해설

두 번째 문단에 KFC 설립자인 샌더스가 1952년에 유타 지역에 첫 번째 KFC 레스토랑을 개장했다는(In 1952, he opened his first KFC restaurant in Utah) 사실이 언급되어 있으므로 (b)가 정답이다.

### 패러프레이징

In 1952, ~ opened ~ first KFC restaurant 1952년에 최초의 KFC 식당을 개업했다 ⇒ was founded in the 1950s 1950년대에 설립되었다

### 어휘

found ~을 설립하다 decline 감소하다, 하락하다 originally 원래, 애초에

# 2.

### 세부정보

피트 하먼은 어떻게 KFC에 영향을 미쳤는가?

(a) 커널 샌더스의 자리를 대신했다.

(b) 비밀 조리법을 만들어냈다.

(c) 레스토랑 메뉴를 확대했다.

(d) 독특한 용기를 개발했다.

### 해설

피트 하먼이 언급되는 두 번째 문단 후반부에 이 사람이 KFC의 특징적인 요소가 된 치킨 바구니를 처음 도입했다는(~ a cardboard "bucket", which has become a recognizable feature of the restaurant chain since it was first introduced in 1957 by franchisee Pete Harman) 내용이 언급되어 있다. 따라서, 피트 하먼이 그 음식 용기를 개발한 것으로 볼 수 있으므로 (d)가 정답이다.

### 패러프레이징

a recognizable feature 쉽게 알아볼 수 있는 특징 ⇒ unique 독특한

### 어휘

replace ~을 대신하다 create ~을 만들어내다 develop ~을 개발하다 unique 독특한, 특별한 packaging (포장용) 용기, 상자, 포장재

# 3.

### 세부정보

KFC는 왜 1970년대에 미국에서 힘겨워했는가?

(a) 경쟁사들이 더 많은 인기를 얻었다.

(b) 소유주들이 경험이 부족했다.

(c) 신뢰할 수 있는 공급업체를 찾기 힘겨워했다.

(d) 광고가 효과적이지 못했다.

### 해설

세 번째 문단에 KFC가 미국 내에서는 1970년대와 1980년대에 걸쳐 거의 성장을 하지 못했다는 사실과 함께, 그 이유가 레스토랑 사업 분야에서 경험이 거의 없다시피 했던 새로운 소유주들에 의해 경영되었기 때문이라고(The chain experienced little growth in the United States throughout the 1970s and 1980s, however, as it was managed by new owners who had barely any experience in the restaurant business) 언급되어 있다. 이는 그 소유주들의 경험 부족 문제를 말하는 것이므로 (b)가 정답이다.

### 패러프레이징

had barely any experience 경험이 거의 없었다 ⇒ inexperienced 경험이 부족한, 미숙한

### 어휘

struggle 힘겨워하다 competitor 경쟁사, 경쟁자 inexperienced 경험이 부족한, 미숙한 reliable 신뢰할 수 있는 supplier 공급업체 advertisement 광고 ineffective 효과적이지 못한

# 4.

### 동의어

해당 단락의 문맥에서 concept가 의미하는 것은?

(a) 발표(회)

(b) 아이디어

(c) 제안(서)

(d) 로고

### 해설

해당 문장에서 concept는 커널 할랜드 샌더스가 대공황 시기에 작은 대로변 레스토랑에서 프라이드 치킨을 판매하면서 KFC 레스토랑 체인과 관련해 생각해낸 것을 나타낸다. 이는 KFC의 설립 배경에 관한 정보로서 그러한 생각 또는 개념을 생각해냈다는 의미로 볼 수 있으므로 '생각', '아이디어'를 뜻하는 (b) idea가 정답이다.

# 5.

### 동의어

해당 단락의 문맥에서 pace가 의미하는 것은?

(a) 지점, 위치

(b) 지출 (비용), 경비

(c) 증가, 인상

(d) 속도

### 해설

해당 문장에서 pace가 속한 전치사구 at a rapid pace는 KFC의 해외 사업 확장이 어떻게 지속되었는지를 나타낸다. rapid와 함께 쓰인 것으로 볼 때, 빠른 속도로 진행되었다는 의미가 되어야 자연스럽다는 것을 알 수 있으므로 '속도'를 뜻하는 또 다른 명사 (d) rate가 정답이다.

해설

고대 문명 사회의 냉장 방식이 언급된 첫 문단에 차가운 물에 보관하는 방법과 눈더미 속에 구덩이를 파서 보관하는 방법, 또는 땅바닥에 만든 구덩이에 눈이나 얼음을 채우고 보관하는 방법이(The people often stored food directly in the cold water of rivers and lakes, created ice houses by digging into snowbanks, or filled storage pits in the ground with snow or ice ~) 언급되어 있다. 이는 여러 가지 방법을 활용해 냉장 보관했음을 설명하는 것이므로 (d)가 정답이다.

패러프레이징

stored food directly in the cold water 음식을 차가운 물에 직접 보관했다
⇒ keep food cold 음식을 차갑게 유지시키다

어휘

rarely 좀처럼 ~ 않다  feel sick 몸이 아프다  spoiled 상한

# 7.

세부정보

왜 20세기 초반에 냉장 보관에 대한 필요성이 늘어났는가?

(a) 신선한 음식에 대한 수요가 급등했다.

(b) 전 세계의 기온이 올랐다.

(c) 더 많은 사람들이 시골 지역으로 이사하고 있었다.

(d) 식품 방부제가 더 이상 쓰이지 않았다.

해설

세 번째 문단에 20세기 초반에 나온 최초의 가정용 전기 냉장고와 함께 신선한 제품에 대한 상당한 수요 증가가 있었다는(there was a significant rise in demand for fresh food at the time) 내용이 언급되어 있으므로 (a)가 정답이다.

패러프레이징

a significant rise in demand 수요의 상당한 증가
⇒ Demand ~ had skyrocketed 수요가 급등했다

어휘

skyrocket 급등하다  temperature 기온, 온도  preservative 방부제  no longer 더 이상 ~ 않다

# 8.

세부정보

냉장고가 왜 처음에는 사치품으로 여겨졌는가?

(a) 많은 유명인이 소유하고 있었다.

(b) 매력적으로 디자인되었다.

(c) 가격이 너무 비쌌다.

(d) 일반적인 주택에 비해 너무 컸다.

---

## 냉장

고대 문명 사회들은 음식을 보존하기 위해 아주 다양한 혁신적인 자연 냉장 방식을 이용했다. 6 당시 사람들은 흔히 강과 호수의 차가운 물에 직접 음식을 보관하거나, 눈더미 속으로 구덩이를 파서 얼음 저장고를 만들기도 했고, 또는 땅바닥의 저장용 구덩이를 눈이나 얼음으로 채우고 밀짚 같은 재료로 단열 처리했다.

1913년에, 최초의 가정용 전기 냉장고가 프레드 W. 울프에 의해 발명되었으며, 가정용 냉장고의 대량 생산이 1918년에 시작되었다. 점점 더 많은 사람들이 대도시로 이동함에 따라, 자연적인 식품 공급원으로부터 멀어지면서, 가정용 냉장고는 필수품이 되었다. 게다가, 7 당시에 신선한 식품에 대한 상당한 수요 증가가 있었다. 대부분의 식품 공급업체들이 시골 지역에 기반을 두고 있었기 때문에, 상하기 쉬운 식품이 장거리에 걸쳐 운송되고 나면 도착 즉시 냉장 보관하는 일이 9 중대한 문제가 되었다.

8 가정용 냉장고는 처음 출시되었을 때 사치품으로 여겨졌는데, 일반적으로 가격이 500달러에서 1,000달러 사이였으며, 이는 대략 오늘날의 6,500달러에서 13,000달러에 해당한다. 냉장고는 프레온 가스의 도입으로 인해 1930년대에 인기 상승을 겪기 시작했는데, 이는 그전에 증기 압축 과정에 쓰였던 유독한 가스를 대체했다. 1940년대에 걸쳐, 냉동 식품의 인기 증가가 더 많은 양의 식품뿐만 아니라 각 얼음틀을 수납할 수 있는 분리된 냉동실 칸의 추가로 이어졌다. 가정용 냉장고의 인기가 지속적으로 증가하면서, 소비자들은 디자인적인 요소로 바라보기 시작했기 때문에, 제조사들은 더욱 폭넓은 10 종류의 스타일과 색상으로 된 기기를 생산하기 시작했다. 최근 들어, 단열 및 압축기 기술의 발전으로 인해 가정용 냉장고는 훨씬 더 에너지 효율이 좋고 저렴해졌다.

어휘

refrigeration 냉장 (보관)  ancient 고대의  civilization 문명 사회  a wide variety of 아주 다양한(= a wide array of)  innovative 혁신적인  method 방식, 방법  preserve ~을 보존하다  store 동 ~을 보관하다  create ~을 만들어내다  dig into ~ 안으로 파다  fill A with B A를 B로 채우다  pit 구덩이  insulate ~에 단열 처리를 하다  material 재료, 자재, 물품  straw 밀짚  domestic 가정의  mass 대량의  distance 동 ~을 멀리하다  household 가정의  necessity 필수품  significant 상당한, 많은  rise in ~의 증가, 상승  demand 수요, 요구  at the time 당시에  supplier 공급업체  be based in ~에 기반을 두다  rural 시골의  crucial 중대한  perishable 상하기 쉬운  upon arrival 도착 즉시  transport ~을 운송하다  be considered A A로 여겨지다  launch ~을 출시하다  typically 일반적으로, 전형적으로  approximately 약, 대략  due to ~로 인해, ~ 때문에  introduction 도입, 소개  replace ~을 대체하다  toxic 유독한  previously 이전에, 과거에  lead to ~로 이어지다  separate 분리된, 별도의  freezer 냉동실  compartment (보관용) 칸, 선반  accommodate ~을 수용하다  volume 양, 용량  in addition to ~뿐만 아니라  continue 동사원형 계속 ~하다  grow in ~가 증가하다, 늘어나다  consumer 소비자  view A as B A를 B로 바라보다, 여기다  device 기기, 장치  recent 최근의  advance 발전, 진보  far (비교급 수식) 훨씬  efficient 효율적인  affordable 저렴한, 가격이 알맞은

# 6.

사실 확인

고대 문명 사회와 관련해 사실인 것은 무엇인가?

(a) 좀처럼 음식을 보존할 필요가 없었다.

(b) 오직 겨울에만 음식을 차갑게 보관할 수 있었다.

## 해설

네 번째 문단에 가정용 냉장고가 처음 출시되었을 때 사치품으로 여겨졌다는 사실과 함께 대략 오늘날의 6,500달러에서 13,000달러에 해당되는 당시 가격이 (Domestic refrigerators were considered a luxury item when they were first launched, ~ which is approximately $6,500 to $13,000 in today's world) 언급되어 있다. 이는 가격이 비싸서 사치품으로 여겨졌음을 나타내는 것이므로 (c)가 정답이다.

## 어휘

be seen as ~로 여겨지다  at first 처음에  own ~을 소유하다  celebrity 유명인  attractively 매력적으로  average 일반적인, 평균적인

## 9.

### 동의어

해당 단락의 문맥에서 crucial이 의미하는 것은?
(a) 일반적인, 보통의
(b) 극도의, 극심한
(c) 필수적인
(d) 한정된, 제한된

### 해설

해당 문장에서 crucial은 바로 뒤에 위치한 that절에서 말하는 '상하기 쉬운 식품이 장거리에 걸쳐 운송되고 나면 도착 즉시 냉장 보관하는 것'이 어떤 의미를 지니는 일인지를 나타낸다. 1900년 초반에 해당되는 당시 상황을 생각해볼 때, 그러한 운송 및 보관 방식은 대단히 중요한 문제였을 것으로 판단할 수 있으며, 이는 필수적으로 해야 하는 일로 볼 수 있으므로 '필수적인'을 뜻하는 (c) vital이 정답이다.

## 10.

### 동의어

해당 단락의 문맥에서 array가 의미하는 것은?
(a) 디자인
(b) 대안
(c) 재고(품)
(d) 종류, 제품군

### 해설

해당 문장에서 array는 앞뒤에 각각 위치한 wider 및 of styles and colors와의 의미 관계로 볼 때, 더 폭넓은 종류의 스타일 및 색상과 관련된 의미를 지니고 있는 것으로 생각할 수 있다. 따라서, array가 제품 종류를 나타낸다는 것을 알 수 있으므로 '종류, 제품군' 등을 뜻하는 또 다른 명사 range가 정답이다. 참고로, a wide array of는 흔히 '아주 다양한'이라는 의미로 쓰이는 표현이며, array 대신 variety나 range, selection도 쓰일 수 있다.

## ACTUAL READING

### 정답

| 1. (c) | 2. (c) | 3. (a) | 4. (d) | 5. (c) |
|--------|--------|--------|--------|--------|
| 6. (b) | 7. (d) | 8. (c) | 9. (d) | 10. (a) |
| 11. (d) | 12. (b) | 13. (a) | 14. (a) | 15. (d) |
| 16. (c) | 17. (b) | 18. (d) | 19. (b) | 20. (c) |
| 21. (a) | | | | |

### 오리엔티어링

1 오리엔티어링은 참가자들이 반드시 탐색 능력과 지도, 나침반을 이용해 시작점부터 도착점까지 힘들고 알려지지 않은 지역을 가능한 한 빨리 가로질러 가는 다양한 스포츠를 설명하는 데 쓰이는 용어이다. 참가자들은 한 지역의 지형도를 제공 받으며, 반드시 그 지도 상의 특정 지점들을 찾아야 한다. 2 오리엔티어링은 원래 군대의 장교들을 대상으로 하는 육지 탐색 훈련 연습이었지만, 이제는 많은 변형된 형태가 생겨났으며, 가장 인기 있는 것이 풋 오리엔티어링 경쟁이다.

"오리엔티어링"이라는 실제 용어는 1886년에 스웨덴 육군사관학교 칼베르그에서 처음 사용되었다. 이 명칭은 방향 또는 위치를 찾는다는 의미를 나타내는 스웨덴어 어원에서 유래했다. 이 훈련 연습은 군대 장교와 민간인 둘 모두를 대상으로 하는 경쟁 스포츠로 빠르게 탈바꿈했다. 2 이 스포츠가 스웨덴에서 유래하기는 했지만, 일반인들을 대상으로 6 개방된 최초의 오리엔티어링 경기대회는 사실 1897년에 노르웨이에서 개최되었다.

이 스포츠는 더욱 저렴하고 정확한 나침반의 발명에 크게 힘입어, 1930년대에 걸쳐 인기를 얻었다. 1930년대 중반 무렵에, 약 25만 명의 스웨덴 사람들이 주기적으로 오리엔티어링 경기대회에 참가했으며, 이 스포츠에 대한 관심은 핀란드와 스위스, 소련, 그리고 헝가리까지도 확산되었다. 2차 세계 대전 후에, 오리엔티어링은 유럽과 아시아, 북미, 그리고 오세아니아 전역에서 더 많은 인기를 얻게 되었다. 1961년에, 국제 오리엔티어링 연맹(IOF)이 유럽 10개국에 속한 오리엔티어링 단체들에 의해 설립되었다. 이후 수십 년 동안에 걸쳐, 3 IOF는 재정적으로 여러 국가별 오리엔티어링 연맹의 설립을 지원했다. 2022년 현재, 76개국의 오리엔티어링 연맹이 IOF의 회원국으로 가입한 상태이다. 이 연맹들은 국내 및 세계 선수권 대회 행사를 조직하는 일을 책임지고 있으며, 이 행사들은 일반적으로 해마다 개최된다.

일반적인 오리엔티어링 경기대회는 자연 환경에서 개최된다. 스칸디나비아 전역에서는, 이것이 흔히 밀집하면서 험한 삼림지대를 의미하지만, 다른 여러 국가에서는 오리엔티어링 참가자들이 탁 트인 황야 지역이나 산을 가로지르는 것이 일반적이다. 게다가, 마을과 도시에서 열리는 오리엔티어링이 지난 20년 동안에 걸쳐 점점 더 흔해졌다. 4 원래 '스트리트-O'라고 알려졌지만, 행사 주최자들이 이 스포츠가 더욱 진지하게 여겨지도록 하기 위한 노력의 일환으로 지금은 이 스포츠를 도시 오리엔티어링으로 그 브랜드 이미지를 쇄신했다. 요즘은, 도시 오리엔티어링 행사에 전면 컬러 지도와 전자 펀칭 기계가 포함된다. 베니스에서 정기적으로 개최되는 한 특정 대회는 아

주 많은 수의 해외 참가자들을 끌어들이는 것으로 유명하다. 도시 오리엔티어링은 현재 진정한 대회로 여겨지고 있으며, 참가자들은 국내 순위에 포함된다. 하지만, 올림픽 대회에 이떤 종류의 오리엔티어링이든 포함시키려는 노력이 지금까지는 성공적이지 못한 것으로 드러났다. 5 올림픽 위원회 위원들은 이 스포츠가 행사 진행 7 시간으로 인해 텔레비전 친화적이지도, 관중 친화적이지도 않다고 생각하고 있다.

## 어휘

orienteering 오리엔티어링(지도와 나침반만을 이용해 정해진 지점을 통과하면서 목적지까지 빠르게 도착하는 것을 겨루는 경기) term 용어 describe ~을 설명하다 a variety of 다양한 competitor 경쟁자, 경기 참가자 navigational skill (위치, 방향 등의) 탐색 능력 compass 나침반 traverse ~을 가로지르다 terrain 지역, 지형 as A as possible 가능한 한 A하게 provide A with B A에게 B를 제공하다 topographical map 지형도 region 지역 locate ~의 위치를 찾다 certain 특정한, 일정한 originally 원래, 애초에 officer 장교 armed forces 군대 develop ~가 생기다 variation 변형(된 것) competitive 경쟁하는, 경쟁력 있는 be derived from ~에서 유래하다, ~에서 비롯되다 word root 어원 direction 방향 location 위치, 지점 turn into ~로 탈바꿈하다, ~로 변모하다 civilian 민간인 originate 유래하다 competition 경기대회 the general public 일반인들 take place (일, 행사 등이) 개최되다, 일어나다 gain popularity 인기를 얻다 thanks to ~ 덕분에, ~ 때문에 in large part 대부분, 주로 invention 발명(품) affordable 저렴한, 가격이 알맞은 accurate 정확한 approximately 약, 대략 regularly 주기적으로 take part in ~에 참가하다 interest in ~에 대한 관심 spread 확산되다, 퍼지다 found ~을 설립하다 organization 단체, 기관 decade 10년 financially 재정적으로 support ~을 후원하다, ~을 지원하다 founding 설립 federation 연맹 as of 시점 ~ 현재, ~부로 join 가입하다, 합류하다 be responsible for ~을 책임지다 organize ~을 조직하다, ~을 준비하다 typically 일반적으로, 보통(= normally) hold ~을 개최하다 on an annual basis 해마다, 일년 단위로 surroundings 환경 dense 밀집한, 빽빽한 rugged 험난한 moorland 황야 지역 in addition 게다가, 추가로 increasingly 점점 더 known as ~라고 알려진 organizer 주최자, 조직자 rebrand ~의 브랜드 이미지를 쇄신하다 urban 도시의 in an effort to 동사원형 ~하기 위한 노력의 일환으로 take A seriously A를 진지하게 생각하다 include ~을 포함하다 punching (구멍을 뚫는) 펀칭 기계 be notable for ~로 유명하다 attract ~을 끌어들이다 participant 참가자 be regarded as ~로 여겨지다 thus far 지금까지는 prove A한 것으로 드러나다 neither A nor B A도 아니고 B도 아니다 spectator 관중 A-friendly A 친화적인 due to ~로 인해, ~ 때문에 duration 진행 시간, 지속 시간

## 1.

### 세부정보

오리엔티어링 경기 참가자들은 어떻게 경기에서 우승하는가?
(a) 지도상에 주어진 지점을 정확히 찾음으로써
(b) 해당 지역에서 가장 높은 고도에 도달함으로써
(c) 가장 빠른 시간 내에 결승점에 도달함으로써
(d) 지도에 지리적 특징을 적어 놓음으로써

### 해설

오리엔티어링 경기 방식이 설명되어 있는 첫 단락에 탐색 능력과 지도, 나침반을 이용해 시작점부터 도착점까지 힘들고 알려지지 않은 지역을 가능한 한 빨리 가야 한다고(~ use navigational skills, a map, and a compass to traverse difficult, unknown terrain from a start point to an end point as quickly as possible) 언급되어 있다. 따라서, 가장

빨리 결승점에 도달하는 것을 의미하는 (c)가 정답이다. (a)는 경기 진행 중에 해야 하는 일에 해당되므로 오답이다.

### 패러프레이징

as quickly as possible 가능한 한 빠르게 ⇒ in the fastest time 가장 빠른 시간에

### 어휘

accurately 정확히 given 주어진 reach ~에 도달하다, ~에 이르다 altitude 고도 note down ~을 적어 놓다 geographical 지리적인 feature 특징

## 2.

### 세부정보

오리엔티어링의 원래 목적은 무엇이었는가?
(a) 스웨덴의 여러 마을에서 행사를 기념하는 것
(b) 스칸디나비아 지역의 국가들 사이에서 관계를 개선하는 것
(c) 스웨덴 군대의 구성원들을 훈련시키는 것
(d) 민간인들에게 더욱 활동적인 상태가 되도록 장려하는 것

### 해설

첫 문단에 원래 군대의 장교들을 대상으로 하는 육지 탐색 훈련 연습이었다는 말이(While orienteering was originally a training exercise in land navigation for officers in the armed forces ~), 두 번째 문단에 스웨덴에서 유래했다는 말이(Although the sport originated in Sweden ~) 각각 쓰여 있다. 이 두 가지 정보로 볼 때, 스웨덴 군대의 장교들을 대상으로 한 훈련 용도였다는 것을 알 수 있으므로 (c)가 정답이다.

### 패러프레이징

a training exercise ~ for officers in the armed forces 군대의 장교들을 위한 훈련 연습 ⇒ training members of ~ military 군대의 구성원들을 훈련시키는 것

### 어휘

celebrate ~을 기념하다, ~을 축하하다 improve ~을 개선하다, ~을 향상시키다 relation 관계 encourage + 목적어 + to 동사원형 (목적어)에게 ~하도록 장려하다, A에게 ~하도록 권하다

## 3.

### 세부정보

IOF가 어떻게 오리엔티어링이라는 스포츠에 도움이 되었는가?
(a) 연맹들에게 재정적 지원을 제공함으로써
(b) 전 세계적인 마케팅 캠페인을 개발함으로써
(c) 더욱 저렴한 오리엔티어링 장비를 제공함으로써
(d) 민간인들에게 행사에 참가하도록 허용함으로써

### 해설

IOF와 관련해 설명하는 세 번째 문단 중반부에 IOF가 재정적으로 여러 국가에서 오리엔티어링 연맹의 설립을 지원했다고(IOF financially supported the founding of several national orienteering federations) 언급되어 있으므로 (a)가 정답이다.

패러프레이징

financially supported 재정적으로 지원했다 ⇒ providing financial backing 재정 지원을 제공함

어휘

backing 지원, 후원 develop ~을 개발하다 equipment 장비 allow A to 동사원형 A에게 ~하도록 허용하다, A에게 ~할 수 있게 해 주다 participate in ~에 참가하다

## 4.

사실 확인

지문 내용에 따르면, '스트리트-O'와 관련해 사실인 것은 무엇인가?
(a) 자연 속의 오리엔티어링보다 더 어렵다.
(b) 원래 스웨덴에서 개발되었다.
(c) 참가자들에게 지도가 제공되지 않는다.
(d) 명성을 높이기 위해 명칭이 변경되었다.

해설

네 번째 문단에 원래 '스트리트-O'라고 알려졌지만 행사 주최자들이 이 스포츠가 더욱 진지하게 여겨지도록 하기 위한 노력의 일환으로 도시 오리엔티어링이라는 명칭으로 그 브랜드 이미지를 쇄신했다는(Even though this sport was originally known as Street-O, event organizers have now rebranded it as urban orienteering in an effort to have the sport taken more seriously) 내용이 언급되어 있다. 이는 일종의 명성을 높이기 위한 수단에 해당되므로 (d)가 정답이다.

패러프레이징

have the sport taken more seriously 그 스포츠가 더욱 진지하게 여겨지도록 하다 ⇒ boost its reputation 명성을 높이다

어휘

boost ~을 높이다, ~을 증진하다, ~을 촉진하다 reputation 명성, 평판

## 5.

세부정보

오리엔티어링이 왜 올림픽 대회에 포함되지 못했는가?
(a) 너무 많은 장비를 수반하기 때문에
(b) 높은 지출 비용을 필요로 하기 때문에
(c) 관중들에게 즐거움을 주지 않기 때문에
(d) 많은 국가에서 스포츠로 인정되지 않기 때문에

해설

마지막 문단 후반부에 올림픽 위원회 위원들은 오리엔티어링이 행사 진행 시간으로 인해 텔레비전 친화적이지도, 관중 친화적이지도 않다고 생각한다는(Olympic committee members believe that the sport is neither television- nor spectator-friendly ~) 내용이 언급되어 있다. 여기서 관중 친화적이지 않다는 말은 관중이 즐기기 힘들다는 뜻에 해당되므로 이러한 의미로 쓰인 (c)가 정답이다.

패러프레이징

neither television- nor spectator-friendly 텔레비전이나 관중들에 친화적이지 않은 ⇒ not enjoyable for spectators 관중들에게 즐거움을 주지 않는

어휘

involve ~을 수반하다, ~을 포함하다 require ~을 필요로 하다 expenditure 지출 (비용) recognize A as B A를 B로 인정하다

## 6.

동의어

해당 단락의 문맥에서 open이 의미하는 것은?
(a) 넓은, 크게 열린
(b) 이용 가능한
(c) 널찍한
(d) 야외의

해설

해당 문장에서 open이 속한 that절은 최초의 오리엔티어링 대회를 뜻하는 명사구 the first orienteering competition을 수식하고 있고, open 뒤에는 일반인들을 의미하는 the general public이 쓰여 있다. 따라서, 일반인들이 참가할 수 있었던 최초의 대회를 뜻한다는 것을 알 수 있는데, 이는 일반인들이 이용할 수 있었던 것과 같으므로 '이용 가능한'을 의미하는 (b) available이 정답이다.

## 7.

동의어

해당 단락의 문맥에서 duration이 의미하는 것은?
(a) 견고함, 튼튼함
(b) 주기적임, 규칙적임
(c) 속도(감)
(d) 길이

해설

해당 문장에서 duration은 오리엔티어링이 올림픽에 적합하지 않은 이유를 나타내는 due to 전치사구에 속해 있다. due to 앞에 텔레비전 친화적이지도 않고, 관중 친화적이지도 않다는 말이 쓰여 있는데, 이는 텔레비전 또는 경기장에서 보기에 모두 부적합하다는 의미이다. 따라서, 경기 진행 시간과 관련된 문제를 그 원인으로 생각해 볼 수 있으므로 시간과 관련해 '길이'를 뜻하는 (d) length가 정답이다.

---

### 포마드

포마드는 밀랍으로 만든 수성 물질로서, 머리를 다양한 스타일로 만드는 데 쓰인다. 머리를 광택이 나는 번드르르한 모습으로 만들어 주며, 일반적으로 다른 유사한 헤어 스타일링 제품들보다 더 오래 남아 있기 때문에, 종종 여러 번 씻어낸 후에야 완전히 제거된다. 8 18세기와 19세기에, 포마드를 만드는 데 쓰였던 주 재료는 라드 및 곰의 지방이었다. 20세기에는, 라놀린과 밀랍, 그리고 바셀린이 필수적인 경화 13 특성을 제공하는 데 종종 이용되었으며, 다양한 첨가제

가 기분 좋은 향을 제공하기 위해 포함되었다.

　　포마드는 지금보다 1920년대에서 1960년대까지 훨씬 더 인기 있었다. 이 수십 년 동안 인기 있었던 포마드 헤어스타일에는 덕테일과 퐁파두르, 그리고 퀴프가 포함되었다. [9] 특히, 퐁파두르는 1950년대 중반에 하나의 문화적인 현상이 되었으며, 엘비스 프레슬리와 척 베리 같은 유명 음악가, 그리고 제임스 딘 같은 유명 영화배우들에 의해 대중화되었다. 유행이 지난 뒤로, 퐁파두르는 1980년대에 잠깐 다시 인기를 누렸으며, 당시에 브라이언 셋처와 크리스 아이작 같은 로커빌리 음악가들이 하고 다녔다. 포마드는 2010년대 이후로 다시 인기를 얻었는데, 이는 대부분 전통적인 석유 및 유성 포마드보다 훨씬 더 쉽게 머리에서 씻기는 수용성 포마드의 도입으로 인한 것이었지만, 종종 동일한 다용도성과 광택, 그리고 강한 고정력을 제공해 주진 않는다.

　　최근의 포마드 재유행 이면에 존재하는 또 다른 이유는 언더컷 헤어스타일의 인기 증가이다. 언더컷은 윗머리를 훨씬 더 길게 하면서 옆머리는 짧게 치는 버즈컷 또는 페이드컷으로 특징지어진다. 이 헤어스타일은 [10] 새롭게 발명된 이발기로 인해 미용사들이 빠르고 저렴하게 남자 머리의 옆면을 밀어낼 수 있게 되면서 20세기 초에 인기를 얻게 되었다. 위쪽에 남은 긴 머리는 그 후에 일반적으로 포마드를 이용해 스타일을 만든다. 언더컷 스타일은 특히 2차 세계 대전 당시를 배경으로 해 성공을 거둔 시대극 영화들과 <피키 블라인더스> 같은 텔레비전 프로그램에서의 [14] 두드러진 활용으로 인해 2010년대에 걸쳐 한층 더 대중화되었다.

　　오늘날, 포마드는 두 가지 주요 범주로 구분할 수 있는데, 전통적인 유성 포마드와 현대적인 수성 포마드이다. 유성 포마드는 세 가지 하위 범주로 더 나뉠 수 있는데, 강한 고정력, 중간 고정력, 그리고 가벼운 고정력을 지닌 제품이다. 강한 고정력을 제공하는 포마드는 일반적으로 밀랍이 더 많이 들어 있어서, 머리에 더 뻣뻣한 고정력을 제공하지만, 광택이 나는 모습은 덜하다. [11] 반면에, 가벼운 고정력을 지닌 제품은 강한 고정력은 없지만, 오일이 더 많이 들어 있어서 머리를 광택이 더 많은 모습으로 만들어 준다.

　　수성 포마드는 정통 포마드(젤 기반)와 비정통 포마드(수성)로 하위 범주가 나뉜다. 정통 포마드는 여러 가지 종류로 나오면서, 서로 다른 고정력을 제공한다. [12] 이 제품들은 일반적으로 폴리비닐 피롤리돈 또는 비닐 피롤리돈 같은 경화제를 포함하고 있어서, 용도가 덜 다양하고 영향을 덜 받기 때문에, 하루 중에 머리를 다시 스타일링하기를 원하는 사용자들은 머리에 물을 묻힘으로써 그렇게 할 수밖에 없다. 비정통 포마드는 유성 포마드와 유사한 유연성을 지니고 있지만, 정통 포마드처럼 머리에서 쉽게 씻어낼 수 있다.

어휘

waxy 밀랍으로 만든, 밀랍 같은 water-based 수성의(↔ oil-based 유성의) substance 물질 sculpt ~의 형태를 만들다 shiny 광택이 있는, 윤기 있는 slick 번드르르한 typically 일반적으로, 전형적으로 last 지속되다 similar 유사한 require ~을 필요로 하다 fully 완전히, 전적으로 remove ~을 제거하다, ~을 없애다 ingredient 성분, 재료 lard 라드(돼지 비계를 정제해 굳힌 것) lanolin 라놀린(양모에서 얻는 오일) beeswax 밀랍 petroleum jelly 바셀린 stiffening 경화시키는, 뻣뻣해지는 property 특성 additive ⑲ 첨가제 include ~을 포함하다 fragrance 향, 향기 decade 10년 ducktail 덕테일(양쪽 옆머리를 길러 뒤쪽으로 붙여 모으는 머리) pompadour 퐁파두르(흔히 말하는 올백 머리) quiff 퀴프(이마 앞으로 올려 빗은 머리) in particular 특히 phenomenon 현상 popularize ~을 대중화시키다 fall out of fashion 유행이 지나다, 인기가 식다 resurgence 재유행, 재출현

make a comeback 다시 인기를 얻다, 복귀하다 due to ~로 인해, ~ 때문에 in large part 대부분, 대체로 water-soluble 수용성의 traditional 전통적인 petroleum 석유 versatility 다용도성, 다재다능함 hold 고정(력), 유지(력) rise in ~의 증가, ~의 상승 popularity 인기 be characterized by ~로 특징지어지다 buzzed sides 버즈컷(옆머리를 두피가 보일 정도로 짧게 자름) faded sides 페이드컷(옆머리 밑부분은 아주 짧게 하고 위쪽으로 점점 미세하게 길어지도록 자름) invent ~을 발명하다 A allow B to 동사원형 A로 인해 B가 ~할 수 있다, A가 B에게 ~할 수 있게 해 주다 barber 미용사, 이발사 further 한층 더, 더욱 더 prominent 두드러진, 중요한 period movie 시대극 영화 particularly 특히 set 배경으로 하는 be placed into ~로 구분되다 category 범주, 항목 be separated into ~로 나뉘다, ~로 분류되다 contain ~을 포함하다, ~가 들어 있다 rigid 뻣뻣한 appearance 모습, 외관 on the other hand 반면에, 한편 at the expense of ~을 없애면서, ~을 희생해 orthodox 정통의(↔ unorthodox) variety 종류, 변형된 것 hardening agent 경화제 versatile 다용도의, 다재다능한 malleable 영향을 잘 받는, 잘 변하는 wet ~에 물을 묻히다, ~을 적시다 similar 유사한 attribute 속성, 자질

## 8.

사실 확인

지문 내용에 따르면, 초기의 포마드와 관련해 사실인 것은 무엇인가?
(a) 주로 부유한 사람들이 사용했다.
(b) 광택 있는 모습을 제공하지 않았다.
(c) 동물성 물품을 포함했다.
(d) 머리에서 씻어내기 쉬웠다.

해설

첫 문단에 18세기와 19세기에는 포마드를 만드는 데 쓰였던 주 재료가 라드 및 곰의 지방이었다고(During the 18th and 19th centuries, the main ingredients used to make pomade were lard and bear fat) 언급된 부분이 있다. 이는 초기의 포마드 재료가 동물성 물품이었음을 뜻하므로 (c)가 정답이다.

패러프레이징

the main ingredients ~ were lard and bear fat 주 재료는 돼지기름과 곰의 지방이었다 ⇒ contained animal products 동물성 물품을 포함했다.

어휘

primarily 주로

## 9.

세부정보

퐁파두르 헤어스타일이 왜 1950년대에 인기를 얻었는가?
(a) 저렴한 헤어컷 스타일이었기 때문에
(b) 수용성 포마드가 도입되었기 때문에
(c) 덕테일 헤어스타일의 유행이 지났기 때문에
(d) 여러 유명인이 하고 다녔기 때문에

해설

두 번째 문단에 퐁파두르가 1950년대 중반에 하나의 문화적인 현상이었던 사실과 그것이 엘비스 프레슬리와 척 베리 같은 유명 음악가, 그리고 제임스 딘 같은 유명 영화배우들에 의해 대중화되었다는(~ the pompadour became a cultural phenomenon in the mid-1950s, popularized by famous musicians such as Elvis Presley and Chuck Berry, and film stars like James Dean) 말이 쓰여 있다. 이를 통해 여러 유명인이 그 헤어스타일을 하면서 인기를 얻었다는 것을 알 수 있으므로 (d)가 정답이다.

패러프레이징
popularized by famous musicians ~ and film stars 유명 음악인과 영화 배우에 의해 대중화된 ⇒ worn by several celebrities 여러 유명인이 했던

어휘
affordable 저렴한, 가격이 알맞은  introduce ~을 도입하다, ~을 소개하다
celebrity 유명인

## 10.
세부정보
미용사들은 어떻게 언더컷으로 머리 스타일을 만드는가?
(a) 머리 옆면을 밀어냄으로써
(b) 머리 윗부분을 짧게 자름으로써
(c) 두 종류의 포마드를 바름으로써
(d) 머리 뒷부분을 길게 남김으로써

해설
언더컷이 언급된 세 번째 문단에 그 스타일을 만드는 방법으로 미용사들이 기계로 옆머리를 빠르고 저렴하게 밀어냈다는(~ newly-invented hair clippers allowed barbers to quickly and cheaply shave the sides of men's heads) 말이 쓰여 있으므로 (a)가 정답이다.

어휘
apply ~을 바르다, ~을 적용하다  leave A B A를 B한 상태로 남기다

## 11.
세부정보
가벼운 고정력을 지닌 포마드가 강한 고정력을 지닌 포마드와 어떻게 다른가?
(a) 머리를 더 뻣뻣하게 만든다.
(b) 광택이 덜 나는 모습을 제공한다.
(c) 머리에서 씻어내기 더 어렵다.
(d) 더 많은 양의 오일을 포함한다.

해설
가벼운 고정력을 지닌 포마드와 관련된 정보가 제시된 네 번째 문단 후반부에 가벼운 고정력을 지닌 포마드가 오일을 더 많이 포함하고 있다고(Light holds, on the other hand, contain more oil ~) 언급되어 있으므로 (d)가 정답이다.

어휘
amount 양, 수량

## 12.
추론
폴리비닐 피롤리돈이 무엇에 쓰이는 것 같은가?
(a) 포마드를 바르기 더 쉽게 만드는 것
(b) 포마드의 고정 강도를 높이는 것
(c) 머리에서 포마드를 없애는 것
(d) 포마드 헤어스타일에 광택이 나는 모습을 제공하는 것

해설
폴리비닐 피롤리돈과 관련된 정보가 제시된 마지막 문단에 폴리비닐 피롤리돈이 경화제라고 언급하면서 용도가 다양하지 못하고 영향을 덜 받는다는(They typically contain hardening agents such as polyvinyl pyrolidone or vinyl pyrolidone, making them less versatile and malleable ~) 특성이 제시되어 있다. 이는 폴리비닐 피롤리돈이 포함된 포마드로 머리를 더 잘 고정할 수 있다는 뜻이므로 (b)가 정답이다.

패러프레이징
contain hardening agents 경화제를 포함하다 ⇒ increasing the hold strength 고정력을 증가시키는 것

어휘
make A 형용사 A를 ~하게 만들다  strength 강도, 강함

## 13.
동의어
해당 단락의 문맥에서 properties가 의미하는 것은?
(a) 특성, 품질
(b) 거주(지)
(c) 상세 정보, 세부 사항
(d) 소유(물)

해설
해당 문장에서 properties는 to부정사로 쓰인 동사 provide의 목적어로서, 20세기에 라놀린과 밀랍, 그리고 바셀린이 경화 방식과 관련해 무엇을 제공하는 데 이용되었는지를 나타낸다. 앞선 문장에 18세기와 19세기에 다른 재료가 이용되었다고 쓰여 있는 것으로 볼 때, 재료의 차이에 따른 다른 특성이나 성질을 제공했다는 의미가 자연스러우므로, '특성, 품질' 등을 뜻하는 (a) qualities가 정답이다.

## 14.
동의어
해당 단락의 문맥에서 prominent가 의미하는 것은?
(a) 흔한, 보통의, 공통의
(b) 수익성 있는
(c) 능숙한
(d) 가끔의

## 해설

해당 문장에서 prominent는 언더컷 스타일이 2010년대에 한층 더 대중화된 이유를 나타내는 due to 전치사구에 속해 있다. prominent 뒤에 성공적인 영화와 텔레비전 프로그램에 활용되었다는 말이 쓰여 있는데, 언더컷이 대중화된 이유임을 감안할 때 여러 작품에서 흔히 활용된 것으로 볼 수 있으므로 '흔한' 등을 뜻하는 (a) common이 정답이다.

---

### 어드벤처 코믹스

『어드벤처 코믹스』는 거의 반 세기 동안 연재된 만화책 시리즈였다. 1935년 12월에 시작된, [15] 이 시리즈는 원래 명칭이 『뉴 코믹스』였으며, 나중에 DC 코믹스 주식회사로 이름을 변경하게 되는 내셔널 앨라이드 퍼블리케이션즈가 출간한 두 번째에 불과한 만화책 시리즈였다. 제12권이 1937년에 출간되었을 때, [15] 이 시리즈는 『뉴 어드벤처 코믹스』로 명칭이 변경되었다. 이 시리즈는 1938년 11월에 다시 한 번 명칭이 변경되었고, 그 이후로 1983년 9월에 연재가 종료될 때까지 단순히 『어드벤처 코믹스』로 알려졌다.

[16] 『뉴 코믹스』가 주로 유머 만화 시리즈로 시작되긴 했지만, 『뉴 어드벤처 코믹스』로 명칭이 변경되었을 때 그 스타일이 진지한 어드벤처 이야기로 전환되었다. 이 시기 무렵에, 이 시리즈의 주 집필진이 조엘 캐릭터의 첫 번째 버전을 소개했는데, 이는 원래 미래적인 형사였지만, 나중에 슈퍼맨의 외계인 아버지로 [20] 진화하게 된다. 집필진은 제40권에 처음 등장하는 샌드맨과 함께 점점 더 슈퍼 영웅 이야기에 초점을 맞추기 시작했다. 『어드벤처 코믹스』의 초기 발행본들은 아워맨과 스타맨, 그리고 맨헌터 같은 슈퍼 영웅도 소개했다.

『어드벤처 코믹스』 시리즈에서 가장 중요한 발행본들 중 하나는 1946년 4월에 출간된 제103권이었다. 이 발행본에서, 인기 캐릭터 슈퍼보이와 그린 애로우, 조니 퀵, 그리고 아쿠아맨이 유머 이야기 방식으로 변환되던 『모어 펀 코믹스』에서 『어드벤처 코믹스』로 넘어갔다. [17] 이 새로운 캐릭터들의 추가는 샌드맨과 스타맨 이야기의 취소라는 결과를 낳게 되었고, 지니어스 존스라는 이름의 또 다른 캐릭터도 『뉴 펀 코믹스』로 옮겨졌다. 슈퍼보이는 즉시 그 만화책에서 가장 인기 있는 캐릭터가 되었으며, 1969년까지 각 발행본 전면 표지의 주인공이 되었다. 이 캐릭터의 인기는 1949년에 자체 캐릭터 만화책 시리즈로 제공되기에 이르렀지만, 그 무렵에 슈퍼 영웅 만화책에 대한 전반적인 관심은 [21] 하락하기 시작했다.

1972년 12월에 제425권이 출간되면서, 이 만화책 시리즈의 주제는 슈퍼 영웅 어드벤처에서 판타지 및 초자연적 요소에 더욱 초점을 맞춘 어드벤처 이야기로 바뀌었다. 제425권은 18세기에 카리브 해를 항해했던 해적 모험가 캡틴 피어 캐릭터를 소개했다. [18] 편집자 조 올랜도는 곧 블랙 오키드와 스펙터를 포함해 공포를 주제로 한 의상을 입은 새로운 종류의 영웅을 테스트했다. 얼마 후에, 더욱 전통적인 슈퍼 영웅들이 『어드벤처 코믹스』로 복귀했으며, 아쿠아맨은 가장 두드러진 캐릭터로서의 입지를 굳혔다.

[19] 1980년대 초반에, 이 시리즈는 64페이지로 구성되어 있으면서 광고는 포함하지 않고, 가격이 겨우 1달러밖에 되지 않는 대형 사이즈 책인 '달러 만화책' 형식으로 바뀌었다. 나중에 표준 형식으로 다시 돌아갔으며, 늘어난 스토리 아트 페이지 수를 자랑했지만, 이 만화책 시리즈는 1982년 2월에 나온 제490권을 끝으로 취소되었다. [19] 이 시리즈는 다이제스트 사이즈의 만화책 형식으로 잠시 재개되었지만, 완전한 연재 중단 전까지 겨우 13권만 지속되었다.

---

## 어휘

comic book 만화책 run ⑧지속되다, 진행되다, 운영되다 ⑲지속, 진행, 운영 be named A 이름이 A였다, A로 명명되다 originally 원래, 애초에 issue (출판물 등의) 권, 호, 발행본 be retitled A A로 명칭이 변경되다 be known as ~라고 알려지다 primarily 주로 switch to ~로 전환되다, ~로 바뀌다 introduce ~을 소개하다 futuristic 미래적인 detective ⑲형사 evolve into ~로 진화하다, ~로 발전하다 alien 외계인 increasingly 점점 더 focus on ~에 초점을 맞추다 debut ⑧첫 선을 보이다, 데뷔하다 transition into ~로 전환되다, ~로 이행되다 addition 추가(하는 것) result in ~라는 결과를 낳다, ~을 초래하다 cancellation 취소 immediately 즉시 feature ⑧주인공이 되다, 특징을 이루다 popularity 인기 lead to ~에 이르다, ~로 이어지다 general 전반적인, 일반적인 interest in ~에 대한 관심 title 책, 서적 decline 하락하다, 감소하다 shift from A to B A에서 B로 바뀌다 supernatural 초자연적인 element 요소 pirate 해적 sail 항해하다 test out ~을 테스트하다 range 종류, 범위 A-themed A를 주제로 한 including ~을 포함해 traditional 전통적인 be positioned as ~로서의 입지를 굳히다, ~로 자리잡다 prominent 두드러진, 눈에 띄는 format 형식, 방식 consist of ~로 구성되다 contain ~을 포함하다 advertisement 광고 cost ~의 비용이 들다 boast ~을 자랑하다 increased 늘어난, 증가된 page count 페이지 수 cancel ~을 취소하다 briefly 잠시, 간략하게 resume 재개되다 digest-sized 다이제스트 사이즈의(일반 잡지보다는 작고 표준 문고본 도서보다 조금 큰) last ⑧지속되다 complete 완전한, 전적인 discontinuation 중단, 난종

---

## 15.

**사실 확인**

『어드벤처 코믹스』 시리즈와 관련해 무엇이 사실인가?
(a) 거의 100년 동안 연재되었다.
(b) 첫 번째 DC 코믹스 시리즈였다.
(c) 1937년에 처음 출간되었다.
(d) 여러 번의 명칭 변경 과정을 거쳤다.

### 해설

첫 번째 문단에 처음에는 명칭이 『뉴 코믹스』였다가(~ the series was originally named *New Comics* ~) 『뉴 어드벤처 코믹스』로 변경되었고, 나중에 『어드벤처 코믹스』로 변경한 사실이(~ the series was retitled *New Adventure Comics*. The series was retitled again in November 1938 and was known simply as *Adventure Comics* ~) 쓰여 있다. 따라서, 여러 번 명칭이 변경된 사실을 알 수 있으므로 (d)가 정답이다.

### 패러프레이징

was retitled again 다시 이름이 정해졌다 ⇒ several name changes 여러 번의 이름 변경

### 어휘

undergo ~을 거치다, ~을 겪다 several 여럿의, 몇몇의

---

## 16.

**세부정보**

집필진이 『뉴 코믹스』 시리즈 후에 어떻게 접근 방식을 변경했는가?
(a) 더 적은 슈퍼 영웅 캐릭터를 특징으로 함으로써
(b) 발행본마다 페이지 수를 줄임으로써
(c) 유머러스한 이야기에 덜 집중함으로써
(d) 실제 사건에 기반한 이야기를 포함함으로써

## 해설

두 번째 문단에 『뉴 어드벤처 코믹스』로 명칭이 변경되었을 때 그 스타일이 진지한 어드벤처 이야기로 바뀌었다고(~ its style switched to serious adventure stories when it was retitled *New Adventure Comics*) 언급하는 내용이 있다. 이는 앞서 언급한 유머에 초점을 덜 맞춘 방식으로 변경된 사실을 말하는 것이므로 (c)가 정답이다.

## 패러프레이징

switched to serious adventure stories 진지한 모험 이야기로 바꾸었다 ⇒ focusing less on humorous stories 유머러스한 이야기에 덜 집중하는 것

## 어휘

approach 접근 방식 decrease ~을 줄이다, ~을 감소시키다 based on ~에 기반하는, ~에 바탕을 둔 real-life 실제의, 현실의

## 17.

### 추론

샌드맨 및 스타맨 이야기가 왜 취소되었을 것 같은가?
(a) 독자들이 그 줄거리를 마음에 들어 하지 않았기 때문에
(b) 새로운 캐릭터들이 소개되었기 때문에
(c) 집필진이 아이디어가 다 떨어졌기 때문에
(d) 『어드벤처 코믹스』가 직원들을 해고했기 때문에

### 해설

세 번째 단락 중반부에 새로운 캐릭터들이 추가되면서 샌드맨 및 스타맨의 이야기가 취소되는 결과를 낳았다고(The addition of the new characters resulted in the cancelation of Sandman and Starman stories ~) 언급되어 있으므로 (b)가 정답이다.

### 패러프레이징

The addition of the new characters 새로운 캐릭터들의 추가 ⇒ new characters were introduced 새로운 캐릭터들이 소개되었다

### 어휘

storyline 줄거리 run out of ~가 다 떨어지다, ~을 다 쓰다 lay off ~을 해고하다

## 18.

### 세부정보

조 올랜도는 어떤 변화에 대한 책임이 있었는가?
(a) 인기 있는 슈퍼보이 캐릭터를 소개하는 것
(b) 이야기에서 아쿠아맨 시리즈를 취소하는 것
(c) 『어드벤처 코믹스』 시리즈를 중단하는 것
(d) 공포 주제를 포함한 캐릭터들을 시험하는 것

### 해설

조 올랜도가 언급되는 네 번째 단락에 편집자 조 올랜도가 블랙 오키드와 스펙터를 포함해 공포를 주제로 한 의상을 입은 새로운 종류의 영웅을 테스트했다고(Editor Joe Orlando soon tested out a new range of heroes who wore horror-themed costumes, including the Black Orchid and the Spectre) 쓰여 있다. 따라서, 이러한 캐릭터에 대한 테스트를 뜻하는 (d)가 정답이다.

### 패러프레이징

tested out a new range of heroes who wore horror-themed costumes 공포 주제의 의상을 입은 새로운 종류의 영웅들을 실험해보다 ⇒ trialling characters that incorporated horror themes 공포 주제를 포함하는 캐릭터들을 시험하는 것

### 어휘

trial 图 ~을 시험하다 incorporate ~을 포함하다, ~을 통합하다

## 19.

### 사실 확인

1980년대에 걸쳐 발매된 『어드벤처 코믹스』 발행본들과 관련해 사실인 것은 무엇인가?
(a) 과거의 발행본들보다 더 많은 책이 판매되었다.
(b) 다양한 형식으로 출간되었다.
(c) 모두 표지에 슈퍼보이를 주인공으로 했다.
(d) 이전보다 더 적은 스토리 아트 페이지를 포함했다.

### 해설

마지막 단락에 대형 사이즈 책인 '달러 만화책' 형식으로 바뀌었다가(In the early-1980s, the series changed to a Dollar Comic format of giant-sized book ~) 다시 표준 사이즈로 돌아간 사실(The standard format later returned ~), 그리고 다이제스트 사이즈로도 출간된 사실이(The series briefly resumed in a digest-sized comic format ~) 언급되어 있다. 이를 통해 다양한 형식으로 출간되었다는 점을 알 수 있으므로 (b)가 정답이다.

### 어휘

release ~을 발매하다, ~을 출시하다 previous 과거의, 이전의 various 다양한 include ~을 포함하다 than before 이전보다

## 20.

### 동의어

해당 단락의 문맥에서 evolve가 의미하는 것은?
(a) 간소화하다, 단순화하다
(b) 넓히다, 확대하다
(c) 발전하다, 전개되다
(d) 회전하다, 돌다

### 해설

해당 문장에서 evolve가 속한 but절 앞에는 원래 형사였다는 말이, 그리고 evolve 뒤에는 상태 변화 등을 나타낼 때 사용하는 전치사 into와 함께 슈퍼맨의 외계인 아버지를 뜻하는 말이 쓰여 있다. 따라서, evolve가 그러한 변화나 진화와 관련된 동사라는 것을 알 수 있으므로 이와 유사한 의미를 지닌 동사로서 '발전하다' 등을 뜻하는 (c) develop이 정답이다.

**21.**

해당 단락의 문맥에서 <u>decline</u>이 의미하는 것은?

(a) 줄어들다, 약화되다

(b) 거절하다, 거부하다

(c) 반박하다, 이의를 제기하다

(d) 평평해지다, 수평이 되다

해설

해당 문장에서 decline은 even though절의 주어 general interest, 즉 사람들의 관심이 어떻게 변하기 시작했는지를 나타낸다. 따라서, 관심의 증가 또는 감소와 관련된 동사임을 알 수 있으므로 '줄어들다' 등을 뜻하는 (a) diminish가 정답이다.

**PART 4 공략 연습**

정답

74. (c)  75. (c)  76. (c)  77. (a)  78. (d)

79. (b)  80. (d)

---

5월 28일

해리스 씨께,

안타깝게도, 센추리 아트 시네마에서 6월 8일, 토요일과 6월 9일, 일요일로 예정된 시네필 협회 영화제가 계획대로 진행되지 못할 것입니다. 이 유감스러운 소식은 그 건물에서 일어난 최근의 화재 및 대체 공간의 79 부족에 따른 결과입니다. 74 유감스럽게도 저희는 이 행사를 취소할 수밖에 없습니다.

오늘 아침 일찍, 저는 센추리 아트 시네마의 소유주로부터 저희가 이용할 계획이었던 공간인 상영관 A가 이번 행사에 쓰일 수 없을 것이라는 사실을 통보 받았는데, 이곳이 전기 결함에 의해 초래된 최근의 화재로 인한 긴급 보수 공사를 위해 폐쇄된 상태이기 때문입니다. 소유주께서는 저희에게 75 2층에 있는 상영관 B로 영화제를 옮기도록 80 제안해 주셨지만, 이곳은 상영관 A가 제공하는 것의 절반도 채되지 않는 좌석 수용 규모를 지니고 있습니다. 따라서, 저희는 어쩔 수 없이 아주 많은 입장권 소지자들을 돌려 보내게 될 것이며, 76 이는 당연히 저희 회원들을 실망시키고 저희 협회의 명성을 훼손시킬 것입니다.

귀하께서는 저희 오랜 회원들 중 한 분이시기 때문에, 이 소식을 알려 드리기 위해 직접 편지를 써 드리고 싶었습니다. 귀하께서 이 상황을 이해하시고 이러한 결정이 저희가 손 쓸 수 없는 일임을 받아들여 주시기를 바랍니다. 저희가 다른 곳에서 유사한 행사 공간을 찾아봤지만, 그렇게 갑작스러운 통보에 이용 가능한 곳이 없었습니다. 이렇게 늦은 취소에 대해 사과 드리기 위해, 영화제 입장권을 구입하신 귀하 및 다른 회원들께 45달러의 전액 환불을 제공해 드리고자 합니다. 추가로, 저희가 6월 8일 오후 6시부터 오후 9시까지 저희 본부에서 뷔페 행사를 주최할 계획입니다. 모든 회원들께서는 얼마든지 참석해 77(b) 무료 음식과 음료를 즐기시면서 77(c) 라이브 밴드 음악을 들으실 수 있습니다. 뷔페 식사 후에는, 영화와 관련된 팀 퀴즈 행사도 주최할 것이며, 77(d) 우승 팀은 영화 관람권과 영화 포스터를 받으시게 될 것입니다.

78 참석하시는 데 관심이 있으실 경우, 555-9289번으로 저에게

---

직접 연락해 확정해 주시기 바라며, 그래야 제가 반드시 충분한 음식이 제공되도록 할 수 있습니다.

안녕히 계십시오.

베아트리체 닐센
회원 서비스 관리 책임
시네필 협회

어휘

unfortunately 안타깝게도, 유감스럽게도 go ahead 진행되다 as planned 계획대로 regrettable 유감스러운 result 결과 recent 최근의 occur 일어나다, 발생되다 lack 부족, 결여 alternative 대체의, 대안이 되는 have no option but to 동사원형 ~할 수밖에 없다 cancel ~을 취소하다 be informed that ~라는 통보를 받다, ~라는 얘기를 전해 듣다 proprietor 소유주 intend to 동사원형 ~할 계획이다, ~할 작정이다 available 이용 가능한 urgent 긴급한 renovation 보수, 개조 due to ~로 인해 cause ~을 초래하다 fault 결함 propose that ~하도록 제안하다 seating capacity 좌석 수용 규모 less than ~가 채 되지 않는, ~보다 적은 therefore 따라서, 그러므로 be forced to 동사원형 어쩔 수 없이 ~해야 하다 turn away (손님 등) ~을 거절하다, ~을 돌려보내다 holder 소지자, 보유자 understandably 당연히 disappoint ~을 실망시키다 damage ~을 훼손시키다, ~에 피해를 입히다 reputation 명성, 평판 society 협회, 단체, ~회 long-term 장기간의 inform A of B A에게 B를 알리다 accept that ~임을 받아들이다 out of one's hands ~가 손 쓸 수 없는, ~의 통제에서 벗어난 similar 유사한 on short notice 갑작스럽게, 예고 없이 apologize for ~에 대해 사과하다 cancelation 취소 would like to 동사원형 ~하고자 하다, ~하고 싶다 refund 환불(액) additionally 추가적으로 host ~을 주최하다 headquarters 본부, 본사 be welcome to 동사원형 얼마든지 ~해도 좋다 complimentary 무료의 beverage 음료 following ~ 후에 A-related A와 관련된 receive ~을 받다 be interested in ~에 관심이 있다 attend 참석하다 contact ~에게 연락하다 confirm 확정하다, 확인해주다 so that (결과) 그래야, 그러므로, (목적) ~하도록 ensure that 반드시 ~하도록 하다, ~임을 보장하다 adequate 충분한

## 74.

주제 및 목적

편지의 목적은 무엇인가?

(a) 영화제 초대장을 보내는 것
(b) 추가 정보를 요청하는 것
(c) 행사 취소를 알리는 것
(d) 대체 행사장을 제안하는 것

해설

첫 번째 문단에 영화제가 계획대로 진행되지 못할 것이라는 사실 및 그 이유를 간단히 알리면서 행사를 취소할 수밖에 없다고(I'm afraid we have no option but to cancel the event) 언급되어 있으므로 (c)가 정답이다.

패러프레이징

have no option but to cancel the event 행사를 취소하는 것 외에는 선택 사항이 없다 ⇒ announce an event cancellation 행사 취소를 발표하다

어휘

extend an invitation 초대장을 보내다 request ~을 요청하다 suggest ~을 제안하다 venue 행사장, 개최 장소

## 75.

세부정보

상영관 B는 왜 부적합한 행사장인가?

(a) 이용하기에 너무 비싸기 때문에

(b) 특정 날짜에 이용할 수 없기 때문에

(c) 사람들을 충분히 수용하지 못하기 때문에

(d) 보수 공사로 인해 폐쇄된 상태이기 때문에

해설

상영관 B가 언급되는 두 번째 문단에 상영관 A가 제공하는 것의 절반도 채 되지 않는 좌석 수용 규모를 지니고 있다(~ Auditorium B on the second floor, but this has a seating capacity that is less than half of that provided by Auditorium A) 사실이 언급되어 있다. 이는 사람들을 충분히 수용할 수 없다는 문제를 말하는 것이므로 (c)가 정답이다.

패러프레이징

has a seating capacity that is less than half of that provided by Auditorium A 상영관 A가 제공하는 것의 절반도 채 되지 않는 좌석 수용 규모를 지니고 있다 ⇒ does not hold enough people 사람들을 충분히 수용하지 않는다

어휘

too A to 동사원형 ~하기에 너무 A한 unavailable 이용할 수 없는 specific 특정한, 구체적인 hold ~을 수용하다

## 76.

세부정보

두 번째 문단에 따르면, 닐센 씨는 무엇에 대해 우려하는가?

(a) 행사 입장권 가격을 인상하는 것

(b) 단체로 신규 회원을 끌어들이는 것

(c) 단체의 명성에 해가 되는 것

(d) 영화제의 관람 일정을 변경하는 것

해설

두 번째 문단에 어쩔 수 없이 아주 많은 입장권 소지자들을 받지 못하게 될 것이라고 알리면서 그로 인해 당연히 회원들을 실망시키고 협회의 명성을 훼손시킬 것이라고(~ this would understandably disappoint our members and damage the reputation of our society) 언급되어 있다. 이는 해당 단체의 명성에 해가 되는 문제에 대한 우려를 나타내므로 (c)가 정답이다.

패러프레이징

damage the reputation of our society 협회의 명성을 훼손시키다 ⇒ harming an organization's reputation 단체의 명성에 해가 되는 것

어휘

be concerned about ~에 대해 우려하다 increase ~을 인상하다, ~을 증가시키다 attract ~을 끌어들이다 organization 단체, 기관 harm ~에 해가 되다 viewing 관람, 감상, 보기

## 77.

사실 확인(불일치)

6월 8일에 있을 행사에서 어떤 일이 일어나지 않을 것 같은가?

(a) 영화가 상영될 것이다.

(b) 음식이 제공될 것이다.

(c) 음악이 연주될 것이다.

(d) 상이 수여될 것이다.

해설

6월 8일 행사 관련 정보가 제시되는 세 번째 문단에서, enjoy complimentary food 부분을 통해 음식 제공을 언급하는 (b)를, while listening to a live band 부분에서 음악 연주를 말하는 (c)를, winners will receive~ 부분에서 상의 수여를 의미하는 (d)를 각각 확인할 수 있다. 하지만, 영화가 상영된다는 말은 쓰여 있지 않으므로 (a)가 정답이다.

패러프레이징

(b) All members ~ enjoy complimentary food 모든 회원들이 무료 음식을 즐기다 ⇒ food will be served

(c) listening to a live band 라이브 밴드의 연주를 듣다 ⇒ a music performance 음악 공연

(d) winners will receive~ 우승자는 ~받을 것이다 ⇒ prizes will be awarded 상이 수여될 것이다

어휘

be likely to 동사원형 ~할 것 같다, ~할 가능성이 있다 screening 상영 questionnaire 질문, 질문 사항

## 78.

세부정보

해리스 씨는 어떻게 참석을 확정해야 하는가?

(a) 양식을 작성함으로써

(b) 웹 사이트를 방문함으로써

(c) 서면으로 답변함으로써

(d) 닐센 씨에게 전화함으로써

해설

네 번째 문단에 참석하는 데 관심이 있을 경우에 555-9289번으로 닐센 씨 자신에게 직접 연락해 확정해 달라고(If you are interested in attending, please contact me directly at 555-9289 to confirm ~) 요청하고 있으므로 (d)가 정답이다.

패러프레이징

contact ~ at 555-9289 전화번호 555-9289으로 연락하세요 ⇒ calling 전화하는 것

어휘

attendance 참석 fill out ~을 작성하다 form 양식, 서식 reply 답변하다 in writing 서면으로

## 79.

동의어

해당 단락의 문맥에서 lack이 의미하는 것은?

(a) 적합함, 어울림
(b) 부재, 없음
(c) 공석, 빈 자리
(d) 감소, 하락

해설

해당 문장에서 lack of alternative spaces는 행사가 개최될 수 없는 원인으로서 대체 공간과 관련된 문제를 나타낸다. 따라서, 이용 가능한 대체 행사장이 없어서 행사를 개최하지 못하는 것으로 볼 수 있으므로 '부재, 없음'을 의미하는 또 다른 명사 (b) absence가 정답이다.

## 80.

동의어

해당 단락의 문맥에서 proposed가 의미하는 것은?

(a) 주장했다
(b) 동의했다
(c) 관련시켰다, 종사시켰다
(d) 제안했다

해설

해당 문장에서 proposed 앞에는 '소유주'를 뜻하는 proprietor가, 뒤에 위치한 that절에는 상영관 B로 행사장을 옮기는 일이 각각 쓰여 있다. 따라서, 앞선 문장에 언급된 '상영관 A를 이용할 수 없다고 통보 받은 일'과 관련해 건물 소유주가 상영관 B를 대신 이용하도록 제안한 것으로 생각할 수 있으므로 '제안하다'를 뜻하는 또 다른 동사 suggest의 과거형 (d) suggested가 정답이다.

## PARAPHRASING PRACTICE

### 1.

교통국 책임자로서 귀하의 역할 측면에서 연락 드립니다. 지난 한 달동안, 하루 중 한낮에 저희 아파트를 지나가는 교통량 증가로 인해 제가 집에서 일을 완료하는 것이 불가능해졌습니다. 귀하께서 이 문제에 대한 해결책을 찾아 주실 수 있기를 바랍니다.

(a) 이 편지는 다가오는 공사 프로젝트에 관해 문의하기 위한 것이다.
(b) 이 편지는 차량 소음의 변화와 관련해 불만을 제기하기 위한 것이다.
(c) 이 편지는 자신의 아파트 건물 내에서 나타난 안전 문제를 알리기 위한 것이다.
(d) 이 편지는 지역 주차법에 관한 해명을 요청하기 위한 것이다.

어휘

contact ~에게 연락하다 capacity 역할, 지위, 역량, 수용력 traffic 교통(량), 차량들 make it + 형용사 + for 사람 + to 동사원형 (사람)이 ~하는 것이

…해지다 solution 해결책 issue 문제, 사안(= matter) inquire 문의하다 upcoming 다가오는, 곧 있을 complain 불만을 제기하다 ask for ~을 요청하다 clarification 해명 parking 주차

### 2.

저희 서비스 문제에 대해 사과의 말씀 드리고자 합니다. 게다가, 귀하의 나머지 주문품 배송을 기다리시는 데 있어 인내를 요청 드립니다. 이는 저희 공급업체가 현재의 높은 수요로 인해, 1주일에 하나의 케이스로 이 특정 제품의 대량 주문을 일시적으로 제한해 두었기 때문입니다. 따라서, 저희는 이번 주 후반이나 되어야 저희 재고를 다시 채울 수 있을 것입니다. 저희는 가능한 한 빨리 귀하의 나머지 주문품을 전송해 드릴 것이므로 안심하시기 바랍니다.

(a) 직원들이 파업 중이기 때문에 주문품의 배송이 지연될 것이다.
(b) 공급업체가 교체되고 있기 때문에 주문품의 배송이 지연될 것이다.
(c) 사무실이 일시적으로 문을 닫은 상태이기 때문에 주문품의 배송이 지연될 것이다.
(d) 현재의 재고가 제한적이기 때문에 주문품의 배송이 지연될 것이다.

어휘

apologize for ~에 대해 사과하다 issue 문제, 사안 patience 인내(심) await ~을 기다리다 the rest of ~의 나머지(= the remainder of) supplier 공급업체, 공급업자 temporarily 일시적으로, 임시로 confine A to B A를 B로 제한하다 bulk 대량의 current 현재의 demand 수요, 요구 not A until B B나 되어야 A하다 be able + to 동사원형 ~할 수 있다 refill ~을 다시 채우다 stock 재고(품) Rest assured that ~이므로 안심하시기 바랍니다 forward ~을 전송하다 as soon as possible 가능한 한 빨리

### 3.

협회비는 월 300달러에서 350달러로 인상될 것입니다. 이것은 점점 커지는 커뮤니티를 위해 시행되는 하루 24시간, 주 7일의 보안 조치를 위한 추가 인력을 수용하기 위한 것이며, 쓰레기 수거 서비스를 주 1회에서 2회로 변경하기 위한 것입니다.

(a) 협회는 다른 보안 업체를 고용하기로 결정했다.
(b) 협회는 쓰레기통 근처에 보안 카메라를 배치하는 것을 계획한다.
(c) 협회는 서비스 빈도를 늘리기로 결정했다.
(d) 협회는 일일 수거 제도를 도입하기 위해 요금을 인상할 것이다.

어휘

fee 요금 accommodate 받아들이다, 수용하다 24/7 주 7일 하루 24시간 measure 조치 implement 시행하다 garbage collection 쓰레기 수거 hire 고용하다 place 놓다, 배치하다 security camera 보안 카메라 waste bin 쓰레기통 frequency 빈도 introduce 도입하다 daily 매일의, 일일의 pickup 수거 system 제도

## 4.

이 설명이 귀하께서 찾고 계시던 피트니스 경험인 것처럼 들리신다면, 제게 555-0167번으로 전화 주시기 바랍니다. 제가 저희 회원 요금제 및 강좌 옵션에 관해 모두 말씀 드릴 것이며, 저희 시설을 견학하시거나 심지어 저희 피트니스 강좌들 중 하나를 체험해 보실 수 있도록 시간을 정하실 수도 있습니다.

• 만약 편지의 수신자가 편지 작성자에게 전화를 한다면, _____.
(a) 편지 작성자는 개인 트레이너와 연락하게 해 줄 것이다.
(b) 편지 작성자는 서명해야 할 회원 가입 서류를 이메일로 보내 줄 것이다.
(c) 편지 작성자는 운동 계획표 샘플을 보내 줄 것이다.
(d) 편지 작성자는 시설물을 둘러 볼 수 있게 해 주는 시간을 마련할 것이다.

어휘
sound like ~인 것처럼 들리다, ~인 것 같다  look for ~을 찾다  set ~을 정하다, ~을 설정하다  tour ~을 견학하다  try out ~을 체험하다, ~을 시험해 보다  put A in touch with B A를 B와 연락하게 해 주다  arrange ~을 마련하다, ~을 조치하다

아비가일 오길비 씨
인사부장, 레이저 일렉트로닉스 주식회사

오길비 씨께,

최근 레이저 일렉트로닉스 사의 웹사이트를 둘러보다가, 현재 귀사의 마케팅부에 지원 가능한 직책을 광고하고 있다는 사실을 알게 되었습니다. 제가 그 마케팅부장 역할에 이상적인 후보자일 것이라는 생각이 들어서, [1] 귀사의 웹사이트를 통해 이력서와 함께 지원서를 제출했습니다. 추가로, 간략히 제 자신을 소개하면서 왜 그 자리가 저에게 완벽하게 어울릴 것이라고 생각하는지 설명해 드리기 위해 편지를 씁니다.

[2] 지난 11년 동안, 저는 리트머스 소프트웨어의 마케팅부에서 근무해 왔습니다. 이 기간에, 저는 세 차례 승진되었고, 현재 이 부서의 차장입니다. 저는 잡지 및 옥외 광고판 광고에서부터 광범위한 온라인 광고에 이르기까지 아주 다양한 마케팅 캠페인에 참여해 왔습니다. 리트머스 사에서 근무하는 동안 가장 [4] 주목할 만한 성과는 저희 비즈니스 소프트웨어 패키지인 리트머스 스위트 2.0에 대한 전 세계적인 광고 캠페인이었습니다. [3] 저는 30명의 직원으로 구성된 팀을 이끌었으며, 성공적인 저희 캠페인은 연간 수익을 20퍼센트 끌어올린 것으로 알려졌습니다.

저는 오랫동안 레이저 일렉트로닉스를 아주 좋아해 온 사람이며, 수년 동안에 걸쳐 레이저 사의 여러 가전 기기를 소유해 왔습니다. 이 분야에서 제가 지닌 역량과 경험을 통해, 귀사에 엄청난 [5] 자산이 되어 계속해서 성공 가도를 달리는 데 도움이 될 수 있으리라 확신합니다. 곧 소식 전해주실 수 있기를 바랍니다.

안녕히 계십시오.

에릭 셀러스

어휘
browse ~을 둘러보다  recently 최근에  notice that ~임을 알게 되다, ~라는 점에 주목하다  currently 현재  advertise ~을 광고하다  available 이용 가능한  position 직책, 일자리  ideal 이상적인  candidate 후보자, 지원자  submit ~을 제출하다  application form 지원서, 신청서  along with ~와 함께  résumé 이력서  in addition 추가로, 게다가  briefly 간단히  introduce ~을 소개하다  explain ~을 설명하다  perfect fit 완벽히 어울리는 사람, 완벽히 어울리는 것  receive a promotion 승진되다  be involved in ~에 참여하다, ~에 관여하다  a wide variety of 아주 다양한  billboard 옥외 광고판  extensive 광범위한  notable 주목할 만한  achievement 성과, 업적, 실적  reportedly 알려진 바에 따르면  drive up ~을 끌어올리다  annual 연간의, 연례적인  profit 수익  admirer 아주 좋아하는 사람, 팬  own ~을 소유하다  household appliance 가전 기기  skill set 역량, 능력  field 분야  be confident that ~라고 확신하다  tremendous 엄청난  asset 자산  firm 회사, 업체  continue 계속하다  path 길, 통로, 진로

## 1.

주제 및 목적
셀러스 씨는 왜 오길비 씨에게 편지를 쓰는가?
(a) 광고 내의 오류를 지적하기 위해
(b) 앞선 요청에 응답하기 위해
(c) 공석에 대한 관심을 표현하기 위해
(d) 사업상의 합병을 제안하기 위해

해설
첫 번째 문단에 웹사이트를 통해 이력서와 함께 지원서를 제출한 사실을 알리면서 자기 소개와 함께 왜 해당 자리가 자신에게 완벽하게 어울릴 것이라고 생각하는지 설명하기 위해 편지를 쓴다고(I have submitted an application form along with my résumé ~ I am writing to you to briefly introduce myself and explain why I believe the job would be a perfect fit for me) 언급되어 있다. 이는 해당 공석에 대한 관심을 드러내기 위한 것이므로 (c)가 정답이다.

패러프레이징
explain why I believe the job would be a perfect fit for me 그 일자리가 나에게 완벽하게 어울릴 것이라고 생각하는 이유를 설명하다 → express interest in a job vacancy 공석에 대한 관심을 표현하다

어휘
point out ~을 지적하다  respond to ~에 대응하다, ~에 응답하다  request 요청  express (생각 등) ~을 표현하다  interest in ~에 대한 관심  job vacancy 공석  propose ~을 제안하다  merger 합병

## 2.

추론

편지 내용에 따르면, 리트머스 소프트웨어와 관련해 어떻게 말할 수 있을 것인가?

(a) 현재 새로운 마케팅 직원을 고용하고 있다.

(b) 주로 잡지에 광고를 낸다.

(c) 재정적인 어려움을 겪고 있다.

(d) 10년 넘게 영업해 오고 있다.

해설

두 번째 문단 초반부에 지난 11년 동안 리트머스 소프트웨어의 마케팅부에서 근무해 왔다고(For the past eleven years, I have worked in the marketing department at Litmus Software) 알리는 말이 쓰여 있다. 이를 통해 리트머스 소프트웨어라는 회사가 문을 연지 10년이 넘었다는 사실을 알 수 있으므로 (d)가 정답이다.

패러프레이징

For the past eleven years, I have worked ~ at Litmus Software 지난 11년 동안 저는 리트머스 소프트웨어에서 일해왔습니다 ⇒ It has been in business for over a decade 10년 넘게 영업해 오고 있다

어휘

currently 현재 hire ~을 고용하다 primarily 주로 financial 재정의, 재무의 in business 영업하는 decade 10년

## 3.

세부정보

셀러스 씨는 현재의 직책에서 무엇을 이뤘는가?

(a) 회사의 수익을 증가시켰다.

(b) 성공적인 제품을 디자인했다.

(c) 숙련된 직원을 모집했다.

(d) 고객 서비스를 개선했다.

해설

두 번째 문단 마지막 부분에 30명의 직원으로 구성된 팀을 이끌었다는 점과 성공적인 캠페인으로 인해 연간 수익이 20퍼센트 오른 사실이(I led a team of thirty staff, and our successful campaign reportedly drove up our annual profits by 20 percent) 언급되어 있으므로 (a)가 정답이다.

패러프레이징

drove up our annual profits 연간 수익을 끌어올렸다 ⇒ increased company earnings 회사의 수익을 증가시켰다

어휘

achieve ~을 이루다, ~을 달성하다 earnings 수익, 소득 recruit ~을 모집하다 skilled 숙련된, 능숙한 improve ~을 개선하다, ~을 향상시키다

## 4.

동의어

해당 단락의 문맥에서 notable이 의미하는 것은?

(a) 문자 그대로의, 말 그대로의

(b) 주목할 만한, 두드러지는

(c) 복잡한

(d) 명예로운, 영광스러운

해설

해당 문장에서 notable은 바로 뒤에 위치한 명사 achievement를 수식해 글쓴이 자신이 어떤 성과를 이뤘는지 나타내는 역할을 한다. 그 뒤에 과거의 성공적이었던 특정 광고 캠페인을 언급하는 것을 볼 때, 주목할 만한 성과를 특별히 설명하는 흐름이라는 것을 알 수 있으므로 '주목할 만한'을 뜻하는 또 다른 형용사 (b) remarkable이 정답이다.

## 5.

동의어

해당 단락의 문맥에서 asset이 의미하는 것은?

(a) 지출 (비용), 경비

(b) 주식, 몫, 지분

(c) 추천(서)

(d) 이득, 혜택

해설

해당 문장에서 asset은 be동사 뒤에 위치한 보어로서 주어인 I, 즉 글쓴이 자신이 지원한 상대방 회사에 어떤 존재가 될 수 있는지를 나타낸다. 지원자의 입장에서 회사에 도움이 되는 존재임을 나타내는 말이 되어야 하므로 이러한 의미를 지닌 명사로서 '이득, 혜택' 등을 뜻하는 (d) benefit이 정답이다.

---

하비 코펠 씨

코펠 케이터링

코펠 씨께,

리젠트 호텔에서 최근 열린 저희 기금 마련 연회에 출장 요리 서비스를 제공해 주셔서 감사합니다. [6] 이 행사가 엄청난 성공을 거두면서 많은 자선 기부금을 발생시키는 데 도움이 되었으며, 이는 앨던데일 아동 도서관에 필요한 새 도서와 컴퓨터를 구입하는 데 쓰일 것입니다.

비록 저희가 귀하 및 귀하의 팀에서 제공해주신 전반적인 서비스에 만족하기는 했지만, 저희를 약간 실망스럽게 만든 몇 가지 사항이 있었습니다. 예를 들어, 저희는 여러 가지 채식 요리가 제공되도록 요청 드렸지만, 오직 채소 카레와 감자 샐러드 두 가지뿐이었습니다. 또한, [7] 일부 애피타이저는 제공되었을 때 따뜻하지 않아서, 몇몇 행사 참석자들께서 불만을 제기하셨습니다. 마지막으로, 저희는 분명 귀하의 팀에서 손님들께 음식을 제공해주실 것으로 [9] 예상했기 때문에, 손님들께서 일반적으로 직접 접시를 가득 채우셔야 했다는 점이 조금 놀라웠습니다.

저희가 어떤 종류든 환불 같은 직접적인 보상을 기대하는 것은 아니며, 여전히 귀사의 웹사이트에 긍정적인 후기를 남길 생각입니다. 하지만, 위에서 간략히 설명해 드린 10 문제들에 비추어 볼 때, 8 호의의 표시로, 다음 달에 있을 저희 연례 총회에 출장 요리를 제공하실 때 서비스에 대해 할인을 제공해주실 수 있다면 감사하겠습니다.

안녕히 계십시오.

리사 로페즈

어휘
cater ~에 출장 요리를 제공하다 recent 최근의 fundraiser 기금 마련 행사, 모금 행사 banquet 연회 tremendous 엄청난 help + 목적어 + 동사원형 ~하도록 (목적어)를 돕다 generate ~을 발생시키다 charitable 자선의 donation 기부(금) purchase ~을 구입하다 be satisfied with ~에 만족하다 overall 전반적인 leave A B A를 B한 상태로 만들다, A를 B한 상태로 남겨 놓다 slightly 약간, 조금 disappointed 실망한 request that ~하도록 요청하다 serve (음식 등) ~을 제공하다 attendee 참석자 complain 불만을 제기하다 expect + 목적어 + to 동사원형 (목적어)가 ~할 것으로 예상하다 a little 조금, 약간 usually 일반적으로, 보통 fill up ~을 가득 채우다 by oneself 직접, 혼자, 스스로 compensation 보상 refund 환불 intend to 동사원형 ~할 생각이다, ~할 작정이다 positive 긍정적인 review 후기, 평가, 의견 however 하지만, 그러나 in light of ~에 비추어 볼 때 issue 문제, 사안 outline ~을 간략히 설명하다 above 위에서 would appreciate it if ~한다면 감사할 것이다 annual 연례적인, 해마다의 as a gesture of goodwill 호의의 표시로

## 6.

세부정보
리젠트 호텔에서 열린 행사의 목적은 무엇이었는가?
(a) 도서관 개관을 기념하는 것
(b) 자선 활동에 필요한 돈을 마련하는 것
(c) 단체에 신규 회원을 끌어들이는 것
(d) 새로운 종류의 도서를 출시하는 것

해설
첫 문단에 행사가 큰 성공을 거둬 많은 자선 기부금을 발생시켰다는 사실이(The event was a tremendous success and helped us generate many charitable donations) 언급되어 있다. 이는 그 행사가 자선 활동에 필요한 돈을 모으는 것이 목적임을 나타내는 말에 해당되므로 (b)가 정답이다.

패러프레이징
generate many charitable donations 많은 자선 기부금을 발생시키다 ⇒ raise money for charity 자선 활동을 위한 기금을 모금하다

어휘
celebrate ~을 기념하다, ~을 축하하다 raise (돈) ~을 마련하다, ~을 모금하다 charity 자선 (활동), 자선 단체 attract ~을 끌어들이다 organization 단체, 기관 launch ~을 출시하다, ~을 시작하다 range 종류, 제품군

## 7.

세부정보
로페즈 씨는 무엇이 불만족스러웠는가?

(a) 일부 음식의 온도
(b) 출장 요리 서비스의 가격
(c) 행사가 개최된 장소
(d) 행사에 온 손님 숫자

해설
두 번째 문단에 언급된 불만 사항들 중에서 일부 애피타이저가 따뜻하지 않은 상태로 제공된(~ some of the appetizers were not warm when they were served) 사실이 쓰여 있으므로 (a)가 정답이다.

패러프레이징
the appetizers were not warm 애피타이저가 따뜻하지 않았다 ⇒ the temperature of some food 일부 음식의 온도

어휘
be dissatisfied with ~을 불만족스러워하다 temperature 온도, 기온 catering 출장 요리 제공(업) venue 행사장, 개최 장소 hold ~을 개최하다

## 8.

세부정보
로페즈 씨는 무엇을 요청하는가?
(a) 지불 비용에 대한 환불
(b) 코펠 씨와의 회의
(c) 향후의 서비스에 대한 더 낮은 요금
(d) 웹사이트상의 광고

해설
마지막 문단에 다음 달에 있을 다른 행사에 필요한 서비스에 대해 할인을 제공해주면 고마울 것이라고(we would appreciate it if you could provide a discount on your services when you cater our annual meeting next month, ~) 알리는 말이 쓰여 있다. 이는 나중의 서비스에 대해 요금을 낮추도록 요청하는 말에 해당되므로 (c)가 정답이다.

패러프레이징
a discount on your services ~ next month 다음 달에 서비스에 대한 할인 ⇒ a lower rate on a future service 향후의 서비스에 대한 낮은 요금

어휘
rate 요금, 비율, 속도, 등급 advertisement 광고

## 9.

동의어
해당 단락의 문맥에서 expect가 의미하는 것은?
(a) 계획하다
(b) 예상하다, 기대하다
(c) 조직하다, 마련하다
(d) 요구하다

해설
해당 문장에서 expect 바로 뒤에 상대방 팀이 손님들에게 음식을 제공하는 일을 언급하면서, 실제로는 손님들이 직접 접시에 음식을 담은 사실이

쓰여 있다. 따라서, 상대방 팀에서 해줄 것으로 예상하거나 기대했던 일을 말하기 위해 expect가 쓰인 것으로 볼 수 있으므로 '예상하다, 기대하다'를 뜻하는 또 다른 동사 (b) anticipate이 정답이다.

## 10.
동의어
해당 단락의 문맥에서 issues가 의미하는 것은?
(a) (출판물 등의) 판, 호
(b) 출판(물)
(c) 행사
(d) 문제

해설
해당 문장에서 issues는 바로 뒤에서 issues를 수식하는 분사구 outlined above와 함께 앞선 단락에서 언급된 일들이 무엇에 해당되는지 규정하는 역할을 한다. 앞선 단락에서 몇 가지 불만 사항을 알리고 있는데, 이는 '문제'를 말하는 것이므로 이에 해당되는 의미를 지닌 또 다른 명사 (d) problems가 정답이다.

## ACTUAL READING

**정답**

| | | | | |
|---|---|---|---|---|
| 1. (c) | 2. (c) | 3. (d) | 4. (b) | 5. (c) |
| 6. (a) | 7. (d) | 8. (d) | 9. (a) | 10. (d) |
| 11. (b) | 12. (c) | 13. (a) | 14. (d) | 15. (d) |
| 16. (c) | 17. (c) | 18. (b) | 19. (b) | 20. (c) |
| 21. (a) | | | | |

에드워드 설리번
편집장, 『더 크렌데일 가제트』

설리번 씨께,

[1] 저는 귀하의 신문사에 일자리를 위해 지원하시면서 저를 추천인으로 선택하신 리사 크레이븐 씨와 관련해 편지를 씁니다. 리사 씨는 모든 학과 과정의 교과목 단위에 걸쳐 [2(d)] 최고의 학점을 취득한 모범적인 학생이었습니다. 리사 씨는 애빙던 대학의 4년 교육 과정 내내 지속적으로 상위 5퍼센트에 들면서 학과 수업들을 마쳤습니다. 게다가, 리사 씨가 지닌 시간 관리 능력과 [2(b)] 출석 기록은 훌륭했으며, [2(a)] 학우들과 함께 아주 다양한 조별 과제를 대단히 잘 해냈습니다.

애빙던 대학에서 재학했던 기간에, [3] 리사 씨는 저희가 인트라넷 공지 시스템으로 전환하기 전에 [6] 배부하곤 했던 월간 소식지에 대한 작업도 하였습니다. 지역 행사, 연예, 그리고 스포츠를 포함한 다양한 주제에 관해 여러 주기적인 칼럼을 작성하는 일을 책임졌습니다. [4] 저희 도시의 여가 시설 개선 필요성과 관련해 썼던 기사들 중 하나는 애빙던 저널리즘 협회로부터 표창을 받았으며, 작성한 글에 대해 이 단

체의 '올해의 젊은 기자상'을 수상하였습니다. 저희 소식지의 편집자이신 리차드 피니 씨께서는 리사 씨의 집필 능력에 대해 대단히 높게 평가하였습니다. 실제로, 이분께서는 심지어 한 지역 신문사에 리사 씨의 생애 첫 인턴 프로그램을 위해 추천까지 해주셨습니다.

저 또한 지역 사회 및 지역 자선 단체들에 대한 리사 씨의 헌신에 깊은 인상을 받았습니다. 자주 모금 행사에 참여하셨으며, 저희 지역의 아동 도서관에 새 컴퓨터를 제공하기 위해 개인적으로 3,000달러가 넘는 돈도 모금하였습니다. [5] 리사 씨가 마라톤 대회에서 [7] 경쟁했을 때 지역 주민들에게 본인을 후원하게 함으로써 이 액수를 달성하였으며, 이는 리사 씨의 결단력 있고 강인한 성격의 완벽한 예입니다.

전체적으로, 리사 씨는 재능 있고 야심 찬 사람으로서, 분명 귀사의 출판물에 자산이 될 것입니다. 어떤 특정 상세 정보든 필요로 하실 경우, 주저하지 마시고 저에게 연락 주시기 바랍니다.

안녕히 계십시오.

그레타 그루버그

지도교수
언론학과
애빙던 대학

어휘
editor-in-chief 편집장 regarding ~와 관련해(= concerning) apply for ~에 지원하다, ~을 신청하다 position 일자리, 직책 select ~을 선택하다 reference 추천인 exemplary 모범적인 attain ~을 이루다, ~에 이르다 grade 점수, 등급 module 교과목 단위 consistently 지속적으로 furthermore 게다가, 더욱이 timekeeping 시간 관리 attendance 출석, 참석 exceedingly 대단히, 극도로 a wide variety of 아주 다양한 assignment 과제 used to 동사원형 (전에) ~하곤 했다 circulate ~을 배부하다, ~을 배포하다 switch to ~로 전환하다, ~로 바꾸다 notification 공지, 통지 be responsible for ~에 대한 책임이 있다 including ~을 포함해 local 지역의, 현지의 improved 개선된, 향상된 facility 시설(물) recognize ~을 표창하다, ~을 인정하다 receive ~을 받다 organization 단체, 기관 have a high opinion of ~을 높이 평가하다 recommend ~을 추천하다 be impressed with ~에 깊은 인상을 받다 dedication 헌신 community 지역 사회, 지역 공동체 charity 자선 (단체) be involved in ~에 참여하다, ~에 관여하다 fundraising 모금, 자금 마련 raise ~을 모금하다 in order to 동사원형 ~하기 위해 accomplish ~을 달성하다, ~을 이루다 have A 동사원형: A에게 ~하게 하다 resident 주민 sponsor ~을 후원하다 compete 경쟁하다, 경기에 참가하다 determination 결단력 overall 전체적으로 ambitious 야심 찬 individual 사람, 개인 be sure to 동사원형 분명 ~하다 asset 자산 publication 출판(물) require ~을 필요로 하다 specific 특정한, 구체적인 details 상세 정보, 세부 사항 hesitate to 동사원형 ~하기를 주저하다 contact ~에게 연락하다

## 1.
주제 및 목적
그루버그 씨가 설리번 씨에게 편지를 쓰는 이유는 무엇인가?
(a) 최근의 기사에 대해 이야기하기 위해
(b) 신문사의 편집자를 칭찬하기 위해
(c) 구직 추천서를 제공하기 위해
(d) 과거의 학생을 축하하기 위해

해설

첫 문단 시작 부분에 리사 씨가 신문사 일자리에 지원하면서 자신을 추천인으로 선택한 사실이(I am writing to you regarding Lisa Craven, who has applied for a position at your newspaper and selected me as a reference) 언급되어 있다. 이는 구직과 관련된 추천서용으로 작성된 편지임을 나타내는 말에 해당되므로 (c)가 정답이다.

패러프레이징

selected me as a reference 나를 추천인으로 선택했다 ⇒ provide a job reference 구직 추천서를 제공하다

어휘

discuss ~을 이야기하다, ~을 논의하다 recent 최근의 praise ~을 칭찬하다 reference 추천서, 추천인 congratulate ~을 축하하다 former 과거의, 전직 ~의

## 2.

사실 확인(불일치)

그루버그 씨가 리사 씨에 대해 칭찬하지 않는 것은 무엇인가?

(a) 다른 이들과 함께 잘 작업한 것
(b) 제때 수업 시간에 도착한 것
(c) 다른 학생들을 개인 지도한 것
(d) 인상적인 학점을 달성한 것

해설

첫 문단의 attained top grades 부분에서 인상적인 학점 달성을 의미하는 (d)를, attendance records were excellent 부분에서 제때 수업 시간에 도착한 것을 뜻하는 (b)를, 그리고 worked exceedingly well with her classmates 부분에서 다른 이들과 함께 잘 작업한 것을 가리키는 (a)를 각각 확인할 수 있다. 하지만, 다른 학생들을 개인 지도한 일과 관련된 정보는 제시되어 있지 않으므로 (c)가 정답이다.

패러프레이징

(d) attained top grades 최상의 성적을 획득하다 ⇒ achieving impressive grades 인상적인 성적을 달성함
(b) attendance records were excellent 출석 기록이 훌륭했다 ⇒ arriving to classes on time 수업 시간에 맞게 도착함
(a) worked exceedingly well with her classmates 학우들과 대단히 잘 작업했다 ⇒ working well with others 다른 사람들과 잘 작업함

어휘

praise A for B B에 대해 A를 칭찬하다 arrive 도착하다 on time 제때 tutor ~을 개인 지도하다 achieve ~을 달성하다 impressive 인상적인

## 3.

추론

리사 씨는 왜 소식지에 글 쓰는 일을 중단했을 것 같은가?

(a) 대학을 졸업했기 때문에
(b) 저널리즘에 대한 관심을 잃었기 때문에
(c) 공부할 시간을 충분히 허용하지 않았기 때문에
(d) 온라인 뉴스 시스템으로 교체되었기 때문에

해설

두 번째 문단에 리사 씨가 인트라넷 공지 시스템으로 전환하기 전에 한때 배부하곤 했던 월간 소식지에 대한 작업을 한 사실이(Lisa also worked on a monthly newsletter that we used to circulate before switching to an Intranet notification system) 쓰여 있다. 따라서, 온라인 시스템에 해당되는 인트라넷 공지 시스템으로 전환되면서 배부를 위해 제작되던 소식지에 더 이상 글을 쓰지 않게 된 것으로 볼 수 있으므로 (d)가 정답이다.

패러프레이징

switching to an Intranet notification system 인트라넷 공지 시스템으로 전환 ⇒ was replaced with an online news system 온라인 뉴스 시스템으로 교체되었다

어휘

graduate from ~을 졸업하다 interest in ~에 대한 관심 allow ~을 허용하다 replace A with B A를 B로 교체하다

## 4.

세부정보

애빙던 저널리즘 협회는 무엇을 했는가?

(a) 인턴 프로그램에 리사 씨를 받아들였다.
(b) 리사 씨의 글에 대해 상을 수여했다.
(c) 리사 씨를 일자리에 추천했다.
(d) 리사 씨가 작문 능력을 발전시키도록 도왔다.

해설

두 번째 문단에 여가 시설 개선 필요성과 관련해 쓴 기사들 중 하나가 애빙던 저널리즘 협회로부터 표창을 받은 사실이(One of her articles concerning the need for improved recreational facilities in our town was recognized by the Abingdon Journalism Society) 언급되어 있다. 이는 애빙던 저널리즘 협회가 상을 수여했다는 의미로 볼 수 있으므로 (b)가 정답이다.

패러프레이징

was recognized 표창을 받았다 ⇒ awarded a prize 상을 수여했다

어휘

accept ~을 받아들이다, ~을 수락하다 award ~을 수여하다, ~을 주다 prize 상, 상품 help + 목적어 + 동사원형 ~하도록 (목적어)를 돕다 develop ~을 발전시키다, ~을 개발하다

## 5.

세부정보

리사 씨는 아동 도서관에 필요한 돈을 모금하기 위해 어떻게 도왔는가?

(a) 창의적인 글쓰기 강좌를 진행함으로써
(b) 지역 편의시설에 관한 기사를 작성함으로써
(c) 후원을 받은 경주대회에 참가함으로써
(d) 지역 업체 소유주들에게 연락함으로써

## 해설

세 번째 문단에 아동 도서관에 필요한 돈을 모금한 방법으로 마라톤 대회에 참가하면서 지역 주민들에게 자신을 후원하게 했던 일이(She accomplished this by having local residents sponsor her when she competed in a marathon) 언급되어 있으므로 (c)가 정답이다.

## 패러프레이징

having local residents sponsor her when she competed in a marathon 그녀가 마라톤에 참여했을 때 지역 주민들이 그녀에게 후원하게 함 ⇒ participating in a sponsored race 후원을 받은 경주에 참가함

## 어휘

lead ~을 진행하다, ~을 이끌다  creative 창의적인  amenities 편의시설  participate in ~에 참가하다  sponsored 후원을 받은  owner 소유주, 주인

## 6.

동의어

해당 단락의 문맥에서 circulate이 의미하는 것은?

(a) 배부하다
(b) 둘러싸다
(c) 개발하다, 발전시키다
(d) 추측하다

## 해설

해당 문장에서 circulate은 monthly newsletter를 수식하는 that절의 동사이므로 소식지와 관련된 행위를 나타낸다는 것을 알 수 있다. 바로 뒤에 인트라넷 시스템으로 전환된 사실이 쓰여 있어 그전에는 온라인상의 시스템이 아닌 종이 인쇄 방식의 소식지였던 것으로 판단할 수 있으며, 이는 인쇄된 것을 배부해야 정보를 전달할 수 있으므로 '배부하다'를 뜻하는 또 다른 동사 (a) distribute이 정답이다.

## 7.

동의어

해당 단락의 문맥에서 competed이 의미하는 것은?

(a) 우승했다
(b) 노력했다
(c) 조직했다
(d) 참가했다

## 해설

해당 문장에서 competed 뒤에 in a marathon이 언급되어 문맥상 '리사가 마라톤에 참가했다'는 내용임을 알 수 있다. 따라서, '참가하다'라는 의미를 지닌 동사 participate의 과거형 (d) participated가 정답이다.

---

10월 22일

칼라 레예스
레예스 케이크 & 샌드위치

레예스 씨께,

---

저희 기록에 따르면, 귀하께서는 10월 17일에 저희 랠스턴 데어리 팜으로부터 마지막 농산물 배송 물품을 받으셨습니다. 지난 번에 이야기 나눴을 때, 귀하께서는 저희와의 계약을 1년 더 연장하시는 것에 대해 관심이 있으실지 알려주시겠다고 말씀하셨습니다. 8 저희는 계속해서 고품질 유제품에 대한 귀하의 공급업체가 될 수 있기를 진심으로 바라고 있는데, 지난 3년 동안에 걸친 귀하와의 매우 긍정적인 사업 관계가 즐거웠기 때문입니다.

9 저희 랠스턴 데어리 팜은 거의 10년 전에 설립된 이후로 상당한 사업 확장을 13 거쳐 왔습니다. 저희는 현재 주로 미네소타와 인디애나, 그리고 오하이오 전역에서 3,000곳이 넘는 업체에 제품을 공급하고 있습니다. 저희는 중서부 지역에서 우유와 요거트, 버터, 그리고 치즈의 손꼽히는 생산업체로서 널리 인정 받고 있습니다. 이전에 언급하신 바와 같이, 저희 제품은 귀하의 업체에 믿을 수 없을 정도로 큰 가치를 지니고 있었습니다. 예를 들어, 귀하께서는 10 저희 버터가 귀하의 케이크 설탕 장식 조리법에 필수적이라는 점과, 다른 버터는 그야말로 비교할 수 없다는 점을 언급하셨습니다.

제가 실례를 무릅쓰고 10일 후에 종료될 예정인 귀하와의 사업 거래 합의에 대한 연장 계약서를 동봉해 드렸습니다. 귀하께서 저희의 가장 소중한 고객들 중 한 분으로 남아 계시겠다고 결정하시는 경우에 서로가 11(d) 저희의 일반 배송 요금을 절반으로 줄일 의향이 있음을 아시게 될 것입니다. 추가로, 11(c) 귀하께 다음 번 제품 배송에 대한 10퍼센트의 할인에 더해 11(a) 몇몇 저희 최신 제품이 시장에 출시되기 전에 시식해 보실 수 있는 기회도 제공해 드릴 준비가 되어 있습니다. 시간 내시어 이 넉넉한 제공 서비스를 고려해 보시고 가급적 빨리 저에게 다시 연락 주시기 바랍니다. 12 제가 중서부 농업 및 상업 컨벤션 행사에서 저희 회사를 대표할 예정이기 때문에 10월 말까지는 출장 중이겠지만, 일단 11월 1일에 돌아오는 대로 귀하를 만나 뵐 14 여유가 있을 것이라는 점에 유의하시기 바랍니다.

안녕히 계십시오.

아서 브래니건
영업부장
랠스턴 데어리 팜

## 어휘

according to ~에 따르면, ~에 따라  receive ~을 받다  shipment 배송(품)  produce 명 농산물  inform A that A에게 ~라고 알리다  let A know A에게 알리다  whether ~인지 (아닌지)  continue 계속하다, 지속하다  supplier 공급업체  dairy product 유제품  positive 긍정적인  relationship 관계  undergo ~을 거치다, ~을 겪다  significant 상당한, 중요한  expansion 확장, 확대  founding 설립  supply ~을 공급하다  primarily 주로  widely regarded 널리 인정 받는  leading 손꼽히는, 선도적인  previously 이전에, 과거에  mention 언급하다  good 제품, 상품  incredibly 믿을 수 없을 정도로  valuable 가치가 큰, 소중한  vital 필수적인  frosting (케이크 표면의) 설탕 장식  recipe 조리법  compare 비교하다  take the liberty of -ing 실례를 무릅쓰고 ~하다  enclose ~을 동봉하다  extension 연장  contract 계약(서)  arrangement 합의, 조치, 준비  be due to 동사원형 ~할 예정이다  notice that ~임을 알게 되다, ~임을 알아차리다  be willing to 동사원형 ~할 의향이 있다, 기꺼이 ~하다  halve ~을 절반으로 줄이다  should you 동사원형 ~한다면  choose to 동사원형 ~하기로 결정하다  remain 남아 있다, 유지되다  valued 소중한, 귀중한  in addition 추가로, 게다가  be prepared to 동사원형 ~할 준비가 되어 있다  plus ~에 더해  sample 동 ~을 시식하다  prior to ~ 전에  release 출시, 발매  consider ~을 고려하다  generous 넉넉한, 후한  get

back to ~에게 다시 연락하다 at your earliest convenience 가급적 빨리
note that ~라는 점에 유의하다 be on a business trip 출장 가다 represent
~을 대표하다 meet with (약속하고) ~와 만나다 once 일단 ~하는 대로,
~하자마자

## 8.

주제 및 목적
편지의 목적은 무엇인가?
(a) 고객에게 계약서 조항을 상기시키는 것
(b) 최근의 배송에 영향을 미친 지연 문제에 대해 사과하는 것
(c) 회사의 최신 제품군 및 서비스를 홍보하는 것
(d) 사업 거래 합의의 지속을 제안하는 것

### 해설
첫 문단에 계속해서 고품질 유제품에 대한 공급업체가 될 수 있기를 진
심으로 바라고 있다고(We truly hope that we can continue as your
supplier of high-quality dairy products ~) 언급된 부분이 편지의 목적
에 해당한다. 이는 사업 거래 관계를 지속하고 싶다는 뜻이므로 (d)가 정답
이다.

### 패러프레이징
continue as your supplier of high-quality dairy products 고품질
유제품의 공급업체로 지속하다 ⇒ the continuation of a business
arrangement 사업 거래 합의의 지속

### 어휘
remind A of B A에게 B를 상기시키다 term (계약서 등의) 조항, 조건
agreement 계약(서), 합의(서) apologize for ~에 대해 사과하다 delay 지연,
지체 affect ~에 영향을 미치다 promote ~을 홍보하다 line 제품군 propose
~을 제안하다 continuation 지속, 계속

## 9.

사실 확인
편지 내용에 따르면, 랠스턴 데어리 팜과 관련해 무엇이 사실인가?
(a) 수년 동안에 걸쳐 상당히 성장했다.
(b) 10년 넘게 영업해 오고 있다.
(c) 최소 3개의 주에서 농장을 운영한다.
(d) 경쟁사들보다 더 저렴한 가격을 제공한다.

### 해설
두 번째 문단에 거의 10년 전에 설립된 이후로 상당한 사업 확장을 거쳐
왔다고(Ralston Dairy Farm has undergone significant expansion
since its founding almost 10 years ago) 언급되어 있다. 이는 회사가
수년 동안에 걸쳐 상당히 성장했음을 의미하는 말이므로 (a)가 정답이다.

### 패러프레이징
has undergone significant expansion 상당한 사업 확장을 겪어 왔다
⇒ has grown significantly 상당히 성장했다

### 어휘
grow 성장하다 significantly 상당히, 많이 decade 10년 operate ~을
운영하다, ~을 가동하다 at least 최소한, 적어도 competitor 경쟁사, 경쟁자

## 10.

세부정보
브래니건 씨는 왜 자신의 제품이 레예스 씨에게 가치가 크다고 생각하는
가?
(a) 칼로리가 낮기 때문에
(b) 신속하게 배송되기 때문에
(c) 현지에서 재배되었기 때문에
(d) 레예스 씨의 조리법에 사용되기 때문에

### 해설
두 번째 문단에 브래니건 씨가 자신의 버터 제품이 레예스 씨의 케이크
설탕 장식 조리법에 필수적이라고(~ our butter is vital to your cake
frosting recipes ~) 알리는 말이 쓰여 있는데, 이는 레예스 씨의 조리법에
필수적으로 사용된다는 뜻이므로 (d)가 정답이다.

### 패러프레이징
vital to your cake frosting recipes 케이크 설탕 장식 조리법에 필수적
인 ⇒ used in her recipes 그녀의 조리법에 사용되는

### 어휘
low in ~가 낮은 grow ~을 재배하다 locally 지역에서, 현지에서

## 11.

사실 확인(불일치)
브래니건 씨가 언급한 혜택이 아닌 것은 무엇인가?
(a) 신제품 샘플
(b) 업계 행사에 대한 초대
(c) 곧 있을 주문에 대한 할인
(d) 배송 요금에 대한 할인

### 해설
세 번째 문단의 we are willing to halve our standard delivery fee 부분
에서 배송 요금 할인을 언급한 (d)를, 10 percent off your next shipment
of products 부분에서 곧 있을 주문에 대한 할인을 의미하는 (c)를, 그리고
the chance to sample some of our newest products 부분에서 신제
품 샘플을 뜻하는 (a)를 각각 확인할 수 있다. 하지만, 업계 행사에 대한 초
대와 관련된 정보는 제시되어 있지 않으므로 (b)가 정답이다.

### 패러프레이징
(a) sample some of our newest products 우리의 최신 제품을 시식하다
    ⇒ samples of new products 신제품 샘플
(c) 10 percent off your next shipment of products 다음 번 제품 배송
    에 대한 10퍼센트의 할인 ⇒ a discount on an upcoming order 곧
    있을 주문에 대한 할인
(d) halve our standard delivery fee 기본 배송비를 반으로 줄이다
    ⇒ a reduction on a shipping charge 배송 요금에 대한 할인

### 어휘
benefit 혜택, 이득 invitation 초대(장) industry 업계 upcoming 곧 있을,
다가오는 reduction 할인, 감소 charge (청구) 요금

## 12.

세부정보

브래니건 씨는 10월 말이 가까워지면 무엇을 할 예정인가?

(a) 생산 시설을 점검하는 일
(b) 구직 지원자들을 면접 보는 일
(c) 농업 컨퍼런스에 참석하는 일
(d) 사업 계약서를 살펴보는 일

해설

세 번째 문단에 중서부 농업 및 상업 컨벤션 행사에서 자신의 회사를 대표할 예정이기 때문에 10월 말까지 자리를 비운다고(I will be on a business trip until the end of October as I will be representing our company at the Midwest Agriculture & Commerce Convention ~) 언급되어 있다. 이는 10월 말까지 농업 컨퍼런스에 참석할 예정이라는 뜻이므로 (c)가 정답이다.

패러프레이징

I will be representing our company at ~ ~에서 저희 회사를 대표할 것입니다 ➡ attending ~ 참석함

어휘

inspect ~을 점검하다 facility 시설(물) candidate 지원자, 후보자 attend ~에 참석하다 review ~을 살펴보다, ~을 검토하다

## 13.

동의어

해당 단락의 문맥에서 underground이 의미하는 것은?

(a) 겪었다, 경험했다
(b) 감소했다, 하락했다
(c) 평가했다
(d) 출발했다, 떠났다

해설

해당 문장에서 동사 has undergone의 다음 부분을 읽어 보면, 회사가 거의 10년 전에 설립된 이후로 그 동안 있었던 일을 나타낸다는 것을 알 수 있다. 이는 회사 측에서 그러한 일을 겪거나 경험했다는 것을 의미하므로 '겪다, 경험하다'를 뜻하는 동사 experience의 과거분사형인 (a) experienced가 정답이다.

## 14.

동의어

해당 단락의 문맥에서 free가 의미하는 것은?

(a) 무료의
(b) 가치가 큰, 소중한
(c) 느슨한
(d) (사람) 시간이 나는, (사물) 이용 가능한

해설

free가 속한 but절 앞에 10월 말까지는 컨벤션 행사에 참석할 예정이라는 말이 쓰여 있는 것으로 볼 때, free가 속한 but절은 그 행사에 갔다가 돌아와서 만날 수 있는 시점이 11월 초라고 알리는 내용임을 알 수 있다. 이는

---

그때 만날 시간이 난다는 뜻이므로 사람에 대해 사용할 때 '시간이 나는'을 뜻하는 (d) available이 정답이다.

---

캘럼 도허티 씨
버먼 로드 321번지,
에딘버러, 스코틀랜드

도허티 씨께,

15 저희의 최신 연극 작품 <내 청춘의 추억>을 소개해 드리게 되어 기쁘게 생각합니다.

이 연극은 18 10월 2일에 홀리루드 극장에서 개막일 밤 행사를 가질 것이며, 약 3주 동안 매주 목요일과 토요일 저녁에 상연됩니다. 15 회비 납부 상태가 최신으로 되어 있으신 모든 로디언 극단 회원들께서는 무료로 개막일 밤 공연에 참석하실 수 있습니다. 16 귀하의 회비에 대해 최신 상태인지 확실치 않으신 경우, www.ltc.co.uk/membershub에서 귀하의 프로필에 로그인하시기 바랍니다.

이 연극의 연출자이신 벤 위셔 씨께서 이 연극 작품에 대한 표현력 있는 시각 효과를 위해 20 독특한 예술가적 시각과 감각을 불어넣으실 것입니다. 작년에 연극 연출에 첫 발을 떼시기 전에, 17 위셔 씨는 성공을 거둔 여러 영화에서 특수 효과를 책임지시면서, 작업물에 대해 훌륭한 명성을 얻고 몇몇 권위 있는 업계 상들도 받으셨습니다. 활동 기간 중에 세 편의 영화 각본도 집필하신 바 있지만, 언젠가 연극 분야에서 경력을 시작하기를 원하신다는 뜻을 항상 21 내비치셨고, 결국 작년 11월에 첫 연극 작품을 연출하셨습니다.

<내 청춘의 추억>은 잘 쓰여져서 흥미로운 등장 인물, 전문가가 안무를 담당한 댄스 동작, 그리고 기억에 남을 만한 곡들을 포함할 것입니다. 이 연극의 출연진은 몇몇 숙련된 전문가와 함께 여러 아마추어 배우들로 구성되어 있습니다. 18 높이 평가 받는 여러 연극 평론가들께서도 개막일 밤 행사에 참석하실 예정입니다. 10월 2일에 있을 공연 후에는, 19 배우들이 "관객과의 만남" 시간에 참가할 것입니다. 회원들을 포함한 모든 참석자들께서는 이 특별 행사에 참석하시기를 원하실 경우에 반드시 추가 20달러를 지불하셔야 합니다. 이 연극의 개막일 밤 행사 좌석을 예매하시고자 하시는 경우, 제가 필요한 조치를 취해 드릴 수 있도록 555-3907번으로 저에게 직접 연락 주시기 바랍니다.

안녕히 계십시오.

해리엇 그랜튼
회원 서비스 관리 책임
로디언 극단

---

어휘

introduce ~을 소개하다 stage production 연극 작품 play 연극, 희곡 approximately 약, 대략 up to date 최신의 attend ~에 참석하다 performance 공연, 연주(회) free of charge 무료로 whether ~인지 (아닌지) fee 요금, 수수료 distinctive 독특한 flair (타고난) 감각, 솜씨, 재능 expressive 표현력 있는, 표현적인 visual effects 시각 효과 theater 연극, 극작품 try one's hand at ~을 시도하다 in charge of ~을 책임지고 있는, ~을 맡고 있는 special effect 특수 효과 motion picture 영화 gain ~을 얻다 reputation 명성, 평판 prestigious 권위 있는 industry 업계 script 각본,

대본 hint that ~라는 뜻을 내비치다, ~임을 암시하다  would like to 동사원형 ~하고 싶다, ~하고자 하다  embark on ~을 시작하다, ~에 착수하다  include ~을 포함하다  expertly 전문가에 의해, 전문적으로  choreograph ~을 안무하다  routine (춤 공연 등의) 동작  memorable 기억에 남을 만한  cast 출연진  be comprised of ~로 구성되다  alongside ~와 함께  seasoned 숙련된  professional 몡 전문가  highly respected 높이 평가 받는, 크게 존경 받는  critic 평론가, 비평가  be expected to 동사원형 ~할 예정이다  attend ~에 참석하다  following ~ 후에  participate in ~에 참가하다  meet and greet session 관객과의 만남 시간, 팬 미팅 시간  attendee 참석자  additional 추가적인  reserve ~을 예약하다  contact ~에게 연락하다  so that (목적) ~하도록  make an arrangement 조치하다, 조정하다, 준비하다  necessary 필요한, 필수의

## 15.
주제 및 목적
편지의 목적은 무엇인가?
(a) 극단으로 신규 회원을 끌어들이는 것
(b) 회원들에게 회비를 지불하도록 상기시키는 것
(c) 극장의 재개장을 알리는 것
(d) 신작 연극 초대장을 보내는 것

해설
첫 문단에서 최신 연극 작품을 소개한 다음(We are delighted to introduce our latest stage production: *Memories of My Youth*), 두 번째 문단에 회원들이 연극의 개막일 밤 행사에 무료로 참석할 수 있다는 사실이(All Lothian Theater Company members whose membership payments are up to date may attend ~) 언급되어 있다. 이는 신작 연극을 관람하도록 초대하는 것과 같으므로 (d)가 정답이다.

패러프레이징
attend the opening night's performance 개막일 밤 공연에 참석하다 ⇒ extend an invitation to a new play 새로운 연극의 초대장을 보내다

어휘
attract ~을 끌어들이다  remind A to 동사원형 A에게 ~하도록 상기시키다  extend an invitation 초대장을 보내다

## 16.
세부정보
회원들이 어떻게 회비를 확인할 수 있는가?
(a) 전화를 함으로써
(b) 이메일을 보냄으로써
(c) 웹사이트를 방문함으로써
(d) 거래 내역서를 요청함으로써

해설
두 번째 문단에 회비 납부 상태가 확실치 않을 경우에 로그인해서 확인할 수 있는 웹 사이트 주소를 알리고 있으므로(If you are unsure whether you are up-to-date with your fees, log in to your profile at www.ltc.co.uk/membershub) 웹사이트 방문을 뜻하는 (c)가 정답이다.

어휘
make a phone call 전화하다  request ~을 요청하다  invoice 거래 내역서

## 17.
세부정보
위셔 씨는 무엇에 대해 찬사를 받았는가?
(a) 연극 작품을 연출한 것
(b) 영화 각본을 집필한 것
(c) 영화 속 특수 효과를 만든 것
(d) 댄스 공연의 안무를 담당한 것

해설
세 번째 문단에 위셔 씨가 여러 영화에서 특수 효과를 담당하면서 훌륭한 명성을 얻은(Mr. Wishaw was in charge of special effects on several successful motion pictures, gaining an excellent reputation ~) 사실이 쓰여 있으므로 (c)가 정답이다.

패러프레이징
was in charge of special effects on several successful motion pictures 여러 성공적인 영화에서 특수 효과를 담당했다 ⇒ creating special effects in films 영화 속 특수 효과를 만든 것

어휘
receive ~을 받다  acclaim 찬사  create ~을 만들어내다

## 18.
세부정보
편지 내용에 따르면, 10월 2일에 무슨 일이 있을 것인가?
(a) 연출가가 연설할 것이다.
(b) 몇몇 연극 전문가들이 공연을 볼 것이다.
(c) 연극 오디션이 개최될 것이다.
(d) 공연자들에게 상이 주어질 것이다.

해설
10월 2일(October 2)은 두 번째 문단에 개막일로 쓰여 있다. 이와 관련해, 네 번째 문단에 높이 평가 받는 연극 평론가들도 개막일 밤 행사에 참석한다고(Several highly respected theater critics are expected to attend the opening night of the event.) 언급되어 있다. 따라서, 연극 전문가들이 10월 2일에 공연을 볼 것으로 생각할 수 있으므로 (b)가 정답이다.

패러프레이징
several highly respected theater critics 높이 평가 받는 여러 연극 평론가들 ⇒ some theatrical experts 몇몇 연극 전문가들

어휘
deliver a speech 연설하다  theatrical 연극의  expert 전문가  hold ~을 개최하다, ~을 열다  present ~을 주다, ~을 제공하다

연극 분야에서의 활동을 시작하고 싶어한다는 것을 의미한다. 따라서, 영화계에서 활동하던 사람이 다른 경력을 추구하고 싶다는 의사를 내비쳤다는 의미로 hinted가 사용된 것으로 볼 수 있는데, 이는 그러한 생각을 암시한 것과 같으므로 '암시하다'를 뜻하는 imply의 과거분사형인 (a) implied가 정답이다.

## 19.

세부정보

참석자들은 어떻게 연극 배우들과 만날 수 있는가?

(a) 온라인 양식을 작성함으로써
(b) 추가 요금을 지불함으로써
(c) 한 장 이상의 티켓을 구입함으로써
(d) 행사장에 일찍 도착함으로써

해설

네 번째 문단에 배우들이 공연 후에 있을 "관객과의 만남" 시간에 참가한다고 알리면서 반드시 추가로 20달러를 지불해야 그 특별 행사에 참석할 수 있다고(~ the actors will participate in a "meet and greet" session. All attendees, including members, must pay an additional $20 if they wish to attend this special event) 언급되어 있으므로 (b)가 정답이다.

패러프레이징

must pay an additional $20 20달러를 추가로 지불해야 한다
⇒ paying an extra charge 추가 요금을 지불함

어휘

fill out ~을 작성하다 form 양식, 서식 extra 추가의, 별도의, 여분의 purchase ~을 구입하다 show up 나타나다, 모습을 드러내다 venue 행사장, 개최 장소

## 20.

동의어

해당 단락의 문맥에서 distinctive가 의미하는 것은?

(a) 중요한
(b) 유명한
(c) 독특한, 특별한
(d) 직관적인, 직감에 의한

해설

해당 문장에서 distinctive는 위셔 씨가 표현력 있는 시각 효과를 위해 어떤 예술가적 시각과 감각을 연극 작품에 적용하는지를 나타낸다. 다음 문장에 영화에서 특수 효과를 담당했던 사람이라는 말이 쓰여 있어 그런 사람이 연극에 활용하려는 시각 효과는 다소 독특하거나 특별할 가능성이 크므로 '독특한' 등을 뜻하는 또 다른 형용사 (c) unique가 정답이다.

## 21.

동의어

해당 단락의 문맥에서 hinted가 의미하는 것은?

(a) 암시했다
(b) 생각했다, 추정했다
(c) 약속했다
(d) 열망했다

해설

hinted가 속한 but절 앞에 위치한 주절 및 앞선 문장에는 위셔 씨가 영화계에서 어떤 활동을 했는지 언급되어 있고, hinted 뒤에 위치한 that절은

# 동의어 50제

## 정답

| | | | | |
|---|---|---|---|---|
| 1. (d) | 2. (b) | 3. (c) | 4. (a) | 5. (d) |
| 6. (d) | 7. (d) | 8. (c) | 9. (a) | 10. (d) |
| 11. (c) | 12. (b) | 13. (d) | 14. (c) | 15. (a) |
| 16. (c) | 17. (d) | 18. (d) | 19. (c) | 20. (b) |
| 21. (a) | 22. (b) | 23. (c) | 24. (a) | 25. (a) |
| 26. (c) | 27. (d) | 28. (c) | 29. (c) | 30. (a) |
| 31. (b) | 32. (d) | 33. (c) | 34. (d) | 35. (c) |
| 36. (a) | 37. (c) | 38. (c) | 39. (c) | 40. (b) |
| 41. (c) | 42. (b) | 43. (b) | 44. (b) | 45. (c) |
| 46. (c) | 47. (d) | 48. (a) | 49. (b) | 50. (a) |

## 1.

정답 (d)

해석 이 서비스는 운동복을 가지고 체육관에 다니며 매일 집에서 세탁하는 불편을 해결합니다. 운동 후에 지정된 장소에 그 옷을 두면, 그 옷은 세탁되어 여러분이 다시 착용할 수 있도록 여러분의 사물함에 비치될 것입니다. 이 서비스는 매달 단 5달러의 비용이 듭니다.

해설 동사의 경우 주어, 목적어와의 연결성을 먼저 파악한다. 목적어가 불편함(inconvenience)이므로 addresses는 '해결하다'의 의미가 가장 적절하다. 따라서 '해결하다'의 의미를 가진 (d) resolves가 정답이다.

어휘 inconvenience 불편 carry 가지고 다니다 workout clothes 운동복 designated 지정된 workout 운동 place 두다, 놓다 locker 사물함, 라커 wear 착용하다, 입다 cost 비용이 들다 propose 제안하다 require 필요로 하다, 요구하다 resolve 해결하다

## 2.

정답 (b)

해석 죽은 기증자로부터 이식된 자궁에서 아기가 태어났는데, 이는 북미에서 처음 있는 일이었다. 산모는 건강한 여자 아이를 성공적으로 출산했다.

해설 deceased는 명사 donor(기증자)를 수식하는 분사의 형태이며, decease는 '사망하다'라는 의미의 동사이므로 deceased는 '사망한'이라는 의미의 분사이다. 보기 중에 이와 가장 동일한 의미의 단어는 (b) dead이다.

어휘 be born 태어나다 transplanted 이식된 uterus 자궁 deceased 사망한 donor 기증자 successfully 성공적으로 deliver 출산하다, 분만하다 declined 감소된 dead 죽은 living 살아있는 finished 끝난, 완료된

## 3.

정답 (c)

해석 팀버레이크 씨는 항상 그녀의 반 학생들의 요구를 알아내려고 노력한다.

해설 해당 문장에서 identify는 '학생들의 요구'(the needs of her students)를 목적어로 가지고 있으므로 '알아내다', '확인하다'라는 의미를 나타낸다. 따라서 보기 중에서 '알아내다', '밝히다'라는 의미를 나타내는 동사 (c)가 정답이다.

어휘 strive to 동사원형 ~하려고 노력하다 need 요구, 필요 identify 확인하다, 밝히다 notify 알리다, 통보하다 initiate 시작하다, 착수시키다 determine 알아내다, 밝히다 prescribe 처방하다, 규정하다

## 4.

정답 (a)

해석 Jenny's Lab은 차세대 팝업 레스토랑이다. 이 회사의 목표는 Jenny's Lab 주방에서 요리하는 젊은 직원들에게 고객들이 즐길 수 있는 그들 자신의 예술을 창조할 수 있는 기회를 주는 것이다.

해설 명사 objective는 '목적', '목표'라는 의미를 가지고 있으며, The restaurant's objective는 '그 식당의 목표'로 해석되므로 보기 중에서 '목표'라는 의미를 가진 (a) goal이 정답이다.

어휘 generation 세대 pop-up 팝업의, 임시의 objective 목표, 목적 cook 요리하다 opportunity 기회 create 창조하다, 만들다

## 5.

정답 (d)

해석 미국의 시골 마을들은 밤 10시 이후에는 꽤 비어 있고 어두워서, 불빛을 제공하는 것은 보안에 필수적이다. 따라서 정부는 주민들의 안전을 강화하기 위해 거리에 녹색과 파란색 불빛을 추가할 계획을 하고 있다.

해설 enhance의 목적어가 residents' safety(거주민들의 안전)이므로 enhance는 '강화하다', '향상시키다'라는 의미로 쓰인 것을 알 수 있다. 따라서, 보기 중에 '증진시키다'라는 의미의 동사 (d) boost가 정답이다.

어휘 rural 시골의, 지방의 quite 꽤 essential 필수적인 security 보안, 안보 add 추가하다 enhance 강화하다, 향상시키다 resident 거주민 safety 안전 lift 들어 올리다 emerge 드러나다, 나타나다 save 절약하다, 구하다 boost 증진시키다, 증가하다

## 6.

정답 (d)

해석 존은 수년간 글을 썼지만, 그의 세 번째 소설이 세계적인 베스트셀러가 되었을 때 큰 성공의 기회가 왔다.

해설 break 뒤에 언급되어 있는 when 부사절에서 그의 3번째 소설이 전 세계적인 베스트셀러가 되었다는 내용을 통해 his big break가 성공의 기회에 관련된 단어라는 것을 알 수 있다. 보기 중에서 이와 유사한 단어로 '기회'라는 의미를 가진 (d) opportunity가 정답이다.

어휘 break 행운, 기회, 휴식, 깨짐, 중단 international 세계적인, 국제적인 pause 멈춤 recess 휴회 crack 갈라진 틈 opportunity 기회

## 7.

**정답** (d)

**해석** 건강 및 지원 네트워크가 지역 사회 내에서 감소하면서, 만성 질환을 가지고 있는 노인들이 응급 시에 의료 처치를 받지 못하는 위험한 상황에 맞닥뜨릴 수 있다.

**해설** 해당 문장은 건강 및 지원 네트워크가 감소하여 지병이 있는 노인들이 응급 시에 마주할 수 있는 상황에 대해 설명하고 있다. 따라서, 명사 situations(상황)를 수식하는 형용사 perilous는 '위험한'이라는 의미를 나타낸다는 것을 알 수 있으므로, 보기 중에 '위험한'이라는 의미를 나타내는 형용사 (d) risky가 정답이다.

**어휘** decline 감소하다, 줄어들다 community 지역 사회 chronic 만성의 disease 질병 face 맞닥뜨리다, 마주하다 perilous 아주 위험한 situation 상황 medical care 의료적 처치, 건강 관리 in emergency 응급 시에 incomplete 불완전한 endangered 멸종 위기에 처한 sudden 갑작스러운 risky 위험한

## 8.

**정답** (c)

**해석** 6월 15일부로 황 씨가 시카고 지사에서 대리로서의 새로운 업무 역할을 맡게 된다는 것을 알려드리게 되어 기쁩니다.

**해설** 동사 assume의 목적어가 her new role이므로, '황 씨가 그녀의 새로운 업무 역할을 맡을 것이다'라는 의미가 적절하다. 해당 문장에서 대리로서의 새로운 업무 역할을 맡는다는 말은 새로운 업무를 '시작한다'는 의미와 동일하므로 보기 중에 '시작하다'라는 의미를 가진 동사 (c) begin이 정답이다.

**어휘** announce 발표하다, 알리다 effective 시행되는, 발효되는 assume (책임, 권력 등을) 맡다 role 역할 assistant manager 대리, 부팀장 branch 지사, 지점 guess 추측하다 pretend ~인 척하다 apply 지원하다, 신청하다

## 9.

**정답** (a)

**해석** 코페르니쿠스의 중심 이론은 지구가 그것의 축을 매일 회전하면서 매년 태양 주위를 돈다는 것이었다. 그는 또한 다른 행성들이 태양 주위를 돈다고 주장했다.

**해설** orbit은 동사로 쓰이면 '궤도를 돌다'라는 의미를 나타낸다. 그래서 해당 문장은 '행성들이 태양을 중심으로 궤도를 돈다'라는 의미이므로, 보기 중에서 '원을 그리며 돌다'라는 의미의 동사 circle의 과거형 (a) circled가 정답이다.

**어휘** central 중심의, 중심적인 theory 이론 rotate 회전하다 daily 매일 axis (중심)축 revolve (축을 중심으로) 돌다, 회전하다 yearly 해마다, 매년 argue 주장하다 orbit 궤도를 돌다 circle 원을 그리며 돌다 navigate 길을 찾다 treat 다루다, 취급하다, 치료하다 render 만들다, 제공하다, 제시하다

## 10.

**정답** (d)

**해석** 캘리포니아의 연구원들은 그 지역에 있는 한 병원 병동에 안경을 쓴 독감 환자가 더 적다는 것을 알아내있기 때문에, 안경을 착용하는 것이 코로나 19에 대한 보호를 제공할지도 모른다고 추측했다.

**해설** 연구원들이 안경을 쓴 독감 바이러스 환자가 적은 것을 보고, 안경이 코로나 19에 대한 보호를 제공할지도 모른다고 추측했다는 의미가

자연스러우므로 speculate는 확실하지 않은 내용을 '추측하다'라는 의미로 사용된 것을 알 수 있다. 따라서, 보기 중에 이와 유사하게 '가설을 세우다'라는 의미를 가진 동사 hypothesize의 과거형 (d) hypothesized가 정답이다.

**어휘** researcher 연구원, 조사원 find out 알아내다 flu 독감 patient 환자 eyeglasses 안경 ward (병원의) 병동 speculate 추측하다 wear 착용하다 offer 제공하다 protection 보호 against ~에 대항하여 suggest 제안하다 insist 주장하다 conclude 결론을 내리다 hypothesize 가설을 세우다

## 11.

**정답** (c)

**해석** 현재, 귀하께서는 귀사의 명성 및 시장 내 입지에 대한 추가 피해를 피하기 위해 무엇이 첫 단계가 되어야 하는지 분명 궁금하실 것입니다.

**해설** 해당 문장에서 first step은 상대방 회사의 명성 및 시장 내 입지에 대한 추가 피해를 피하기 위해 처음으로 하는 것을 가리킨다. 즉 첫 단계나 조치 등을 말하는 것이므로, '조치'를 의미하는 (c)가 정답이다.

**어휘** wonder 궁금해하다 further 그 이상의, 추가의 reputation 명성, 평판 stairs 계단 command 명령 action 행동, 조치 law 법

## 12.

**정답** (b)

**해석** 스테파니 L. 크웰렉은 국내에서 가장 재능 있는 발명가들과 혁신가의 공로를 인정하는 레멜슨(M.I.T 평생공로상)을 포함하여 많은 상을 받았다.

**해설** 명사 accolades의 예시로 the Lemelson이 언급되었는데, 그것이 MIT의 평생 공로상(award)라고 설명되어 있다. 따라서, accolades가 awards(상)와 동의어임을 알 수 있으므로, 보기 중에서 '상'을 의미하는 (b) prizes가 정답이다.

**어휘** accolade 포상, 상 lifetime 평생 achievement 성취, 업적 award 상 recognize (공로를) 인정하다 talented 재능 있는 inventor 발명가 innovator 혁신가 representation 대표, 표현 distinction 차이, 뛰어남 promotion 홍보, 판촉, 승진

## 13.

**정답** (d)

**해석** 오스카상 후보에 오른 그 여배우는 다가오는 그녀의 TV 시리즈에 배역을 얻은 젊은 신예 배우들을 육성할 수 있기를 희망한다.

**해설** 해당 문장에서 nurture는 the budding young actors(싹트기 시작하는 젊은 배우들)라는 명사를 목적어로 가지고 있으므로 문맥상 '육성하다', '가르치다'라는 의미를 나타낸다. 따라서 보기 중에서 이와 유사한 의미로 '지도하다', '가르치다'라는 의미의 동사 (d) mentor가 정답이다.

**어휘** nominate (수상 후보로) 지명하다, 추천하다 actress 여배우 nurture 양육하다, 육성하다 budding 싹트기 시작하는, 신예의 cast 배역을 정하다, 출연하다 upcoming 다가오는, 곧 있을 lift 들어올리다 flourish 번창하다, 잘 자라다 increase 증가시키다 mentor 지도하다, 가르치다

## 14.

**정답** (c)

**해석** 은퇴한 교수가 총괄하는 시티 스쿨 시스템을 두드러진 특징으로 하는 저렴한 사립학교 네트워크가 등장하고 있다.

해설 emerging은 동사 emerge(모습을 드러내다)의 현재분사로, '모습을 드러내는', '나타나는'이라는 의미를 나타낸다. 해당 문장은 '저렴한 사립학교 네트워크가 등장하고 있다'라는 의미를 나타내므로, emerging과 문맥상 동의어로 쓰일 수 있는 단어는 보기 중에 '나타나다', '출현하다'라는 의미의 동사 appear의 현재분사형인 (c) appearing이다.

어휘 affordable 저렴한, 감당할 수 있는 emerging 드러나는, 나타나는 prominently 두드러지게, 눈에 띄게 feature 특징으로 하다, 특별히 포함하다 direct 지휘하다, 총괄하다 retired 은퇴한 professor 교수 help 돕다 increase 증가시키다 appear 나타나다, 출현하다 add 추가하다, 더하다

## 15.

정답 (a)

해석 어윈은 열정적인 환경 보호 활동가였고, 사람들에게 설교하기보다는 자연에 대한 그의 열정을 공유함으로써 환경주의를 홍보하기로 선택했다.

해설 동사 promote는 environmentalism(환경주의)이라는 명사를 목적어로 가지고 있으며, promote를 하는 방법으로 자연에 대한 그의 열정을 사람들에게 공유한다는 내용이 언급되어 있으므로 promote는 '홍보하다', '장려하다'라는 의미로 사용된 것을 알 수 있다. 따라서, 보기 중에서 '권장하다', '장려하다'라는 의미를 가진 동사 (a) encourage가 정답이다.

어휘 passionate 열정적인 conservationist 환경 보호 활동가 choose to 동사원형 ~하기로 결정하다, ~하기로 선택하다 promote 홍보하다, 장려하다 environmentalism 환경주의 share 공유하다 enthusiasm 열정, 열광 rather than ~보다는 preach 설교하다 encourage 장려하다, 권장하다 ease 편하게 해주다, 덜어주다 announce 알리다, 발표하다 protect 보호하다

## 16.

정답 (c)

해석 여러 연구에서 호흡 연습이 불안, 불면증, 외상 후 스트레스 장애, 우울증, 주의력 결핍 장애와 관련된 증상을 줄이는 데 도움을 줄 수 있다는 것이 발견되었다.

해설 reduce는 symptoms(증상들)라는 명사를 목적어로 가진 동사이며, 그 증상들이 불안, 불면증, 외상 후 스트레스 장애, 우울증, 주의력 결핍 장애와 연관되어 있다고 쓰여 있다. 또한 호흡 연습이 도움이 된다는 내용이므로 문맥상 reduce는 '줄이다', '약화시키다'라는 의미로 쓰였음을 알 수 있다. 따라서, 보기 중에서 이와 유사한 의미로 '(고통 등을) 완화시키다, 줄이다'라는 의미를 가진 동사 (c) relieve가 정답이다.

어휘 study 연구 breathing 호흡 practice 연습, 실행 reduce 줄이다 symptom 증상 associated with ~와 연관된 anxiety 불안 insomnia 불면증 post-traumatic stress disorder 외상 후 스트레스 장애 depression 우울(증) attention deficit disorder 주의력 결핍 장애 eliminate 제거하다, 없애다 eradicate 근절하다, 뿌리 뽑다 relieve (고통 등을) 완화시키다, 줄이다 prevent 막다, 예방하다

## 17.

정답 (d)

해석 당신의 모든 요구를 충족시키는 중고차 구입에 대한 몇 가지 팁을 보시려면, 저희 웹사이트를 방문하세요.

해설 해당 문장은 중고차 구입에 대한 조언이나 충고를 제공한다는 내용이 되어야 가장 자연스러우므로 tips가 '조언', '충고'의 의미로 사용되었음을 알 수 있다. 따라서, 보기 중에 이와 가장 가까운 의미를 가진 단어로 '제안'이라는 의미를 나타내는 명사 (d) suggestions가 정답이다.

어휘 purchase 구입하다 used car 중고 자동차 satisfy 만족시키다, 충족시키다 needs 요구 objective 목적, 목표 method 방법 boundary 경계, 한계선 suggestion 제안

## 18.

정답 (d)

해석 코끼리는 예민한 코를 가지고 있다. 그들은 어떤 포유류보다 더 많은 후각 수용체를 가지고 있고 수 마일 떨어진 음식의 냄새를 맡을 수 있다.

해설 두 번째 문장이 코끼리는 수 마일 떨어진 음식의 냄새를 맡을 수 있고 더 많은 후각 수용체를 가지고 있다는 내용이므로, 앞 문장에서 명사 nose(코)를 수식하는 형용사 keen은 '예민한', '감각이 뛰어난'이라는 의미를 나타내고 있음을 알 수 있다. 따라서, 보기 중에서 이와 유사한 의미로 '(감각이) 예민한', '민감한'이라는 의미를 나타내는 형용사 (d) sensitive가 정답이다.

어휘 keen 예민한, 예리한 smell receptor 후각 수용체 mammal 포유류 sniff out 냄새로 알아 내다 flexible 유연한 sensible 분별 있는, 합리적인 enormous 막대한, 거대한 sensitive 예민한, 민감한

## 19.

정답 (c)

해석 알렉스는 최근 액션 영화의 제작과 관련된 모든 사람들에게 진심 어린 감사를 표하며 연설을 마쳤다.

해설 해당 문장은 영화 제작에 관련된 사람들에게 진심 어린 appreciation을 표현하는 것으로 연설을 마쳤다는 내용이므로, appreciation이 '감사', '고마움'을 의미한다는 것을 알 수 있다. 따라서, 보기 중에서 이와 가장 가까운 의미로 '감사', '고마움'을 뜻하는 명사 (c) gratitude가 정답이다.

어휘 end 마치다, 끝내다 speech 연설 express (감정 등을) 표현하다 heartfelt 진심 어린 appreciation 감사, 감상 involved with ~에 관련된 production 제작 recent 최근의 advice 조언, 충고 impression 인상, 감명 gratitude 감사, 고마움 recognition 인정, 표창

## 20.

정답 (b)

해석 피터는 친구를 그 파티에 초대했지만, 그녀는 다음날 아침에 런던에 가야 했기 때문에 그 제안을 거절했다.

해설 피터가 친구를 파티에 초대했다는 내용 뒤에 역접을 나타내는 접속사 but이 있으므로 피터의 친구가 초대에 응하지 않았다는 것을 알 수 있다. 따라서, turned down은 '거절하다'라는 의미로 쓰였다는 것을 알 수 있으므로 보기 중에서 '거절하다'라는 의미를 가진 동사 decline의 과거형 (b) declined가 정답이다.

어휘 turn down 거절하다 offer 제안 have to 동사원형 ~해야 하다 (과거형: had to) the morning after 그 다음날 아침 return 돌아오다, 반납하다 decline 거절하다, 사양하다, 줄어들다 accept 받아들이다, 인정하다 lower 낮추다

## 21.

정답 (a)

해석 JN 케이블에서 제공되는 이 패키지는 스포츠 채널과 요리 프로그램을 포함해 아주 다양한 방송 프로그램 취향으로 관심을 끈다.

해설 tastes는 '스포츠 채널과 요리쇼를 포함하여 다양한 프로그램'과 관련있는 명사이므로 '기호', '취향'을 의미한다는 것을 알 수 있다. 따라서, 보기 중에서 이와 유사한 의미로 '선호, 애호'를 뜻하는 (a) preferences가 정답이다.

어휘 offer 제공하다 appeal to ~에 호소하다, ~으로 관심을 끌다 a wide range of 아주 다양한, 폭넓은 taste 취향 including ~을 포함하여 preference 선호, 애호 addition 추가, 부가물 flavor 맛, 풍미 sample 표본, 견본품

## 22.

정답 (b)

해석 다수의 한국 팝 스타들, 특히 걸 그룹들이 전 세계적으로 인기를 얻고 있다.

해설 gain은 '얻다', '손에 넣다'라는 의미의 동사이다. are gaining의 목적어가 popularity(인기)이므로, 해당 구문은 '인기를 얻고 있다'라는 의미를 나타낸다. 따라서, 보기 중에서 '끌다', '불러 일으키다'라는 의미로 문맥상 '인기를 끌다'라는 의미를 나타낼 수 있는 동사 attract의 현재분사인 (b) attracting이 정답이다.

어휘 especially 특히 gain 얻다, 손에 넣다 popularity 인기 all over the world 전 세계에서 benefit 유익하다, 이득을 보다 attract 끌다, 불러 일으키다 accept 받아들이다, 수용하다 inspire 영감을 주다, 격려하다

## 23.

정답 (c)

해석 긴장성 무운동에 취약한 것으로 알려진 상어의 특정 유형 중 일부는 화이트 팁 암초 상어, 그리고 블랙 팁 암초 상어이다.

해설 susceptible to가 '~에 취약한, ~에 걸리기 쉬운' 등을 뜻하므로 해당 문장은 '긴장성 무운동에 취약하다'라는 의미를 나타낸다. 따라서, 이와 유사한 뜻을 지니는 형용사로서 to와 함께 '~에 취약한, ~당할 수 있는' 등의 의미를 구성하는 (c) subject가 정답이다.

어휘 specific 특정한 type 유형, 종류 be known 알려져 있다 susceptible to ~에 민감한 tonic 긴장성의 immobility 무운동, 움직이지 않음, 부동 capable 할 수 있는, 가능한 easy 쉬운 subject ~에 취약한, ~하기 쉬운 responsive 즉각 반응을 보이는, 호응하는

## 24.

정답 (a)

해석 비록 그것이 제니가 처음으로 프로젝트를 이끄는 것이었지만, 그녀의 상사는 그녀의 성과에 깊은 인상을 받았다.

해설 제니가 처음으로 프로젝트를 이끌었지만, 그녀의 상사가 깊은 인상을 받았다는 내용이므로 performance는 제니가 프로젝트를 이끈 성과에 해당하는 명사임을 알 수 있다. 따라서, 보기 중에서 이와 유사한 의미로 '처리', '관리'라는 의미를 나타내는 명사 (a) conduct가 정답이다.

어휘 lead 이끌다 supervisor 감독관, 상사 be impressed with ~에 감명받다, ~에 깊은 인상을 받다 performance 성과, 실적 conduct 처리, 관리, 행동 affection 애정 complication 문제, 합병증 succession 연속, 승계

## 25.

정답 (a)

해석 NT 테크놀로지 사의 회장은 경영진과 노동자들 사이의 갈등을 해결하기 위해 그 어떤 것도 하지 않았다.

해설 동사 resolve의 목적어로 '충돌', '갈등'을 의미하는 명사 conflict가 쓰여 있으므로 resolve는 '(갈등을) 해결하다'라는 의미로 사용되었음을 알 수 있다. 따라서, 보기 중에서 '해결하다', '합의를 보다'라는 의미를 가진 (a) settle이 정답이다.

어휘 president 회장, 대표 resolve 해결하다 conflict 갈등, 충돌 management 경영진 worker 직원, 노동자 settle 해결하다, 합의를 보다 conclude 결론을 내다, 판단을 내리다 decide 결정하다, 결심하다 eliminate 없애다, 제거하다

## 26.

정답 (c)

해석 지난 밤, 조나단은 헬렌의 안경을 실수로 부러뜨렸다. 그는 그녀가 화를 낼 지도 모르기 때문에 진실을 말하지 않기로 결심했다.

해설 동사 어휘의 경우, 주어, 목적어와의 연결성을 먼저 파악한다. 목적어가 그녀에게 진실을 말하지 않는 것(not to tell her the truth)이므로 '결심하다'의 의미가 가장 적절하다. 따라서, '결심하다'의 의미를 가진 동사 decide의 과거형 (c) decided가 정답이다.

어휘 break 부러뜨리다 glasses 안경 by mistake 실수로 resolve 결심하다 truth 진실 upset 화난, 속상한 anticipate 예상하다 reach 도달하다, 연락이 닿다 decide 결심하다 succeed 성공하다

## 27.

정답 (d)

해석 서울시 정부는 근로자 수송이 원활히 이뤄질 수 있도록 오전 지하철 운행 횟수를 늘리고 출퇴근 시간대 운행 시간을 연장할 것이다.

해설 동사 어휘의 경우 주어, 목적어와의 연결성을 먼저 파악한다. 목적어가 교통 혼잡 시간대 운행 시간(rush hour operation times)이므로 문맥상 동사의 의미는 '(기간을) 연장하다'의 의미가 가장 적절하다. 따라서, '연장하다'의 의미를 가진 (d) prolong이 정답이다.

어휘 increase 증가시키다 subway 지하철 operation 운영 extend 연장하다 rush hour 교통혼잡 시간 facilitate 용이하게 하다 transportation 교통 escalate 확대시키다, 증가시키다 enlarge 확대하다, 크게 만들다 continue 계속하다 prolong 연장하다

## 28.

정답 (c)

해석 사랑하는 사람의 이른 죽음에 슬퍼하신 분들께 진심으로 애도의 뜻을 표합니다.

해설 목적어가 my sincere condolences(나의 진심 어린 애도)이므로 동사의 의미는 '표하다'의 의미가 가장 적절하다. 따라서, '표현하다'의 의미를 가진 (c) express 가 정답이다.

어휘 extend 표현하다, 나타내다 sincere 진심 어린 condolence 애도 mourn 슬퍼하다, 애도하다 untimely 때 이른 loss 상실, 죽음 lengthen 길어지다, 늘이다 expand 확장하다 express 표현하다 choose 선택하다

## 29.

정답 (c)

해석 제이슨은 필요에 따라 다른 상황과 장소에 적응할 수 있는 유연성과 능력을 갖춘 팀 리더이다.

해설 동사 adapt 뒤에 전치사구로 to different situations and locations (다양한 상황과 장소에)가 위치해 있으므로 '적응하다'의 의미가 가장 적절하다. 따라서, '적응하다'의 의미를 가진 (c) adjust가 정답이다.

어휘 leader 리더 flexibility 유연성 ability 능력 adapt 적응하다 situation 상황 location 위치, 장소 access 접근하다 connect 연결하다, 관련 짓다 adject 적응하다 modify 수정하다, 변경하다

## 30.

정답 (a)

해석 비록 6개 항목이 의제에 올랐지만, 인사팀은 2시간 만에 모두 다루었다.

해설 cover 뒤에 쓰인 목적어 them은 six items(6개의 항목)를 가리키므로 문맥상 cover는 '(주제를) 다루다'의 의미가 가장 적절하다. 따라서, '(주제를) 다루다', '논의하다'라는 의미의 동사 discuss의 과거형 (a) discussed가 정답이다.

어휘 even though 비록 ~지만 agenda 의제 cover 다루다 within ~이내에 discuss 논의하다 eradicate 근절하다 dismiss 묵살하다, 해고하다 hide 숨기다(과거형 hid)

## 31.

정답 (b)

해석 최근, 제니는 자신의 사업을 시작했다. 손으로 만든 겨울 모자와 벙어리장갑을 팔면서, 그녀는 그녀의 취미를 사업으로 바꾸었다.

해설 turned 뒤에 쓰인 목적어 her hobby(그녀의 취미) 및 전치사 into와 어울려야 하므로 문맥상 '바꾸다'의 의미가 가장 적절하다. 따라서, '바꾸다'의 의미를 가진 동사 transform의 과거형 (b) transformed가 정답이다.

어휘 recently 최근에 business 사업 handmade 수제의, 손으로 만든 hat 모자 mitten 벙어리장갑 hobby 취미 earn 얻다, 벌다 transform 변형하다 proclaim 선언하다 trigger 촉발시키다, 작동시키다

## 32.

정답 (d)

해석 연구의 타당성에 대한 의구심에도 불구하고, 이 용어는 심리학, 경제, 비즈니스 및 기타 분야에서 널리 사용되고 있다.

해설 about으로 시작하는 전치사구의 의미가 '연구의 타당성에 대해'(about validity of the study)이므로, 이 전치사구의 수식을 받는 명사 reservations는 '의구심'의 의미가 가장 적절하다. 따라서, '의구심'의 의미를 가진 (d) doubts가 정답이다.

어휘 despite ~에도 불구하고 reservation 의구심 validity 타당성 study 연구 term 용어 widely 널리 psychology 심리학 economics 경제학 business 사업, 비지니스 area 분야 booking 예약 check 수표, 확인, 점검 advance 발전, 선불 doubt 의심

## 33.

정답 (c)

해석 마크는 50대 중반에 각본을 쓰고 연출을 하면서 다양한 장르에 걸쳐 실력을 연마해 새로운 경력을 시작했다.

해설 동사의 경우, 주어, 목적어, 전치사와의 연결성을 먼저 파악한다. honing 뒤에 쓰인 목적어 그의 기술(his skill)과 어울려야 하므로 '연마하다, 향상시키다'의 의미가 가장 적절하다. 따라서, 보기 중에서 '연마하다, 향상시키다'의 의미를 가진 동사 improve의 현재분사 (c) improving이 정답이다.

어휘 career 경력 script 원고, 각본 direct 연출하다, 감독하다 hone (기술) 연마하다, 향상시키다 various 다양한 genre 장르 create 만들다, 창조하다 concentrate 집중하다 improve 향상시키다 highlight 강조하다

## 34.

정답 (d)

해석 이 세미나의 목적은 회사 직원들의 리더십 능력을 심도 있고 폭넓게 기르는 것이다.

해설 cultivate의 목적어 리더십 능력(leadership skills)과 어울려야 하므로 '연마하다, 향상시키다'의 의미가 가장 적절하다. 따라서, 이와 유사한 의미로 '강화시키다, 강력해지다'의 의미를 가진 (d) strengthen이 정답이다.

어휘 objective 목적 seminar 세미나 cultivate 기르다, 양성하다 leadership 리더십, 지도력 deeply 깊게, 심도 있게 broadly 폭넓게 workforce 노동자, 직원 prepare 준비하다 lift 들어올리다 emerge 드러내다, 나타나다 strengthen 강화시키다, 강력해지다

## 35.

정답 (c)

해석 제인은 집에서 멀리 통근하는 것을 원치 않았기 때문에 NY 컨설팅의 관리 직책을 거절했다.

해설 declined는 목적어인 management position(관리 직책)과 어울려야 하므로 '거절하다'의 의미가 적절하다. 따라서, '거절하다'의 의미를 가진 동사 reject의 과거형 (c) rejected가 정답이다.

어휘 decline 거절하다, 감소하다 management 관리 position 직책 commute 통근하다 decrease 줄이다, 줄다 plummet 급락하다 reject 거절하다 turn 돌리다, 변하다

## 36.

정답 (a)

해석 귀하의 미납 전기 요금을 지불하지 않는다면, 전기 공급을 끊을 수밖에 없을 것입니다.

해설 outstanding은 형용사 어휘로 문맥에 따라 '뛰어난' 혹은 '미지불의, 미납의'의 의미로 해석될 수 있다. 해당 문장에서 outstanding electric bill은 '미지불된 전기 요금'을 의미하므로 보기 중에서 '미지불의, 미납의'의 의미를 가진 (a) unpaid가 정답이다.

어휘 fail 실패하다 outstanding 뛰어난, 미지불의 electric bill 전기 요금 have no choice but to 동사원형 ~할 수밖에 없다 shut off 끊다 electricity 전기 unpaid 미지불의 capable 할 수 있는, 능력 있는 exceeding 엄청난, 대단한 affordable (가격이) 감당할 수 있는, 여유 있는

## 37.
정답 (c)

해석 제니는 대학 졸업을 위한 필수 조건인 대수학 수업을 통과하기엔 결석을 너무 많이 했다. 그녀는 심지어 기말고사도 보지 못했다.

해설 a prerequisite는 an algebra class(대수학 수업)를 수식하는 관계대명사절의 보어이며, 뒤에 위치한 전치사구가 '대학 졸업을 위한 (for college graduation)'이라는 의미로 수식하고 있으므로, '필수 조건'의 의미가 적절하다. 따라서, 보기 중에서 '필요 조건'의 의미를 가진 (c) requirement가 정답이다.

어휘 absence 결석 algebra 대수학 prerequisite 필수조건 college 대학 graduation 졸업 miss 놓치다, ~하지 못하다 final test 기말고사 preparation 준비, 대비 prediction 예측, 예견 requirement 필요, 필요조건, 요건 retreat 후퇴, 철수

## 38.
정답 (c)

해석 흑곰은 앞선 가을 동안 저장했던 체지방으로 근근이 살아가기 때문에 겨울잠 중에 체중이 줄어드는 경향이 있다.

해설 흑곰이 겨울 잠을 자는 동안 체중이 줄어든다는 내용이 있고 그 뒤에 체지방(their body fat)이 언급되어 있으므로, '겨울잠을 자는 동안 체지방으로 살아간다'라는 의미가 되는 것이 적절하다. 따라서, subsist는 '살아간다'라는 의미를 나타내므로 보기 중에서 이와 유사한 의미로 '생존하다', '살아남다'라는 의미를 나타내는 (c) survive가 정답이다.

어휘 tend to 동사원형 ~하는 경향이 있다 lose weight 체중이 줄다 during ~동안에 hibernation 여름 잠 subsist (on) (~로) 근근이 살아가다, 먹고 살다 body fat 체지방 store 저장하다 preceding 앞선, 바로 앞의 fall 가을 stay 머물다 delay 연기하다, 지연시키다 survive 살아남다, 생존하다 create 만들다, 창조하다

## 39.
정답 (c)

해석 고대 로마에 대한 전문가 한 사람이 지난 주말에 발견된 유물의 가치를 평가할 것이다.

해설 assess의 목적어로 the value(가치)가 위치해 있으므로 '전문가가 유물의 가치를 평가하다'의 의미가 되는 것이 가장 적절하다. 따라서, 보기 중에서 '추정하다', '짐작하다'의 의미를 가진 (c) judge가 정답이다.

어휘 expert 전문가 ancient 고대의 assess 평가하다 value 가치 artifact 유물 discover 발견하다 last weekend 지난 주말 govern 지배하다, 통치하다 handle 다루다, 처리하다 judge (크기, 양 등을) 추정하다, 짐작하다, 판단하다 use 사용하다

## 40.
정답 (b)

해석 다음주 월요일부터 시행되는 것으로서, JN 금융의 모든 직원은 사내에서 항상 사원증을 착용하고 다녀야 한다.

해설 effective는 '효과적인' 혹은 '시행되는'의 의미를 가진 형용사 어휘이다. 해당 문장은 다음 월요일부터 시작되는(Effective from following Monday) 것을 의미하므로 '시행되는'의 의미가 적절하다. 따라서, 보기 중에서 전치사 from과 함께 '~부터 시작하여'라는 의미를 나타내는 (b) starting이 정답이다.

어휘 effective from ~를 시작으로, ~부터 시행되는 following 다음의 employee 직원 financial 금융의, 재정의 be required to 동사원형 ~할 필요가 있다 ID badge 신분증 at all times 항상 premises 부지, 지역, 구내 enhance 향상시키다, 높이다 starting 시작하는 thrive 번창하다, 잘 자라다 helpful 도움이 되는, 유용한

## 41.
정답 (c)

해석 나는 그가 유권자들에게 신선한 것을 제공하기 위해 새롭게 임명된 지도자로서 그 기회를 받아들였기를 바랐다.

해설 명사 opportunity는 '기회'라는 의미를 가지고 있으며, I had hoped he would have embraced the opportunity는 '그가 기회를 받아들였기를 바랐다'로 해석된다. 따라서, 보기 중에서 이와 동일한 의미로 '기회'라는 의미를 가진 (c) chance가 정답이다.

어휘 hope 바라다 embrace 받아들이다, 수용하다 opportunity 기회 newly 새롭게 appoint 임명하다 leader 지도자 offer 제공하다 fresh 신선한 voter 유권자 slot 구멍, 자리 popularity 인기 chance 기회 discussion 논의

## 42.
정답 (b)

해석 JN엔터테인먼트는 락 밴드 메탈리안의 음악과 실력이 성숙해졌고 그들이 전 세계의 관객을 사로잡을 준비가 되었다고 언급했다.

해설 동사 captivate의 목적어로 audiences(관객)가 위치해 있으므로 '사로잡다'의 의미가 적절하다. 따라서, 보기 중에서 이와 유사한 의미로 '마음을 끌다'라는 의미를 가진 동사 (b) attract가 정답이다.

어휘 mention 언급하다 performance 공연, 연주(력) mature 성숙하다 captivate 사로잡다 global 전세계적인 audience 관중 bring 가져오다 attract 마음을 끌다 affect 영향을 미치다 manage 관리하다

## 43.
정답 (b)

해석 헨리는 청중들에게 어떻게 그의 관심이 발전했고 어떻게 그가 그의 장애로 인한 도전에서 영감을 얻었는지를 말해 주었다.

해설 문장에서 develop은 주어인 his interest(그의 관심)를 서술하는 단어이므로 '발전하다, 자라다'라는 의미가 적절하다. 따라서, 보기 중에서 이와 유사한 의미로 '자라다', '성장하다'라는 의미를 나타내는 동사 grow의 과거형 (b) grew가 정답이다.

어휘 audience 청중, 관객 interest 흥미, 관심 develop 발전하다, 자라다 inspiration 영감 challenge 도전 pose 제기하다 disability 장애 add 더하다, 추가하다 grow 성장하다, 자라다 lengthen 길어지다 transform 변형시키다

## 44.
정답 (b)

해석 브랜치 리키는 흑인 선수들을 금지시킨 메이저 리그 야구의 엄격한 규칙을 깨고 싶었다. 그는 로빈슨이 견뎌낼 모욕과 조롱을 알고 있었다.

해설 문장에서 endure은 '모욕과 조롱'(the insults and taunts)을 수식하는 관계대명사절의 동사로서, '견디다', '겪어 내다'라는 의미를 나타내어 '로빈슨이 견뎌낼 모욕과 조롱'이라는 의미가 되는 것이 자연스럽다. 따라서, 보기 중에서 가장 유사한 의미로 '겪다', '(안 좋은 일 등을) 거치다'라는 의미를 나타내는 동사 (b) undergo가 정답이다.

어휘 break 깨다 rigid 엄격한 rule 규칙 bar 금지하다 insult 모욕 taunt 조롱 endure 견디다 carry 들고 있다, 나르다 undergo (안 좋은 일 등을) 겪다, 거치다 prolong 연장시키다 continue 계속하다

## 45.
정답 (c)

해석 요즘, 몇몇 회사들은 레트로 마케팅이라고 불리는 전략을 채택하고 있는데, 이것은 제품을 더 매력적으로 만들기 위해 향수를 불러일으키는 접근 방식을 이용하는 데 초점을 맞춘 마케팅 전략의 일종이다.

해설 해당 문장은 향수를 불러일으키는 전략을 통해 제품을 더 매력적으로 만든다는 레트로 마케팅에 대해 설명하고 있다. to make의 목적어인 products(제품)을 보충 설명해주는 목적격보어 자리에 쓰인 형용사인 attractive는 '매력적인'이라는 의미가 적절하다. 따라서, 보기 중에 이와 동일한 의미로 '매력적인'이라는 의미를 나타내는 형용사 (c) appealing이 정답이다.

어휘 these days 요즘 several 몇몇 company 회사 adopt 채택하다 strategy 전략 retro marketing 레트로마케팅 (향수를 불러 일으키는 마케팅) a type of ~의 유형 marketing strategy 마케팅 전략 focus on ~에 집중하다 nostalgic 향수의 approach 접근법 product 제품 attractive 매력적인 pleasant 유쾌한, 기분 좋은 flourishing 번영하는, 성대한 appealing 매력적인 delightful 기쁜, 즐거운

## 46.
정답 (c)

해석 혈압을 낮추기 위해서는 건강한 식단을 유지하는 것이 필수적이다. 연구에 따르면 특정 음식을 식단에 포함시키는 것, 특히 칼륨과 마그네슘과 같은 특정 영양소가 높은 음식을 포함시키는 것은 혈압 수치를 낮추는 것으로 나타났다.

해설 해당 문장은 특정 영양소가 풍부한 음식이 혈압 수치를 낮춘다는 내용에 대해 설명하고 있다. high는 주격 관계대명사절의 보어로서 특정 영양소가 풍부한 음식(foods that are high in specific nutrients)라고 해석되어 '풍부한'이라는 의미를 나타낸다는 것을 알 수 있으므로, 보기 중에 '풍부한'이라는 의미를 나타내는 형용사 (c) rich가 정답이다.

어휘 essential 필수적인 maintain 유지하다 healthy diet 건강한 식습관 lower 낮추다 blood pressure 혈압 including 포함하다 especially 특히 high 높은 specific 특정한 nutrient 영양소 potassium 칼륨 magnesium 마그네슘 reduce 줄이다 pressure 압력 level 수치 wealthy 부유한 tall 키가 큰 rich 풍부한 tasty 맛이 좋은

## 47.
정답 (d)

해석 한글로 알려진 한국의 문자는 현대의 공식 문자 체계이며, 과학적인 글자로 간주된다.

해설 해당 문장은 한글이 과학적인 글자로 간주된다는 의미가 되어야 자연스러우므로 is deemed는 '여겨지다'의 의미를 나타낸다는 것을 알 수 있다. 따라서, 보기 중에서 이와 유사한 의미로 '여기다', '간주하다'라는 의미를 나타내는 동사 consider의 과거분사 (d) considered가 정답이다.

어휘 known as ~로 알려진 modern 현대의 official 공식 writing system 문자 체계 deem 여기다 scientific 과학적인 look 보다 notify 알리다, 통보하다 discover 발견하다 consider 간주하다, 여기다

## 48.
정답 (a)

해석 우리 회사는 2022년에 위탁한 제조 공장에 투자하기 위해 다른 3개 생산업체와 협력했다.

해설 문장에서 partnered는 자동사로 전치사 with와 함께 쓰였으며 다른 세 곳의 제작사와 협력했다(partnered with three other producers)는 의미가 되어야 자연스럽다. 따라서, 보기 중에서 전치사 with와 함께 쓸 수 있으면서 이와 유사한 의미를 나타내는 단어로, '협력하다', '공동 작업하다'라는 의미를 나타내는 동사 collaborate의 과거형 (a) collaborated가 정답이다.

어휘 partner 협력하다 producer 생산업체 invest 투자하다 manufacture 제조하다 plant 공장 commission 위탁하다 collaborate 협력하다, 공동 작업하다 provide 제공하다 connect 연결하다, 관련 짓다 help 돕다

## 49.
정답 (b)

해석 저는 귀하의 긍정적인 답변과 제 능력에 대한 확신에 감사드립니다.

해설 해당 문장은 능력에 대한 확신과 응답에 대해 감사한다는 내용이다. 여기서 명사 어휘인 응답(response)을 수식하는 형용사 affirmative는 '긍정적인'이라는 의미가 되어야 자연스럽다. 따라서, 보기 중에서 '긍정적인'이라는 의미를 나타내는 형용사 (b) positive 가 정답이다.

어휘 grateful 감사하는 affirmative 긍정의 assurance 확신 ability 능력 realistic 현실적인, 실제 같은 positive 긍정적인 adverse 부정적인, 불리한 immediate 즉각적인

## 50.
정답 (a)

해석 제니는 천상의 목소리를 가졌으며 연기력도 뛰어나다. 하지만, 그녀는 배우가 되는 것에 대한 부모님의 반대로 영화에 데뷔할 수 없었다.

해설 문장에서 debut는 부모님의 반대로 영화와 관련해 하지 못한 것을 가리킨다. 따라서, '데뷔하다, 등장하다'의 의미로 사용되는 것을 알 수 있으므로 보기 중에 '데뷔하다, 등장하다'의 의미를 가진 (a) appear가 정답이다.

어휘 heavenly 천상의 voice 목소리 acting skills 연기 기술 debut 데뷔하다 movie 영화 because of ~ 때문에 opposition 반대 actress (여)배우 appear 등장하다, 나타나다 accept 받아들이다, 수락하다 confirm 확인하다 enter 들어가다

시원스쿨 LAB

시원스쿨 LAB

# 지텔프 공식 기출 문제+인강
# 200% 환급반

**출석 NO 성적 NO 시작만 해도 50%, 최대 200% 환급!**

0원으로 최단기 목표점수 달성

빠른 합격을 위한 역대급 구성!
## 지텔프 200% 환급반 끝장 혜택 한 눈에 보기

**01**
출석/성적 무관
### 50% 즉시 환급

**02**
수강료 부담 NO
### 최대 200% 환급

**03**
목표 미달성 시
### +120일 무료연장

+120일

**04**
생애 첫 지텔프 응시료
### 50% 할인쿠폰 제공

66,000원 ▶ **33,000원**
**50%** 할인쿠폰
COUPON

# 2025 최신 지텔프 공식기출 UADATE!

# 시원스쿨 지텔프 공식 기출 시리즈

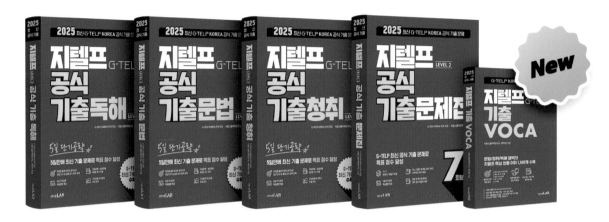

시원스쿨LAB 연구진 총 출동! 퀄리티가 다른 G-TELP 교재
**G-TELP 공식기출 라인업**으로 **목표점수 완벽대비!**

# 시원스쿨 지텔프 교재가 특별한 이유

**01**

G-TELP KOREA 공식 기출문제로 구성된
최신&최다 기출문제집

**02**

최신기출문제 유형 및 출제패턴 분석으로
실제 시험 출제패턴 예측

**03**

파트별 출제 포인트 및
목표점수 달성 공략 가이드 제공

**04**

초보자 맞춤 꼼꼼한 해설과 함께
매력적인 오답에 대한 해설 추가제공